I0769303

TANIZAKI/AKUTAGAWA/DAZAI

OBRAS MAESTRAS DEL JAPÓN

(TOMO I)

astria

OBRAS MAESTRAS DEL JAPÓN (TOMO I)
TANIZAKI/AKUTAGAWA/DAZAI

©Colección Erandique
Supervisión Editorial: Óscar Flores López
Diseño de portada: Andrea Rodríguez
Administración: Tesla Rodas—Jessica Cordero
Director Ejecutivo: José Azcona Bocock
Primera Edición
Tegucigalpa, Honduras—Octubre de 2025

CONTENIDO

JUN'ICHIRŌ TANIZAKI

EL GUAPO

Hará unos diez años que conocí a K. Por aquel entonces yo tenía un amigo llamado Kubomura, hijo de un hombre adinerado, el cual me puso al corriente de los rumores que corrían sobre K: «En mi instituto hay un chico guapísimo que se llama K. No te puedes imaginar la cantidad de alumnas y geishas que están enamoradas de él, y eso que no tiene más de diecisiete o dieciocho años. Durante todo el curso nos regala innumerables cotilleos sentimentales, igual que sucede en las obras de teatro moderno. Pronto te lo presentaré».

Cuando hablábamos acerca de él, Kubomura y yo no dejábamos de sentir cierta envidia. En aquella época, el amor romántico era nuestro único ideal, y codiciábamos el poder de la extraña belleza de K, que, como un imán, atraía de manera irresistible a las jóvenes.

Según mi amigo, K era un chico no sólo agraciado físicamente; además, tenía un pico de oro, talento para la literatura y dotes a la hora de componer excelentes poemas de corte clásico. Por último, era tan vigoroso que podía llevar a cabo, y sin mostrar la más mínima señal de fatiga, infinitas fechorías sin menoscabo alguno de su éxito como estudiante aplicado.

Una primavera de aquellos años, en plena época de exámenes, una geisha llamada Kunitaro, que vivía en el barrio de placer de Shintomi, se enamoró de él. La joven lo invitó a una casa de té y juntos se corrieron una juerga que duró una semana entera, bebiendo sake sin parar. Durante esa semana, K no descuidó los estudios ni un segundo, y así logró terminar el curso entero de bachillerato con unas notas aceptables.

Por cierto, a propósito de esta geisha corre una anécdota interesante sobre cómo se prendó de K. Éste no había tenido aún la oportunidad de citarse con ninguna geisha, puesto que todavía era un simple estudiante de bachillerato. Pero por casualidades de la vida la casa de su padre se ubicaba en el barrio Himono, en el distrito tokiota de Nihonbashi, y las tres casas más cercanas estaban habitadas por geishas. Al salir por las respectivas puertas de la cocina que daban a la calle, estas mujeres y K solían coincidir por la mañana y por la tarde, y se saludaban. Corrían rumores sobre la gran belleza de K, y había cinco o seis geishas que lo miraban con muy buenos ojos y no paraban de comentar:

—¡Ah, es el joven vecino que amo en secreto!

De todas ellas era Yoneko, una rozagante aprendiza de geisha con dieciséis años recién cumplidos, la que parecía más locamente enamorada del apuesto joven. La residencia de geishas donde vivía Yoneko se llamaba Casa de la Luna. Una mujer de esa casa, Shimeji, intimó con el padre de K, que no era tan guapo como su hijo pero sí igual de disipado, y que frecuentaba a diario dicha morada. Allí, los dos disfrutaban jugando a los naipes japoneses y pasaban la mitad del día hablando de naderías.

Aprovechando la coyuntura, las mujeres de la Casa de la Luna invitaron a K, y Shimeji y cinco o seis mujeres entablaron amistad con él. Cuando K acudía a la casa antes que su padre, las mujeres lo recibían con los brazos abiertos y lo trataban como a un adorable muñequito. K sentía un enorme regocijo conversando de cualquier tema con esas hermosas féminas mientras cruzaba las piernas bajo la mesa camilla del kotatsu. Aprovechándose de las circunstancias, un día primaveral, cuando K contaba con tan sólo quince años, Shimeji lo desvirgó, arrebatándole así su inocencia.

Al enterarse de este acontecimiento, el diminuto pecho de la jovencita Yoneko ardió de celos. ¡Con qué fervor rezaba a los dioses deseando convertirse en una auténtica geisha y poder así independizarse de Shimeji para entregar su amor a K!

Pero antes de que eso sucediera la familia de K se mudó de Himono al barrio Nishiki.

Allí K se echó otra novia y olvidó por completo la Casa de la Luna.

Dos años más tarde, un día de invierno, cuando el joven K cursaba el quinto año de bachillerato y tendría por tanto unos diecisiete años, salió por la puerta de la escuela y se encontró con un rikisha que lo estaba esperando. El conductor le explicó:

—Vengo en nombre de una persona que quiere verte. Sube al vehículo. Te llevaré hasta ella —y tirando del carrito, lo llevó desde el instituto, situado en el barrio Iida, hasta el parque Ushigabuchi. Allí lo esperaba la mismísima Yoneko bajo una sombrilla abierta, junto a un árbol y a orillas del foso.

Al verlo, le confesó:

—Después de que usted abandonara el barrio me mudé a Yanagibashi. Lo pasé verdaderamente mal durante casi dos años. Y al fin, hace poco, conseguí marcharme a Shintomi. He cambiado mi antiguo nombre por el de Kunitaro para trabajar de geisha, siguiendo su consejo, señor. Perdóneme por haberlo hecho sin su permiso.

La joven sacó una tarjeta de visita de la pechera de su kimono y se la mostró. Lo cierto es que el nombre de K era precisamente Kunitaro. El muchacho contestó:

—Bueno, no sé qué decirte.

Sin embargo, en el fondo estaba radiante. La geisha era la primera persona que lo había llamado «señor», y el adolescente se sintió identificado con el galán de una novela de Izumi Kyoka. Tras el breve intercambio de palabras, K y la muchacha se dirigieron a una casa de té.

Durante la fiesta de fin de curso del primer año de la Escuela de Comercio, mi amigo Kubomura me presentó a K en medio de la multitud que invadía el salón de actos. K iba vestido con el uniforme de marinero de la escuela y llevaba encima una capa de lana negra, al igual que los actores de teatro contemporáneo que actúan en las recepciones al aire libre.

—Eh, mira esa del pelo recogido al estilo hisashi. ¿Qué demonios es eso?

K se permitía criticar con toda franqueza a una estudiante delante de nosotros, aunque acabáramos de conocernos.

—¡Vamos! Seguro que ni siquiera tú eres capaz de conquistar a esa chica —bromeó Kubomura.

K le contestó rascándose la cabeza:

—Bueno, se la dejaré a Tanizaki —y me dedicó una sonrisa.

No me dio la impresión de que K fuese presumido ni cínico, simplemente me pareció un poco ingenuo. Tampoco lo vi tan guapo como imaginaba, pese a que tenía las facciones bien proporcionadas y la piel nívea. Pensaba que, si había atraído a tantas chicas como decían, debería mostrar alguna señal de genio o gran poeta, pero en su apariencia externa no se dibujaba ni un atisbo de belleza espiritual.

En esos momentos, cansado ya de la geisha Kunitaro, K se ocupaba en seducir a una estudiante, mostrándonos su vigor y energía inagotables. La casa de la joven se hallaba en el barrio Kinsuke, en el distrito de Hongo. Su familia era tan rigurosa que ninguno de los dos encontraba la ocasión adecuada para un rendez—vous, de modo que K salía todas las noches, a la una o a las dos de la madrugada, de la casa del barrio Nishiki para ir dando un paseo hasta la vivienda de la joven. Como ésta solía dormir sola en una habitación apartada, dejaba abierta la puerta de madera en la parte trasera de la casa para que K entrara a escondidas. A la hora u hora y media del encuentro, K volvía a casa. Llegaba hacia las cuatro de la madrugada y dormía tapado con el futón, como si no hubiera pasado nada. Durante dos meses repitió esta rutina sin descansar ni un solo día, según él mismo me contó más adelante. Y lo más sorprendente era que K no faltó a una sola de sus clases mientras duraron esos continuos encuentros.

—Por eso, amigo, en esa época me asaltaba un sueño terrible a mediodía y al final no tenía más remedio que echar una cabezadita sobre la mesa.

Esto es lo que me comentaba en tono tranquilo cada vez que hablábamos del tema.

Todas las noches K caminaba, desde el barrio Nishiki hasta Kinsuke, medio ri, es decir, casi dos kilómetros, para ver a su enamorada. Seguro que en la era Meiji, cuando la moral era tan estricta, no había nadie capaz de realizar una proeza tan audaz…, y en barrios tan céntricos de Tokio. Parecía raro que la policía no hubiera dado con él ni una sola vez durante los dos meses que se prolongaron esas osadas incursiones nocturnas.

Aunque me hice amigo de K, no pasaba mucho tiempo con él. Kubomura me contó que después de la estudiante del barrio Kinsuke se había echado otra novia. Era la hija de un alto funcionario, una chica inteligente graduada en una reputada escuela de bachillerato de la capital. K la conoció por medio de un maestro de waka, o poesía clásica, de no sé qué nueva escuela. Como el joven y la muchacha eran discípulos del mismo maestro, fueron intimando mientras coincidían en casa del preceptor. Dicho sea de paso, K no dejaba de rondar los lugares frecuentados por estudiantes o geishas para poder acceder a todas las chicas posibles con total libertad. Se le daba bien jugar a las cartas y al billar, pues era hábil por naturaleza, y también aprendió a componer poemas cortos. Al final utilizaba todos esos recursos como anzuelo para pescar mujeres.

K y su nueva novia pasaron juntos un año, que transcurrió tan rápido como un sueño agradable, y al final se casaron.

—Finalmente, K se ha casado con esa mujer.

Cuando Kubomura me lo contó, me quedé bastante sorprendido. No obstante, me hizo mucha gracia conocer los detalles de la historia.

Un mes antes de que se casaran, los padres se enteraron de la deshonra de la hija.

Amonestaron a la muchacha severamente y cortaron la relación de manera fulminante. Aun así, seguían preocupados. Por eso, cuando supieron que se buscaba una profesora japonesa para ir a China, pensaron en mandar a su hija a Pekín para que estuviera lejos de Japón una temporada. La chica se marchó de Japón en un barco de vapor que partió de Kobe. Pero apenas tomó tierra en Dalian, antes de llegar a Pekín, regresó a Tokio llorando. Estaba encinta.

Así, los padres se vieron obligados a aceptar el matrimonio. K alquiló una casa pequeña en Tomisakashita, en el barrio Koishikawa, para vivir con su mujer, pese a que él aún era estudiante de la Escuela de Comercio.

K vivía con su esposa en la nueva casa. La noticia despertó nuestra curiosidad, de modo que los visitábamos a menudo en Tomisakashita. Se decía que la joven había sacado buenas notas en inglés, matemáticas, caligrafía y costura. En realidad era una mujer bastante desagradable y muy pecosa, de labios prominentes y nariz aguileña.

Nos hablaba con insolencia y tenía extraños tics en el cuello y los hombros. No nos podíamos compadecer de ella, aunque envidiábamos la apacible vida matrimonial.

Además, después del parto la mujer parecía más vieja de lo que imaginábamos y esa frescura física propia de una estudiante la había abandonado; aun así, no parecía madura ni tampoco desconsiderada. Mostraba un semblante seco y cínico, como si se tratara de una comadrona o una enfermera. Un día, después de salir de su casa, le comenté a Kubomura:

—Ya ves que no siempre son las guapas las que pierden la cabeza por K, a pesar de sus atractivos. Te confieso que no siento ninguna envidia por él. ¡El pobre se ha casado con una mujer tan fea!

Kubomura estuvo de acuerdo conmigo.

—Me ha dicho que se ha vuelto muy fría, mientras que antes tenía la tez carnosa y era una mujer complaciente. La verdad es que ahora su cara parece mezquina. Para empezar, y dejando aparte que acaba de dar a luz, esta mujer no desprende ningún encanto. Debería arreglarse un poco de forma sencilla y maquillarse. Ni siquiera tiene amor propio.

Tal y como explicaba Kubomura, desde que había empezado a vivir con K la mujer no cuidaba su apariencia en absoluto. Cada vez que los visitábamos, en el vestíbulo se nos mostraba una criatura con el pelo medio rojo, seco y desgreñado, vestida con un kimono desteñido de haber sido lavado tantas veces, y mal atado con una faja, que trataba de calmar al bebé con voz chillona. A pesar de su apariencia, nos hablaba como si siguiera siendo una estudiante, intercalando palabras en inglés o en chino. Esa forma de hablar me fastidiaba sobremanera.

—Esto es culpa de K. Debería regañarla un poco para que se arregle de vez en cuando. Solamente se preocupa de sí mismo y tiene abandonada a su mujer. No tiene remedio.

Cuanto más dejada se volvía la esposa, más elegante se ponía el marido. Antes, las proporciones del cuerpo de K eran de estudiante, pero había engordado un poco, como el jefe joven de algún gran establecimiento, vestía de frac como un apuesto caballero y no parecía estudiante de la Escuela de Comercio. Ya no se dedicaba a estudiar, sino a ponerse más y más guapo: se recortaba la barba, se aplicaba una loción tonificante, calzaba zapatos originales y en verano vestía una fastuosa yukata. Pese a que no tenía mucho dinero, encargaba trajes de la marca Oshima o Kouki, tan caros que normalmente los estudiantes no podían permitírselos. Nadie sabía cómo conseguía el dinero. K salía a la calle hecho un pincel con esos lujosos trajes, aunque sólo fuera para un rato. Pensé: «¡Qué vergüenza que se vista así, mientras deja a su mujer hecha un adefesio!».

Nada más natural que sentir odio por el egoísmo de K y lamentar las circunstancias de su mujer, pero a nosotros no nos importaba mucho. Sin duda K era un seductor y un libertino, pero lograba disimularlo; ni siquiera eran patentes su cinismo, su perfidia, su presuntuosidad, como en los galanes ordinarios, de manera que hubiera podido inspirarnos fácilmente antipatía. Siempre se comportaba de manera inocente, agradable y optimista, como una persona que nunca ha pasado por experiencias duras en la vida. Cualquier día que uno se fijara en su semblante, era imposible no sonreír plácidamente por mucho rencor que pudiera albergar en su contra. Me parecía que tanto su naturaleza desenfadada y optimista como su actitud simple e ingenua compensaban con creces su libertinaje. Vestirse de manera inadecuada para la clase a la que pertenecía y engañar a las mujeres no se debían a una naturaleza profundamente maligna y engañosa, sino a su optimismo: K ejercía la maldad sin darse cuenta de que lo que hacía era malo. Nunca se arrepintió de esa manera de ser. Nosotros, sus amigos, lo interpretábamos así, y atribuíamos esta detestable conducta a su «optimismo vital».

—Ese tío se ha vuelto a echar una amante —anunció alguien.

—¿Ah, sí? Realmente es un optimista —comentábamos, considerando ese rasgo una virtud.

Durante una temporada dejamos de ir a casa de K porque no queríamos escuchar la espeluznante voz de su mujer. K, a su vez, deambulaba de un sitio a otro a fin de encontrarse con su cuarta o quinta amante. Cuando se aburría de ellas, acudía a casa de Kubomura para relatarle sus aventuras amorosas con su característico tono jocoso.

Por ejemplo, la dueña de un bar de Kagurazaka se había enamorado de K y finalmente había abandonado a su familia por él. En otra ocasión engatusó a una camarera de una casa de té de Yanagibashi para que ella le adelantara dinero y luego desapareció al no poder devolvérselo. Una noche dos prostitutas lo habían invitado a acostarse con las dos a un tiempo, y otro día una geisha le compró un juban, un kimono interior. Siempre que lo veíamos nos contaba sus nuevas aventuras para nuestro regocijo. Como mi amigo Kubomura era rico, más de una vez K lo enredó para que le pagara alguna que otra juerga de las suyas.

Un día en que Kubomura y yo nos presentamos en casa de K después de mucho tiempo sin verlo, él y su mujer estaban montando un gran jaleo en el salón. Los gritos se escuchaban desde fuera de la casa. K rogaba en voz alta:

—Cálmate, cálmate.

Al escucharlo, el hijo mayor, de cuatro años (en ese momento K ya tenía dos hijos), exclamó con voz trémula:

—¡Mamá, mamá!

Comprendimos que estaba ocurriendo algo grave y entramos corriendo en la casa.

La mujer, tumbada en el pasillo de madera, temblaba con los ojos desencajados y la cara pálida. A intervalos vomitaba una medicina extraña y emitía un ruido desagradable con la garganta.

—¡Te odio! ¡Te odio! —gritaba mientras retorcía el cuerpo como una loca y rompía a llorar, sin advertir nuestra presencia.

K se apostó detrás de ella y le empezó a frotar la espalda suavemente.

—¡Cálmate, cálmate!

Kubomura y yo también le pedíamos que se calmara, musitándole a la oreja y tocándole la espalda.

—Vamos, cálmate. ¿Qué voy a hacer si te comportas de esta manera tan imprudente delante de mis amigos? —le pidió K en tono tranquilo y conciliador.

A juzgar por la escena, supusimos que la mujer había ingerido alguna sustancia tóxica. Sin embargo, K no era de los que se alteran fácilmente en estas situaciones.

Cuanto más se alborotaba ella, con más temple se comportaba él. Al ver la calma con que manejaba la situación, en el fondo lo admiré, y pensé: «Sería más útil de lo que imaginamos si dejara de ser un crápula».

Cuando la mujer se calmó al fin, Kubomura respiró profundamente y le preguntó a K:

—¿Qué demonios pasa?

K le contestó con una cara tan seria que me hizo mucha gracia.

—Pues nada. En realidad todo ha sido por mi culpa. Mi mujer lleva un tiempo histérica, y además se ha enterado de la existencia de esa amante de la que te hablé el otro día. Por eso ha enloquecido y ha tomado fenol. Perdonad las molestias.

Cuatro o cinco días después, la mujer visitó la casa de Kubomura para pedirle perdón y de paso le detalló la crueldad con que su marido la trataba. Dijo que K se pasaba tres o cuatro noches seguidas fuera de casa, y que cuando volvía le cogía su ropa del armario para llevarla a empeñar; luego se largaba de nuevo. Cuando la mujer trataba de impedir que se fuera de casa, K la pegaba o le daba patadas.

—Por favor, hablad con él —nos rogó, llorando.

Sin embargo, Kubomura y yo éramos incapaces de reconocer en nuestro agradable amigo esa faceta cruel que nos describía la mujer. Más bien nos parecía un hombre inocente e ingenuo. Habríamos odiado a K si lo que nos contaba su mujer hubiera sido cierto, pero la verdad era que nos resultaba imposible condenarlo.

Cuando K empezó a trabajar en un banco de Nihonbashi tras graduarse en la Escuela de Comercio, no puso fin a su vida disoluta y se volvió tan indolente que no tenía ninguna gana de dedicarse al trabajo. Además, como su sueldo era solamente de treinta yenes, no podía permitirse ni tomar un sake caliente si quería mantener a sus dos hijos; tal vez por eso se conducía con tanta desidia. Faltaba al trabajo a menudo con cualquier excusa y se iba a casa de Kubomura. Allí se pasaba toda la noche jugando a las cartas o al go, y departiendo sobre sus lances amorosos.

Aunque se había convertido en una persona menesterosa, insistía en comer manjares exquisitos. En cuanto a su vida como seductor, se empeñaba en conquistar a cualquier mujer, aunque se tratara de una criada.

—No puedo llevar a K a ninguna casa de té. Se comporta como un auténtico patán, emborrachándose sin ningún recato y lamiéndoles las mejillas a las camareras

—me comentó Kubomura un día con expresión afligida.

Sin embargo, cuando K lo incitaba a divertirse proponiéndole de manera encantadora: «¿Qué te parece si me invitas a comer en algún sitio? ¡Me están entrando unas ganas de tomar una copa! Además, parece que esta noche habrá buen ambiente en la calle», Kubomura e incluso yo, animados, salíamos con él.

K era un chico dotado de un talento natural para flirtear con camareras en bares, restaurantes y prostíbulos y manejarlas a su antojo. No le importaba gastarles algunas jugarretas inocentes delante de nosotros.

—Si tuviera unas pocas monedas en el bolsillo, me iría a un restaurante de carne de caballo, mi favorito. Cuando estoy en uno de ellos, ¡ah, cómo me divierte tomar el pelo a las mujeres mientras toman nabe! —comentaba K con toda naturalidad.

De hecho, prefería comer en un restaurante de carne equina antes que ir a un restaurante de primera, con geishas distinguidas y donde podría pasar el rato rodeado de lujos. No obstante, a K le faltaban, por así decir, los conocimientos necesarios para convertirse en un calavera refinado, es decir, carecía de sensibilidad para el arte.

Siempre que alguna geisha tocaba el shamisen, K decía: «Bueno, ya está bien; ahora voy a cantar yo». Y de repente, muy animado, empezaba a cantar. Todo el mundo suponía que sería un buen cantante, pero desafinaba tanto con su voz aguda que resultaba muy desagradable escucharlo. Cantaba Dodoitsu, Hauta o cualquier otra melodía de forma cómica y chocante, sin preocuparse por sutilezas ni avergonzarse en absoluto. K estaba convencido de que ese era un buen método para atraerse el favor de las geishas.

—Sinceramente, me fío de este señor. Fijaos en él: no se da ningún aire de adonis, aunque realmente lo es —cuando alguna geisha decía cosas así, K se reía acariciándose la mandíbula, como si le estuvieran tocando su punto débil.

Sin embargo, su método de atraer a las féminas no resultaba del todo fiable.

Aunque era en verdad agraciado, ninguna de las mujeres bonitas que todo el mundo desea se enamoraba de él. Sin excepción, las mujeres que se dejaban seducir por K y se quedaban prendadas de su figura eran prostitutas, camareras y geishas de tercer o cuarto rango. K intentaba conquistar con toda su energía a cualquier mujer que se cruzara en su camino, lo cual no era en cierto modo más que «un derroche de la belleza».

—Comprendo que te eches una amante, pero ¿por qué no buscas a alguna mujer más sofisticada? —le pregunté un día.

Me contestó mientras hacía un gesto de disconformidad con la cabeza:

—Mucha gente suele pensar como tú, pero a mí me hacen más gracia las camareras de restaurantes que las geishas de primer rango.

Parecía estar muy a gusto. Su tipo ideal de mujer era más bien la criada regordeta o la de aspecto enfermizo, y no las damas elegantes de esbelta figura.

Durante dos o tres años más K siguió la vía libidinosa y acumuló una amante tras otra. Parecía ser el único placer de su vida. La personalidad y sus aficiones se habían tornado viles; sin embargo, su belleza, su carácter encantador y su dandismo permanecían invariables. Pese a que debía bastante dinero en muchos bares y en los últimos tiempos siempre estaba a dos velas, curiosamente su indumentaria seguía siendo elegante, y su actitud sosegada. Otra cosa que me sorprendía era que no se le notaran las huellas de dolencia alguna, aunque todos los días bebiera tanto y frecuentara antros de mala muerte. Su cara se mantenía fresca y rebosante de vitalidad todo el tiempo, y nunca había padecido ninguna enfermedad venérea.

A finales de diciembre de uno de esos años, la mujer de K visitó la casa de Kubomura de improviso y le preguntó con una risa desagradable, mientras mecía al bebé que llevaba a la espalda:

—Llevo diez días sin ver a mi marido y no tengo ni idea de dónde está. ¿No sabrás su paradero?

Según contaba la esposa, medio mes atrás una mujer de un prostíbulo de Asakusa enamorada de K se lo había llevado con ella. Sin embargo, como no tenía más datos, no podía buscarlo por ningún sitio. Incluso llamó a la oficina del banco donde trabajaba su marido, pero siempre le contestaban que todavía no se había personado por allí. La mujer no sabía si realmente faltaba al trabajo o fingía estar ausente para no hablar con ella.

Preocupada, le comentó a Kubomura:

—Sé que K mantendrá esos vicios toda la vida, y ya casi estoy resignada. Pero, sinceramente, me veré en un gran apuro si no vuelve a finales de año. Es más, espero que por lo menos vaya a la oficina todos los días.

Kubomura, confidente de las correrías amorosas de su amigo, respondió con toda franqueza a la mujer:

—Creo que te refieres a Hatsune, un burdel que hay en el barrio Senzoku. Pásate por allí y pregunta a la policía. Lo encontrarás enseguida.

Después, durante enero y febrero, no supimos nada de ella porque la mujer desapareció por completo. A mediados de marzo volvió de visita a la casa de Kubomura.

—Gracias a tu información encontré a mi marido a finales del año pasado y conseguí llevármelo a casa. Pero no tardó en volver a Hatsune, y desde el inicio de esta primavera no ha regresado. ¡Ay, no sabemos qué hacer! En el banco ya se han cansado de él y lo van a echar muy pronto. Parece que a él le da igual, pero ¿qué será de nuestros dos hijos y de mí? —le explicó la mujer deshaciéndose en lágrimas.

A partir del primer día del nuevo año, K había dejado de mandar dinero a su familia, y a la esposa no le había quedado más remedio que ponerse a trabajar de costurera y enseñar inglés y matemáticas a los niños vecinos. Todo para sobrevivir.

—De acuerdo. Iré a buscarlo para decirle que vaya a casa mañana, porque te veo apurada —fueron las palabras que esta vez recibió la mujer de labios de Kubomura, que normalmente no se compadecía de ella.

—La verdad es que hace dos o tres días fui a Hatsune y la vi —explicó la esposa antes de irse—. Le pedí que me devolviera a mi marido, pero ni siquiera me deja verlo. Lo tiene escondido. Es una furcia fea y sin educación, pero es más joven y corpulenta que yo, físicamente superior a mí… Es natural que mi marido se pierda…

Posteriormente Kubomura, a quien le hacía mucha gracia la manera en que la mujer hablaba de su marido, me contó la visita imitando su voz: «Es una furcia fea y sin educación» o «físicamente superior a mí».

Al día siguiente, de mañana, acudí por curiosidad al burdel Hatsune de Senzoku.

Quería ver a K. Durante una hora estuve dando vueltas por el laberinto de calles que rodea el mirador Junikai. Finalmente di con la casa de citas, aunque no me acuerdo muy bien de cómo conseguí llegar.

Al entrar, di mi nombre a la persona que me atendió. Luego una muchacha me guio hasta un sucio espacio en el primer piso: un cuartucho de sólo cuatro tatamis y medio, en donde me pidió que esperara. Ya era cerca del mediodía, pero parecía que K todavía seguía durmiendo. Media hora más tarde apareció mi amigo, tranquilo y sonriente. Al ver su cara tan plácida, pensé: «No parece el típico hombre que pierde la cabeza por las mujeres mientras deja en la más pura miseria a su esposa y sus hijos».

K, por su parte, me comentó:

—¿Sabes? Aquí pasan cosas verdaderamente interesantes. Es un lugar por completo distinto al mundo de fuera.

Fue así como empezó a contarme la historia de la madriguera donde se encontraba, el barrio Rokku de Asakusa. Hablaba con su característico buen humor.

K se había vendido a su amante, que estaba loca por él y ese mismo año iba a cumplir veintiséis primaveras. Ella había comenzado a ejercer la prostitución a los quince años, pero luego se había ido a vivir a China, concretamente a Dalian y Pekín. Era una mujer conocida por manejar diestramente a los hombres. Una noche de primavera del año anterior, cuando se dedicaba a su oficio en Kakigara, había conocido a K

como cliente y se había precipitado al abismo. A finales del otoño del mismo año, la mujer había logrado ahorrar mil yenes, con los que compró el nombre del burdel y se convirtió en su dueña, implicando en la operación también a K.

—Es admirable que una mujer así haya conseguido ahorrar mil yenes —observé sorprendido.

K asintió con la cabeza para seguir explicándome:

—Es verdaderamente encomiable. Durante siete u ocho años no paró de ahorrar, para lo cual apenas comía. Desde que ha montado este negocio ha podido ahorrar cien o doscientos yenes al mes sin problema; eso sí, sin poder brindarme una vida de lujos. Y además se las arregla para mandar dinero a su madre todos los meses. Así consigue que su hermano de quince años pueda seguir estudiando. ¿No te parece una mujer fantástica?

Al escucharlo, no tuve más remedio que compartir su admiración por ella. Había nacido en una familia pobre y no había tenido oportunidad de recibir ninguna educación. Solamente leía el silabario hiragana y no sabía ningún sinograma, lo que significaba que era casi analfabeta. Si una mujer criada en tales circunstancias quisiera a la vez mantener a sus padres y ganarse la vida, debería seguir el ejemplo de la amante de K. Su vida era digna de respeto y admiración: una auténtica luchadora.

Lo más lamentable era que la mujer había caído en la red de K, quien poco a poco la iba despojando del dinero ahorrado esforzadamente a costa de tantas privaciones.

Y eso a pesar de que nunca se había dejado enredar por ningún hombre en su vida.

Había visto cómo muchos se burlaban de mujeres de su misma condición y las abandonaban dejándolas sin blanca. Por eso no se fiaba de nadie en absoluto, y menos de los hombres. En el fondo estaba orgullosa de ser una mujer de la vida que no había tenido que mantener a ninguno de sus amantes. No obstante, finalmente había caído en la trampa, aunque desde el inicio de sus relaciones con K se reprendía a sí misma para no dejarse embaucar por él. K me lo contó presumiendo de su habilidad para manipular a las mujeres. En ese momento no pude por menos que odiarlo.

Aproveché para aconsejarle con actitud severa y diferente a la habitual que volviera a casa con su familia, y no sin dificultad conseguí convencerlo. Entonces declaró preocupado:

—La verdad es que ya estoy harto de esta mujer y me gustaría dejarla, pero es tan celosa que me inquieta lo que pueda llegar a hacer.

En efecto, tal como suponía K, al verse abandonada, la amante se presentó en casa de él y montó un escándalo. Era una persona tranquila, pero ese día irrumpió en la casa como un torbellino y bastante borracha. Se enfrascó en una agria discusión con la mujer de K, y terminó arrojándole una tetera, un par de palillos de hierro y varios objetos más que encontró a mano. Luego, desesperada, agredió a la esposa y se puso a gritar:

—Maldita seas. A pesar de que no puedes dar de comer a tu marido, eres una descarada… ¡Muerta de hambre!

Luego se abalanzó sobre la esposa y empezó a golpearla.

—Por mucho que digas, estoy casada con él —exclamaba la voz histérica de la esposa.

K consiguió separar a su amante de su esposa con gran esfuerzo, inmovilizó a la primera sobre el suelo de tatami y le dio varias bofetadas en las mejillas para acallarla, preocupado por lo que pensarían los vecinos. El kimono de la prostituta quedó hecho jirones y sus mejillas hinchadas.

Sin embargo, la prostituta no escarmentó con esta experiencia, y cada noche acudía a su casa a armar una bronca. Allí lloraba, insultaba y se desquiciaba. Si por casualidad K estaba ausente, pegaba a la esposa y se iba cantando victoria.

Esta confusión duró una semana. Posteriormente, nuestro amigo volvió a instalarse en la casa del barrio Senzoku como si no hubiera pasado nada. Desapareció sin decir adiós ni a su mujer ni a sus hijos ni a sus amigos. Pronto escuché el rumor de que la amante había cerrado el prostíbulo y se había ido con K a trabajar a Qingdao, en China.

Medio año más tarde, o sea hace poco, K logró volver a su hogar tras haber abandonado a su amante en Qingdao. Un día nos confesó a Kubomura y a mí:

—Esta vez he escarmentado de verdad. Hasta ahora os he molestado lo indecible, pero no os preocupéis. ¡Por fin la he dejado! La verdad es que me escapé sin despedirme. No creo que me persiga hasta Japón.

Hace tan sólo diez días, un amigo que es agente de policía y buen conocedor de los entresijos del barrio Kakigara me contó que la amante había vuelto de Qingdao al barrio Hama y había alquilado una habitación. Perseguía a K preguntando por él todos los días.

—Esa mujer es una perra vieja y no desistirá fácilmente de buscarlo si así lo ha decidido. Tarde o temprano conseguirá encontrarlo. Dice que se vengará de él sin importar cómo: en medio de la calle, en un vagón de tren, donde sea, le arrojará ácido sulfúrico a la cara para que ninguna otra se enamore nunca más de él. La mujer lleva una botella de ácido y también oculta una pistola. No se sabe qué barbaridad puede llegar a cometer.

Cuando se lo contamos a K se puso pálido. Luego se refugió en el primer piso de una tienda de galletas de arroz, ubicada en el barrio Iikura de Asabu, y prohibió a su mujer que saliera a la calle. No sé exactamente qué pasó más tarde, pero la amante llegó al límite de contratar a un detective privado para que averiguara dónde estaba escondido K, y al final dio con él.

Un día, de repente, la prostituta entró en la habitación donde se escondía K y peleó con él ferozmente, pero después se reconciliaron con más facilidad de lo que cabe imaginar. Dos o tres días más tarde, la amante, satisfecha, volvió a Qingdao acompañada de K. Afortunadamente, al final no le quemó la hermosa cara con ácido sulfúrico. Nuestro amigo, el guapo K, sin duda se alegrará de la buena suerte que ha tenido toda la vida.

TATUAJE

Esta historia aconteció cuando la sociedad gozaba de la insigne virtud de la frivolidad y no vivía en el estado de tensión que impera ahora. En el ambiente se respiraba tal placidez y alegría que los nobles no dejaban de exhibir su elocuencia, mientras que los sirvientes se afanaban por que la tristeza no aflorara en el rostro amable de los clientes y porque las risas desenfadadas no abandonaran los semblantes de las damas de la corte y de las oiran, esas prostitutas de gran lujo. En las obras teatrales de kabuki de la época, rudos personajes como Sadakuro, Jiraya y Narukami se transmutaban en delicadas heroínas, y en los libros ilustrados la belleza era símbolo de fortaleza, y la fealdad, de flaqueza. Todos deseaban conseguir la perfección con tal vehemencia que llegaban al extremo de hacerse tatuar, y en su piel se perfilaban contornos majestuosos y sombras multicolores.

Los visitantes de los barrios de placer preferían alquilar palanquines conducidos por jóvenes con tatuajes sorprendentes, y las damas de Yoshiwara y Tatsumi, los dos grandes barrios galantes de la vieja Edo, la actual Tokio, prodigaban sus encantos y favores a aquellos muchachos que lucían preciosos diseños. No solo recurrían a este arte del tatuaje aficionados a los juegos de azar y carpinteros, sino también comerciantes y artesanos, e incluso algunos samuráis. Quienes participaban en las exhibiciones de tatuajes que se celebraban de vez en cuando se desnudaban para mostrar sus dibujos en medio de comentarios jactanciosos, al tiempo que se daban golpecitos en los mismos.

En ese tiempo vivía un joven tatuador de gran talento. Se llamaba Seikichi. De sus manos habían salido muchos de los dibujos más celebrados en las tertulias sobre tatuajes. Los admiradores de su arte lo elogiaban. Su habilidad, decían, se igualaba a la de otros maestros tatuadores, como Charimon de Asakusa, Yatsuhei y Konkonjiro de Matsushima. Estos admiradores aspiraban a ser sus clientes y a confiar a los pinceles de Seikichi una piel que extendían como un lienzo de seda. Comentaban que, si bien a Darumakin se le daba muy bien tatuar con sombras mediante la técnica bokashibori, y Karakusagonta era digno de elogio por dibujar contornos utilizando la técnica shubori, Seikichi sobresalía por la singularidad de sus composiciones y la voluptuosidad de sus trazos.

Como el artista había pintado grabados ukiyo—e en la escuela de Toyokuni Kunisada, aún conservaba la sensibilidad y el verdadero espíritu de un pintor, a pesar de haber sido degradado al arte del tatuaje. Si algún cliente no estaba agraciado con una piel y un porte que lo atrajeran, Seikichi se negaba a tatuarlo. En caso de disfrutar de ambas cualidades, el cliente debía dejar que Seikichi eligiera el diseño y fijara el precio; además, tenía que aguantar el dolor insoportable de las agujas durante uno o dos meses.

Pero en el fondo del corazón de Seikichi anidaban tenebrosos placeres y deseos.

Cuando sus agujas traspasaban la carne hinchada y la sangre carmesí fluía, la mayoría de los hombres gemían de dolor. Cuanto más fuerte era el gemido, curiosamente, más intenso era el placer del joven tatuador. Se alegraba sobre todo mientras ponía en práctica el tatuaje al cinabrio y el de colores superpuestos, técnicas conocidas por causar un dolor especialmente atroz. Por lo general daba quinientas o seiscientas punzadas por día a los clientes, que, medio muertos después de bañarse para fijar bien los colores, se desvanecían ante el artista sin poder moverse más. Seikichi los observaba inclemente y, con una sonrisa de satisfacción, les preguntaba: «Así que os duele mucho, ¿eh?».

Cuando a algunos pusilánimes les rechinaban los dientes o gemían como si estuvieran agonizando, Seikichi comentaba: «Pensé que erais uno de esos valientes de Edo. Aguantad un poco. Mis pinchazos suelen ser dolorosos». Y mirando a su víctima por el rabillo del ojo, seguía taladrándole la piel con perfecta indiferencia. En cambio, cada vez que se encontraba con un cliente capaz de soportar el dolor sin siquiera mover las cejas, Seikichi lo escrutaba mostrando sus dientes inmaculados:

«¡Vaya! Sois más resistente de lo que parecía. Pero esperad un poco… El dolor va a atormentaros tanto que no podréis aguantarlo en silencio».

Durante muchos años, el verdadero deseo de Seikichi fue hallar una hermosa mujer de piel resplandeciente en la cual tatuar su propia alma. Esa mujer imaginaria debía reunir varias condiciones en su naturaleza y su apariencia; no bastaba, por lo tanto, que tuviera una piel y una cara bonitas. Seikichi buscó en vano entre varias cuyos nombres resonaban en todos los barrios de placer de Edo, pero no logró encontrar ninguna a la altura de su ideal. El tatuador ya llevaba más de tres años obsesionado con esa mujer quimérica, y su deseo por dar con ella crecía con el paso del tiempo.

Justo al cuarto año de ejercer su oficio como profesional, una tarde de verano, cuando Seikichi cruzaba la calle frente al restaurante Hirasei, en el distrito de Fukagawa, le llamó la atención un pie de esplendorosa blancura que asomaba bajo la sombra de las cortinas de un palanquín estacionado a la puerta de entrada del local. El artista observó el pie con rigor: le pareció que adquiría expresiones tan sutiles como unos rasgos faciales. Era una verdadera joya. Los cinco dedos finos, desde el dedo gordo hasta el meñique, se alineaban delicadamente cincelados; el matiz del color de las uñas era idéntico al de las conchas finas e iridiscentes de la playa de la isla de Eno; la exquisita redondez del talón era como la de las perlas, y la piel húmeda parecía constantemente lavada por el agua pura que corría entre las rocas. «Ese pie —pensaba— terminará alimentándose de la sangre fresca de los hombres a los que acabará pisoteando». Seikichi supo de inmediato que la dueña de ese pie era la mujer, entre miles, a la que había estado buscando todos esos años. Excitado por el hallazgo, salió tras el palanquín para ver el rostro de la dama, pero después de seguirla por varias callejas perdió su rastro.

Durante meses, los anhelos del tatuador por aquella mujer se convirtieron en una de las más violentas pasiones que pueden sacudir un corazón humano.

Al año siguiente, una mañana de primavera, mientras Seikichi observaba con un mondadientes en la boca una maceta de rohdea japónica que se hallaba sobre un infecto banco de bambú oyó que alguien llegaba a la puerta trasera de su casa alquilada del barrio Saga, en Fukagawa. Una niña desconocida surgió de la sombra del seto.

La muchacha traía un recado de una geisha del barrio Tatsumi cuya compañía Seikichi solicitaba con frecuencia.

—Mi señora me ha pedido que entregue este kimono al maestro para que dibuje algo en el forro interior... —le comunicó la niña desenvolviendo la bolsa de tela ambarina, que a su vez contenía un papel con un dibujo de Iwai Tohaku. Junto con el kimono le entregó una carta en la que, en efecto, la señora le rogaba que dibujara algo en dicha prenda; añadía además que la muchacha lo acompañaría como si fuera su propia hermana pequeña, y le pedía que extendiese su protección a la joven.

Seikichi clavó una mirada descarada en ella.

—Ahora entiendo por qué no me sonaba tu cara. Entonces, ¿hace poco que has venido a vivir al barrio?

Apenas le echaba dieciséis o diecisiete años, pero su rostro bien proporcionado y atractivo se asemejaba al de esas damas habituadas a despreciar las almas de innumerables hombres a lo largo de toda una vida. Su belleza era tal que a Seikichi le pareció que debía de haber nacido de los sueños de hombres galantes y mujeres sofisticadas, hombres y mujeres que habían vivido y muerto en la capital, océano donde desembocan todos los ríos de voluptuosidades y opulencias de Japón.

—¿Recuerdas si por estas mismas fechas, en junio del año pasado, volviste a casa del restaurante Hirasei en palanquín? —le preguntó Seikichi conduciéndola a la galería para que se sentara.

El tatuador escrutaba los pies refinados que la niña había apoyado encima de un tatami de Bingo.

—Sí, por entonces íbamos al restaurante a menudo, porque mi padre todavía estaba vivo —respondió la muchacha a la extraña pregunta con una sonrisa.

—¡Llevaba casi cinco años esperándote! Aunque no haya visto tu cara hasta hoy, ¡cómo he suspirado por tus pies! Ven, quiero mostrarte algo. Sube al salón para distraerte un rato.

La niña hizo ademán de querer despedirse, pero Seikichi la tomó de la mano y la guio hasta el salón del primer piso, que daba al río Oo. Luego, el tatuador sacó de su estuche dos kakemono y desplegó uno de estos rollos colgantes delante de ella.

En la tela aparecía Bakki, la favorita del emperador Di Xin. La princesa china del dibujo se apoyaba en la balaustrada con la manga de su kimono de seda extendida en medio de la escalera. Daba la sensación de que casi no podía aguantar el peso de la radiante corona tachonada de lapislázulis y corales. En la mano derecha sostenía una gran copa de la que estaba a punto de beber, y al mismo tiempo observaba a un hombre que iba a ser decapitado en el jardín. El reo tenía los brazos y las piernas atados a una columna de cobre con cadenas de hierro y bajaba la cabeza ante la princesa cerrando los ojos, a la espera del último momento. La escena de la princesa y el prisionero era muy impactante.

Durante un rato, la niña se fijó en esa insólita pintura. De modo instintivo, sus pupilas comenzaron a refulgir y sus labios temblaron. Curiosamente, su cara se iba pareciendo poco a poco a la de la princesa: la muchacha acabó por descubrir su propio «yo» en el dibujo.

—¡Tu alma se refleja en este dibujo! —exclamó Seikichi, sonriendo con deleite mientras la contemplaba.

—¿Por qué me enseñáis esta horrorosa pintura? —preguntó ella alzando un semblante pálido.

—La mujer de este dibujo eres tú misma. Su sangre fluye por tus venas.

Seikichi desenrolló la otra pintura. Se titulaba Las víctimas. En el centro, una mujer joven, apoyada en el tronco de un cerezo, miraba un montón de cadáveres de hombres que yacían a sus pies. Alrededor de ellos volaba una bandada de pájaros que gorjeaban triunfales. ¡De las pupilas de la dama rebosaba tanto orgullo y placer…!

No se sabía si el dibujo representaba la escena de un campo de batalla tras la contienda o de un jardín primaveral lleno de flores. Al mirarlo, la niña tuvo la impresión de haber descubierto algo escondido en su corazón.

—Este dibujo muestra tu futuro —Seikichi señaló el rostro de la mujer del cerezo: era la viva imagen del de la niña—. Los que yacen en el suelo son hombres que sacrificarán sus vidas por ti.

—¡Oh, os lo ruego, guardadlo ya! —la muchacha volvió la espalda al dibujo y se hundió en el tatami como para rechazar la diabólica tentación—. Maestro, os confieso, tal como pensáis, que mi naturaleza es como la de la mujer de ese dibujo.

Ahora, perdonadme y, por favor, llevadlo donde no pueda verlo —le suplicó finalmente, con los labios temblorosos.

—¡No seas tan cobarde! Fíjate bien en la imagen. Ahora tienes miedo, pero pronto dejará de asustarte.

En el rostro de Seikichi se dibujaba la misma sonrisa cínica de siempre. Por su parte, la niña se resistía a levantar la cara y, ocultándola con las mangas del kimono, imploró:

—Maestro, por favor, dejadme volver a casa. Me asusta estar a su lado.

Seikichi le contestó:

—Espera un poco. Te convertiré en una mujer verdaderamente hermosa, una mujer capaz de hechizar a cualquiera.

Seikichi se acercó a ella despacio. En la manga del kimono ocultaba un frasquito de cloroformo que tiempo atrás le había proporcionado un médico holandés.

La luz del sol de la mañana se reflejaba en el agua del río e iluminaba incandescente el salón de ocho tatamis de superficie. El reflejo fulguraba en la cara de la niña, que dormía profundamente; mientras, en el papel de las puertas correderas de la estancia se proyectaban círculos concéntricos dorados y trémulos. Seikichi cerró las puertas exteriores de papel translúcido, y tras recoger los instrumentos de tatuar se sentó delante de la joven. Transformó su ocio en embeleso y permaneció un buen rato absorto. Por primera vez gozaba de su belleza. Le parecía que no podría cansarse jamás de estar sentado en ese salón contemplando el rostro inmóvil de la joven, ya fuera durante diez o cien años. Seikichi iba a adornar la piel pura de la muchacha con el amor, igual que el pueblo de Menfis había ornamentado la tierra sublime de Egipto con pirámides y esfinges.

El tatuador sujetó el pincel con los dedos pulgar, anular y meñique de la mano izquierda y apoyó la punta empapada en tinta en la espalda de la niña. Con las agujas de la mano derecha realizó algunas punciones sobre las líneas que iba dibujando con el pincel. Disuelta en la tinta china, el alma del joven tatuador penetraba la piel de la niña. Cada gota bermeja obtenida del cinabrio de la región de Ryukyu, que caía del pincel y se mezclaba con el aguardiente de la punta de las agujas sobre la piel de la muchacha, representaba una exudación de su propia vida. En los pigmentos de esa tinta bermeja el artista contemplaba las tonalidades de su propia alma.

Pasó el mediodía agradable de la primavera. Y, poco a poco, empezó a languidecer la tarde. Seikichi no cesaba de tatuar y la niña tampoco se despertaba. A una criada que, preocupada por la criatura, se presentó en el taller para llevarla de vuelta, Seikichi le comunicó con sequedad:

—Esa niña ya se ha ido.

La criada se fue de mala gana. Cuando la luna afloró sobre un palacio digno de un feudo de la provincia de Tosa, ubicado al otro lado de la orilla, y su luz onírica se derramó sobre las casas, Seikichi seguía en vela trabajando con febril concentración.

El tatuaje todavía estaba por la mitad.

Cada punzada, cada gota de colorante le costaba un esfuerzo inaudito. Cada vez que se adentraba en la carne con las agujas y las sacaba, tenía la sensación de estar taladrando su propio corazón. Respiraba profundamente. Las huellas de las agujas y de la tinta iban perfilando poco a poco la figura de una gigantesca araña hembra. Al empezar a teñirse de blanco la noche, el extraño y diabólico bicho ya había extendido sus ocho patas y se aferraba con firmeza a la espalda de la muchacha.

La noche primaveral llegó a su fin. Cuando el chapoteo de los remos de las barcas comenzó a intensificarse, la niebla se fue despejando paulatinamente desde la cima de las velas henchidas por la brisa del alba, y los tejados de las casas de las islas de Nakasu, Hakozaki y Reigan empezaron a brillar. En ese momento, al fin, Seikichi posó el pincel sobre la mesa y miró fijamente la araña tatuada en la espalda de la niña. Ese tatuaje era la quintaesencia de su propia vida. Después de concluir el trabajo, su corazón estaba vacío.

Durante un buen rato los dos permanecieron inmóviles. La voz baja y ronca del maestro retumbó en las cuatro paredes.

—He tatuado tu cuerpo con mis agujas y al hacerlo he vertido mi alma. Es así como te he convertido en una mujer verdaderamente hermosa. A partir de este momento no habrá ninguna más seductora que tú. Tus viejas debilidades son ya cosa del pasado. ¡No habrá hombre que no sea tu víctima!

La niña lo escuchó y lanzó un gemido fino como un hilo. Mientras recobraba la conciencia, poco a poco, cada vez que inhalaba y exhalaba despacio, las patas de la araña se movían como si estuviera viva.

Sin duda sufres mucho porque la araña te está abrazando con fuerza.

La muchacha entreabrió los ojos. Sus pupilas brillaron con mayor intensidad, igual que el claro de luna se aviva cuando la tarde se extingue, e iluminaron la cara del tatuador.

—Maestro, ¡dejadme ver el tatuaje de mi espalda! Ahora que me habéis entregado vuestra alma, debo de haberme convertido en una mujer bellísima —la niña hablaba como en sueños, pero el tono de su voz era rotundo.

—Ahora debes bañarte para fijar bien el color. ¡Aguanta aunque te duela! —susurró él con cariño en la oreja de la joven.

—Si puedo alcanzar la máxima belleza, soportaré cualquier cosa —la muchacha se rio con fuerza, resistiendo el dolor. Finalmente exclamó—: ¡Oh, cómo me escuece con el agua caliente…! Maestro, por favor, dejadme a solas. Subid arriba y esperad.

Es una humillación que me veáis sufrir tanto.

La joven, sin secarse siquiera el cuerpo, rechazó la amable ayuda de Seikichi y se lanzó al suelo de madera gimoteando como quien tiene una pesadilla. El cabello desgreñado se pegaba a sus mejillas de niña con un alboroto voluptuoso. Detrás de ella había un espejo en el cual se proyectaba la planta nívea de sus pies.

A Seikichi le sorprendió bastante la actitud de la niña, por completo diferente a la del día anterior, pero, tal como ella le había pedido, la esperó arriba. Transcurrió cerca de media hora. La muchacha se peinó convenientemente el cabello recién lavado para que descansara sobre sus hombros y apareció arreglada con esmero.

Irguió los hombros sin rastro de dolor y, apoyándose en la barandilla, elevó la vista al cielo levemente brumoso.

—Te regalo estas pinturas además del tatuaje. Vete a casa con ellas —le dijo el tatuador al tiempo que le entregaba los rollos colgantes.

—Maestro, ya ha desaparecido la cobardía que sentía hasta hace poco. ¡Sois mi primera víctima!

Las pupilas de la mujer brillaban como el filo de una katana y sus oídos se deleitaban con el eco de la victoria. Seikichi le pidió:

—Antes de que te vayas a casa, déjame ver una vez más el tatuaje.

La mujer, en silencio, asintió con la cabeza. Se despojó del kimono. Y en ese preciso momento, la gran araña negra tatuada en su espalda fulguró entre las llamas del sol matinal.

EL SECRETO

En aquel tiempo me venció el capricho de alejarme del ambiente deslumbrante que hasta ese momento me había rodeado y de retirarme discretamente de las mujeres y de los hombres con quienes acostumbraba a relacionarme. Busqué un lugar adecuado donde refugiarme. Al final encontré un templo budista de la escuela Shingon en el barrio Matsuba del distrito tokiota de Asakusa; y ahí alquilé una celda.

El lugar donde se hallaba el templo era intrincado y sombrío: había que pasar por el estanque del barrio Nihori, luego cruzar el puente Kikuya, seguir recto por detrás del templo Higashi Hongan hasta llegar al pie de una torre de doce pisos. Alrededor del templo se extendía una barriada humilde. Era como si alguien hubiera vaciado un gran cubo de basura y repartido su contenido por toda aquella zona. Sin embargo, el templo, cuyo muro anaranjado continuaba hasta lo lejos, producía una impresión tranquila, solemne y triste.

Yo imaginaba que, sin necesidad de refugiarme en barrios como Shibuya u Okubo, situados en las afueras de la ciudad, tenía que haber algún lugar misterioso y abandonado en el centro de la gran urbe. Suponía que, al igual que en un río hay remansos entre zonas del cauce donde el agua corre vertiginosa, entre las arterias principales de la ciudad debería encontrarme con algún rincón apacible, de esos que uno recorre en circunstancias excepcionales o por los que transitan serenamente personas raras.

Por mi cabeza daba vueltas esta idea: «Me gusta mucho viajar y he recorrido Kioto, Sendai, Hokkaido y hasta Kiushu. Aun así, no cabe duda de que hay calles que no conozco dentro de esta gran ciudad de Tokio en la que llevo viviendo veinte años, desde que nací en el barrio Ningyo. Sí, seguro que aquí hay más lugares de los que imagino, lugares en los que jamás he puesto los pies».

Fue así como empecé a preguntarme si habría más calles que desconocía de las que conocía en medio de la red de numerosas avenidas, grandes o pequeñas, que entrecruzaban la ciudad.

Recuerdo el día en que, a los doce años, mi padre me propuso visitar el santuario Hachiman de Fukagawa. Me dijo:

—Ahora vamos a cruzar el río en barca. Luego te invitaré a comer un cuenco de los famosos fideos soba en un restaurante llamado Fuyugi que hay en el mercado del arroz.

En aquella ocasión mi padre me llevó detrás del santuario sintoísta. Era un paisaje totalmente distinto al de los barrios Koami o Kobuna, situados en la otra ribera del río: vi que las orillas de este lado eran bajas y el cauce estrecho pero caudaloso. Sus aguas discurrían lentas entre las casas apiñadas a un lado y otro de los canales, como si las corrientes se abrieran paso entre los aleros de las viviendas. Una barca pequeña avanzaba apartándose de las demás embarcaciones dispuestas en hilera y utilizadas para el transporte de mercancías. Todas ellas, con el aspecto de ser más largas que el ancho del canal, navegaban arriba y abajo ayudadas por pértigas que rítmicamente golpeaban el fondo de las aguas.

Yo ya había visitado el santuario Hachiman varias veces, pero nunca había imaginado cómo sería la parte de atrás. Rezaba siempre desde el torii, el gran pórtico de la entrada, por lo cual al descubrir ese paisaje me recordó el de alguna estampa de una sola dimensión, sin profundidad. Cuando finalmente lo descubrí con todo su misterio, es decir, cuando mis pupilas se dilataron sobre el río con sus canales, el embarcadero y los terrenos que se extendían más allá, me pareció que todo ello formaba parte del mundo de los sueños, de un paraje que, pese a estar más lejano que Kioto u Osaka, pertenecía a esta ciudad, a Tokio.

Intentaba recordar cómo era el entorno detrás del templo budista consagrado a Kannon, en Asakusa, pero sólo acertaba a vislumbrar con nitidez las tejas bermejas del recinto sagrado que lograba atisbar desde una calle abarrotada de tiendas. Era incapaz de acordarme del resto del paisaje. Cuando me hice adulto, poco a poco el mundo se me fue haciendo más grande: visitaba las casas de mis amigos e iba de excursión a las montañas para disfrutar de las flores. Me parecía entonces que había recorrido todos los barrios de Tokio, pero de vez en cuando y de improviso surgía algún lugar ignoto y extraño que evocaba mi infancia.

Con la confianza de que en una zona singular y desconocida podría hallar fácilmente un sitio adecuado donde esconderme, me puse a buscar por todas partes el lugar ideal. Y mientras lo hacía, no dejaba de recorrer laberintos de olvidadas callejas. Aunque había cruzado varias veces los puentes Asakusa e Izumo, nunca había franqueado el de Saemon, que se encuentra entre los otros dos. Para ir a un teatro de kabuki, el Ichimura, del distrito de Nicho, siempre tenía que circular por la misma calle paralela a la línea del tranvía, y luego cruzar al lado derecho, dejando enfrente un restaurante de soba situado en la esquina. Sin embargo, nunca había puesto los pies en la calle que, dos o tres barrios más allá, conducía directamente al teatro Ryusei. Ignoraba qué aspecto tendría la otra orilla, la que estaba al otro lado del puente Eitai, hacia el sur. Además, había muchos otros sitios desconocidos para mí en las áreas de Hatchobori, Echizenbori, Shamisenbori y Yamataníbori.

Los alrededores del templo de Matsuba eran, entre los lugares ignotos, los más curiosos. Bastaba con adentrarse en un callejón, a dos pasos de Rokku y Yoshiwara, para estar en medio de alguno de esos barrios tristes y abandonados que tanto me cautivaban. Por otro lado, me alegraba enormemente ser capaz de observar con calma el tumulto de la ciudad y a la vez poder esconderme cuando quisiese. Era como dar esquinazo a una amiga hasta ahora íntima e inseparable; sí, a una amiga llamada «Tokio, ciudad atractiva, lujosa y frívola».

El objetivo de refugiarme no era exactamente poder trabajar. En aquella época mis nervios, siempre a flor de piel, se hallaban romos como una lima desgastada.

Además, me dominaba la seguridad de que no sentiría nada hasta que encontrara algo realmente llamativo y exuberante. Era incapaz de disfrutar de muestras de arte o de comida de primera calidad, de esas que exigen un paladar exquisito. Estaba tan abatido que no podía saborear la destreza de los cocineros de las tabernas y los humildes restaurantes de los barrios populares, de quienes se dice que son los mejores profesionales, ni rendirme ante el arte de actores de kabuki como Nizaemon y Ganjiro; ni siquiera gozar de cualquiera de las formas más elementales de ocio que hay en una ciudad. Mi vida cotidiana era rutinaria como su muelle, se movía por pura inercia; y sin embargo ya no podía soportarla más, al tiempo que deseaba descubrir un mode of life artificial y fabuloso, lejos de viejas costumbres.

¿No existiría algo extraño y sorprendente, algo capaz de excitar mis nervios hipersensibles, acostumbrados a estímulos ordinarios? ¿Podría darse ese algo en un mundo fantástico, confuso y salvaje, un mundo apartado de la realidad? Con estos interrogantes en la cabeza, mi alma vagaba por los tiempos legendarios de Babilonia y Asiria, recreaba las historias policiacas de Kuroiwa Ruiko o de Arthur Conan Doyle, anhelaba países abrasados por un sol intenso y praderas verdes de zonas tórridas, ansiaba el juego excéntrico de una infancia rebelde.

Creía que podría dotar de algún matiz misterioso y romántico mi propia vida si me alejaba del mundo ostentoso, si de repente desaparecía y mantenía en secreto mis actos. Desde la niñez había disfrutado intensamente del placer de la clandestinidad.

Cuando se juega al escondite, al zurriago escondido, a la gallinita ciega, sobre todo por la noche y en un cobertizo o frente a un portón de dos hojas batientes, el asunto tiene más sabor porque se puede experimentar con más fuerza cierto «misterio», una sensación extraordinaria en juegos de mesa.

Así pues, decidí ocultarme en un rincón oscuro y un tanto abandonado del barrio con el fin de revivir la experiencia del juego del escondite de la infancia. Si añado que la escuela Shingon, a la cual pertenecía el templo donde me había ocultado, es conocida por el esoterismo de sus doctrinas, por las prácticas ocultistas, los conjuros mágicos y los ensalmos, doy fe del límite al que me habían conducido la curiosidad y la obsesión por alimentar mis quimeras. La celda de ocho tatamis de superficie que me asignaron en el monasterio era parte de una sala recién reformada y estaba orientada al sur. Los tatamis, ligeramente tostados por la quemadura del sol, me transmitían una sensación plácida y dulce. Por el día, los rayos de un suave sol otoñal caían sobre el papel de las puertas deslizantes de la galería exterior como si de una lámpara de proyecciones se tratara, iluminando el interior de la celda con una luz tenue que me hacía sentir como dentro de un farol.

En el armario guardaba unos cuantos de mis libros predilectos de filosofía y arte, y en total desorden, sobre los tatamis, había dejado abiertos —como para que se secaran después de la estación de las lluvias— algunos libros con ilustraciones raras.

Entre ellos había volúmenes de hechicería, hipnotismo, novela policiaca, química o anatomía. A veces tomaba uno al azar y, tumbado, me sumergía en su lectura: El signo de los cuatro de Arthur Conan Doyle, Del asesinato considerado como una de las bellas artes de Thomas de Quincey, Las mil y una noches y un extraño libro francés sobre sexología.

Le había suplicado al superior del templo que me prestara pinturas sobre el infierno y el paraíso, sobre el monte Meru y el Buda reclinado, y otros dibujos antiguos de asuntos budistas que atesoraba la biblioteca del templo. Los colgué a mi capricho en las cuatro paredes de la celda, como anuncios en la sala de profesores de una escuela. De la boca de un pebetero situado en el tokonoma, el reducto sagrado de la estancia, ascendía sin parar el humo violáceo del incienso bañando con su fragancia el espacio claro y tibio de la celda. A veces me acercaba a una tienda que había junto al puente Kikuya para comprar un incienso de sándalo o de agar, y lo quemaba en el pebetero.

Cuando hacía buen tiempo, los rayos del sol de mediodía se filtraban por las puertas de papel y la escena se volvía sorprendente, fantasmagórica. Los personajes de los grabados, budas, sabios o arhats, monjes y monjas mendicantes, laicos budistas, elefantes, leones, quilines, se escapaban de los dibujos de colores fantásticos y nadaban dentro de la copiosa luz de la celda. Asesinos, hipnotizadores, morfinómanos, hechiceros, chamanes y líderes religiosos hacían aparición para fundirse con el humo del incienso. Entre esa humareda, colocaba en el suelo un tapiz de dos tatamis de superficie y, tendido encima, cada día fabricaba mis propias alucinaciones contemplando, con la mirada embrutecida y absorta, un punto fijo en el espacio vacío.

A las nueve de la noche, cuando casi todo el templo dormía, me bebía una botella de whisky de un trago para emborracharme, abría las puertas exteriores y trepaba por el seto de arbustos del cementerio para salir a dar un paseo. Cada noche vestía una indumentaria diferente a fin de no llamar la atención. Caminaba entre el gentío del parque Asakusa o bien recorría las tiendas de antigüedades y las librerías de segunda mano todavía abiertas. En una ocasión me cubrí la cabeza con un tenugui, una especie de toallita enrollada; otras veces me ponía un traje extranjero del revés, o mis pies, limpios y con las uñas pintadas de rojo, calzaban unas sandalias japonesas; o bien me colocaba unas gafas de montura dorada y un abrigo de invierno con el cuello alzado. Me divertía cambiar de apariencia: bigote y lunares postizos, magulladuras artificiales, pelucas… Una noche encontré un kimono de color azul marino decorado con dibujos grandes y pequeños en una tienda de ropa usada de Shamisenbori. Nada más verlo me entró un deseo irrefrenable de ponérmelo.

Siempre tuve una pasión desmedida y exigente por la indumentaria, más allá del interés por los matices y el contraste de los colores o por la perfección de los diseños de las vestimentas. Si mis dedos rozaban no ya una prenda femenina, sino cualquier hermosa tela de seda, sentía un deseo apasionado y voluptuoso de apoderarme de ella.

A menudo temblaba de placer, como cuando se contempla el tono de la piel de la persona amada. ¡Qué envidia me daban las mujeres que podían vestir kimonos de seda y de crepé sin ningún reparo!

Aquel kimono de crepé de seda azul decorado con dibujos pequeños y grandes colgaba en la tienda con una languidez deliberadamente descuidada. Me estremecí al imaginar el intenso placer que sentiría con la seda fría y pesada envolviendo mi cuerpo. «¡Sí! Deseo caminar por las calles vestido con un kimono de mujer…». Con la cabeza a punto de estallarme por esa idea, entré en la tienda y compré al instante la prenda. De paso, adquirí un kimono interior teñido al estilo Yuzen, un sobretodo de crepé negro y otros complementos. El kimono que acababa de comprar parecía estar hecho para una mujer de talla grande, de modo que la prenda se adaptaba perfectamente a mi estatura y al tamaño más bien pequeño de mi cuerpo.

Llevé mis compras a la celda y por la noche, cuando el templo parecía estar vacío y en absoluta calma, empecé a maquillarme frente al espejo. En el momento de comenzar a cubrirme la punta de la nariz con los polvos blancos, me sentí un poco grotesco al ver mi reflejo, pero no me detuve. Antes bien, seguí extendiendo los polvos por toda la cara y alisándome con las manos el maquillaje níveo y espeso. Lo hice mejor de lo que hubiera imaginado. ¡Qué placer tan singular cuando las gotas frescas de olor dulzón penetraron los poros de mi piel! Después, a medida que esparcía el color rojo y el ocre, mi rostro, blanco como el yeso, se iba convirtiendo en una cara femenina viva y palpitante. ¡Qué metamorfosis tan graciosa! Me di cuenta de que el arte del maquillaje, que los actores, los músicos y en general las mujeres practican rutinariamente sobre la piel de sus cuerpos, era aún más interesante que la técnica de escritores y pintores.

El contacto con el kimono interior, con el cuello, con el koshimaki, esa especie de combinación de crepé que va debajo, con las mangas largas de seda roja haciendo frufrú, comunicaba a mi piel sensaciones desconocidas y voluptuosas, comparables a las que debe de experimentar con delicia la epidermis femenina. Me empolvé de blanco desde la nuca hasta las muñecas, me puse una peluca en forma de hoja de ginkgo, como un abanico, la cubrí con un pañuelo de seda y osadamente salí para internarme en las calles de la ciudad.

El cielo nocturno estaba nublado y oscuro. Vagué por barrios apartados como Senzoku, Kiyosumi y Ryusenji. Nadie reparaba en mi disfraz: ni el policía que estaba en el puesto de guardia ni tampoco un solo transeúnte. La brisa fría de la noche me acariciaba la cara reseca por el maquillaje, que sentía como pegada a una cáscara. El calor de mi aliento humedecía la parte del pañuelo con que me embozaba. Mientras caminaba, los bajos de la combinación de crepé se me enredaban juguetones entre las piernas. Además, el obi, la faja de la indumentaria, me apretaba el abdomen hasta aplastarme las costillas, por no hablar del otro obi, más fino, que llevaba atado justo encima de la pelvis. A medida que sentía la opresión de ambos obi me iba dominando la sensación de que una sangre femenina empezaba a correr por mis venas, al tiempo que mi espíritu y mis maneras de hombre se desvanecían.

Saqué la mano, igualmente empolvada de blanco, de la larga manga. Aunque su perfil robusto y fuerte se camuflaba en la oscuridad de la noche, no dejaba de destacar como un bulto blanco y rollizo. En ese momento sentí fascinación por su hermosura y, al mismo tiempo, envidia por las mujeres en posesión de una mano verdaderamente femenina. ¡Qué divertido sería poder cometer todo tipo de delitos amparado en el disfraz de mujer, al igual que el personaje Benten Kozo en la obra de kabuki…! Con estos pensamientos rondando mi mente, y entusiasmado tanto por mi «secreto» como por la incertidumbre del «qué pasará» que sobrecoge a los lectores de novela negra, me encaminé hacia el animado barrio Rokku, en Asakusa. Podía imaginar que era alguien que acababa de perpetrar un crimen particularmente atroz, un asesinato o un atraco a mano armada.

Desde la torre Ryonkaku llegué al borde de un estanque. Seguí caminando, y al alcanzar el cruce del teatro de la Ópera mi rostro generosamente maquillado recibió el impacto de la iluminación artificial y el resplandor de las farolas de arco. Pude apreciar entonces los matices de mi kimono y sus distintas tonalidades. Al llegar al teatro Tokiwaza, mi silueta de mujer anónima, magistralmente camuflada entre el gentío, se reflejó en el gran espejo que había a la entrada de un taller de fotografía situado enfrente del teatro.

El secreto de mi identidad masculina permanecía oculto bajo el espesor untuoso de los polvos blancos. Cuando miraba, movía los ojos igual que una mujer, y cuando reía, imitaba asimismo el movimiento de los labios. Varios grupos de mujeres que se cruzaron conmigo exhalando un olor dulzón a aceite de alcanfor y produciendo al caminar el frufrú de un arroyo rumoroso no sospecharon nada de este hombre disfrazado que pasaba a su lado. Todas me tomaron por una igual. Hasta hubo alguna que fijó su mirada en mis facciones coquetas y admiró, no sin cierta envidia, el refinamiento de mi indumentaria.

En el parque, el alboroto nocturno al que estaba acostumbrado tenía otra luz, una luz nueva, por la sencilla razón de que ahora estaba en posesión de un «secreto». Los objetos y los lugares me parecían raros y extraordinarios, como si los estuviera viendo por primera vez. Así, engañando a la gente y burlando las luces de las farolas, deambulé oculto bajo la capa de mi maquillaje y el hermoso y sensual tejido de las prendas, observando el mundo a través del velo de un secreto, un velo que teñía aquella realidad ordinaria con los matices maravillosos del sueño.

A partir de entonces me acostumbré a salir cada noche disfrazado. A veces iba al teatro Miyato a ver una obra, aunque me tocara estar de pie, o me introducía en alguna sala de cine sin recato alguno. Volvía al templo hacia las doce de la noche.

Entonces encendía una lámpara de aceite apenas entraba en la celda, me tumbaba agotado y sin desvestirme sobre el tatami, y así, en una pose indecente, contemplaba los colores vistosos de mi atuendo. Después me despojaba con pesar del kimono y sacudía las mangas sin dejar de regalarle largas miradas. Luego me contemplaba en el espejo: el maquillaje blanco y casi despintado seguía adherido a la piel ruda de un hombre con las mejillas hundidas. Sentía entonces, como borracho de esa embriaguez que procura un vino añejo, un placer decadente que me obnubilaba el alma. Con el dibujo del infierno y el paraíso en la pared del fondo, me arrastraba lentamente con el kimono interior puesto, como haría una cortesana, hasta tenderme sobre el futón, y empezaba a hojear alguno de los libros raros que por allí había. Así permanecía hasta altas horas de la madrugada.

Paulatinamente, con el paso de las noches, fui depurando el arte de mi disfraz, al tiempo que crecía mi atrevimiento. Salía a la calle con un cuchillo o con un anestésico metido entre los pliegues de mi obi por el puro placer de regodearme en mis imaginaciones favoritas. Quería olfatear bien ese aroma romántico y seductor que envuelve los crímenes, sin cometerlos en realidad. Una noche, una semana después de disfrazarme de mujer por primera vez, cierto suceso imprevisto supuso el comienzo, favorecido por circunstancias puramente fortuitas, de una aventura que sobrepasó a todas las demás por su carácter extraño, fantástico y misterioso.

Tras haber bebido más whisky de lo normal, di con mis pies en el cine Sanyukan.

Serían más o menos las diez de la noche. Me acomodé en uno de los palcos de honor, en el primer piso. El cine rebosaba de público y el aire, enrarecido por el gentío, estaba turbio como una niebla. El calor sofocante emanado de la masa negra, que bullía en la sala igual que un enjambre de bichos apelotonados, amenazaba con arruinar el maquillaje blanco de mi rostro. La película avanzaba a una velocidad de vértigo sobre la pantalla, iluminada por un proyector que rechinaba en la oscuridad.

Cada vez que la luz me aguijoneaba las pupilas, sentía dolor en mi cabeza ebria. A ratos el haz de luz del proyector titilaba suavizando o iluminando la penumbra de la sala. Entonces, y con el rostro embozado en el pañuelo, me dedicaba a observar las expresiones del público a través del humo del tabaco que desde las cabezas de la muchedumbre se elevaba denso como una nube que asciende desde el fondo de una cañada. Me satisfacía constatar la seguridad de mi secreto: eran muchos los hombres que, curiosos, echaban un vistazo a mi pañuelo y numerosas las mujeres que furtivamente ojeaban con miradas ansiosas la sabia combinación de colores de mi vestimenta. Entre ellas no había ninguna dama más llamativa que yo, tanto por la originalidad del atuendo como por el voluptuoso encanto de la figura.

Cuando encendieron las luces de la sala de cine por segunda o tercera vez, advertí que una mujer y un caballero ocupaban los asientos que había a mi izquierda, unas butacas que antes estaban vacías.

La mujer se esforzaba por aparentar veintidós o veintitrés años, pero en realidad debía de tener veintiséis o veintisiete. Llevaba el pelo recogido en un moño de joven distinguida, se cubría todo el cuerpo con un manto azul celeste y desplegaba, no sin ostentación, una belleza tan fresca como el agua recién caída del cielo. En ese momento me vi incapaz de precisar si se trataba de una geisha o de una muchacha de buena familia. En cambio, por su actitud podía deducirse que no era la esposa de su acompañante.

—Arrested at last —murmuró en voz baja leyendo los subtítulos que aparecían en la pantalla. Después sopló en dirección a mi rostro el humo fragante de su cigarrillo turco, al tiempo que en la penumbra de la sala clavaba en mí unas pupilas más grandes y resplandecientes que la piedra preciosa de un anillo.

Su voz, ronca como la de un maestro de canto dramático, no encajaba bien con su sensual aspecto. No cabía ninguna duda de que esa voz pertenecía a T, una mujer con quien dos o tres años antes yo había mantenido una relación fugaz durante una travesía en barco rumbo a Shanghái.

Recordé que en aquel tiempo ella se comportaba y vestía igual que ahora, es decir, con un estilo que no permitía reconocer si se trataba de una prostituta o de una mujer honrada. En cambio, el hombre de esta noche en el cine era totalmente diferente, tanto por su aspecto como por las facciones del rostro, a aquel otro caballero que solía acompañarla a bordo del barco. Con toda probabilidad, entre uno y otro había habido una larga cadena de hombres ceñida en torno al cuerpo de la mujer. En todo caso, no había ninguna duda de que se trataba del tipo de mujer que mariposea de hombre en hombre. Cuando la conocí en el barco dos años atrás, no intercambiamos nuestros nombres o direcciones ni nos contamos nuestras situaciones en la vida. Así, sin saber apenas nada el uno del otro, el barco llegó a Shanghái y yo desaparecí de su vida como a escondidas, burlando a una joven enamorada de mí. La verdad es que me quedé boquiabierto al volver a ver a una mujer en la que hasta entonces sólo había pensado como en un sueño entrevisto en pleno océano. En aquel viaje su cuerpo era más bien rotundo, pero ahora parecía espléndidamente delgada, con unos ojos redondos de largas pestañas que brillaban como recién limpios, y respirando una dignidad y lozanía verdaderamente majestuosas ante los hombres. Sin embargo, sus labios vivos, cuya sangre carmesí daba la impresión de ir a verterse al menor contacto, y el pelo corto que casi le tapaba los lóbulos de las orejas eran iguales que antes. En cuanto a la nariz, se me antojaba más prominente que entonces.

¿Me había reconocido? Imposible asegurarlo. Cuando se encendían las luces de la sala, se distraía con el caballero y parecía ignorar por completo mi existencia, o bien considerarme con desdén una mujer común y corriente. De hecho, sentado a su lado, no pude menos que despreciar mi propio disfraz, del que un momento antes estaba tan orgulloso. Me quedé simplemente abrumado por el encanto de aquella dama tan expresiva, misteriosa y viva, tanto, en efecto, que mi maquillaje, aplicado con esmero y destreza, y mi vestimenta me parecieron ahora ordinarios y monstruosamente feos.

No podía rivalizar en absoluto con la mujer que tenía a mi lado, ni en feminidad ni en belleza. Me sentí tan descolorido e insignificante como la luz de una estrella ante el resplandor de la luna.

En medio del aire enrarecido que impregnaba la sala de cine, el perfil de esta mujer resaltaba con toda limpieza. A la sombra de su manto, movía las manos con la elegante agilidad con que un pez nada en el agua. Mientras hablaba con su acompañante, a ratos miraba hacia el techo como perdida en un ensueño, a ratos observaba al público con el ceño fruncido, y otras veces sonreía mostrando unos dientes inmaculados. Todas estas expresiones no dejaban de dibujarse con perfecta nitidez en su rostro. Desde cualquier rincón de la planta baja del cine, el fulgor de sus dos pupilas negras y grandes se habría distinguido a la perfección, como las dos joyas de más valor de la sala entera. Todos los órganos de la cara con que los demás seres humanos podemos ver, oler, oír y hablar, en el semblante de esta hembra provocaban demasiadas emociones y perdían su función fisiológica para convertirse en un dulce e irresistible cebo con el cual seducir a los machos. Ya nadie fijaba la mirada en mí. De repente me acometieron unos celos absurdos y una rabia inexplicable ante la hermosura de una mujer que me robaba la atención del público. Era humillante que el hechizo de una joven a la que había seducido y abandonado tiempo atrás surgiera ahora para apagar y aplastar la luz de mi figura. ¿O quizá había regresado para, después de reconocerme, lanzarme todo su sarcasmo y vengarse de mí?

Pero mis celos, ante semejante belleza, cedieron poco a poco para trocarse en amor. Vencido por su feminidad en mi secreto como mujer, quería conquistarla como hombre, y así, ufano, lanzar al aire un grito de victoria. Incapaz de controlar mis deseos, me vinieron unas ganas irresistibles de agarrar de repente el cuerpo de esa mujer y zarandearla con violencia.

Decidí aprovechar la oscuridad de la sala para sacar un papelito y un lapicero de mi obi y garabatear apresuradamente las siguientes líneas: Estoy seguro de que me has reconocido. Te reencuentro esta noche al cabo de tanto tiempo y, ¿sabes?, he vuelto a enamorarme de ti. ¿No te apetece que nos cojamos de la mano? ¿Querrás venir de nuevo a este mismo palco mañana por la noche y reunirte conmigo? No me gusta revelar a nadie dónde vivo, por lo que te ruego que me esperes aquí mañana a esta misma hora.

Con toda discreción dejé caer la nota dentro de la larga manga de su kimono sin que nadie se percatase. Luego seguí observándola.

Debió de ser a eso de las once cuando, terminada la película, la mujer se quedó unos instantes mirando la pantalla con calma. Todo el público se levantaba de sus butacas y abandonaba la sala en desorden. Fue el momento que ella eligió para repetir en mi oído con un susurro:

— … Arrested at last…

Sus ojos me perforaron con un aplomo irreconocible y enseguida se perdió entre la multitud hasta esconderse al lado del caballero que la acompañaba.

Arrested at last… Sí, era evidente que me había reconocido. No sabía desde qué momento, pero la constatación de este hecho me hizo estremecer y quedarme como petrificado. En cualquier caso, ¿aceptaría dócilmente mi invitación y se presentaría al día siguiente?, ¿habría dejado entrever mi punto débil al arriesgarme a tomar la iniciativa sin tener en cuenta que estaba ante una mujer con más experiencia que antes? En fin, regresé al templo con el corazón encogido por la preocupación y la duda.

Fiel a mi costumbre desde que me disfrazaba, comencé a despojarme del kimono exterior para quedarme en el interior cuando, de repente, del pañuelo de la cabeza cayó al suelo una nota doblada en forma cuadrada. Iba dirigida al señor S. K. El tono de la tinta con que estaba escrita brillaba como un tejido de seda. La letra era indudablemente femenina. Era posible que la mujer hubiera hallado la ocasión de abandonar el asiento durante la película, retirándose a algún rincón y apañándoselas para escribir la respuesta a mi mensaje. Después, había conseguido introducir el papelito en el pañuelo de mi kimono sin que nadie —ni yo mismo— se diera cuenta.

Estas eran sus palabras:

¿Quién me hubiera dicho que le encontraría en un lugar como este? Y además ¡con ese aspecto tan increíble! A pesar de su disfraz, le he reconocido enseguida. ¿Cómo iba a olvidarme de una persona a la que he seguido viendo en sueños estos últimos años? En efecto: nada más ver a una mujer con la cabeza tapada por el pañuelo, comprendí que era usted. No se crea, siempre supe que tenía unas aficiones bastante peculiares, lo cual nunca dejó de hacerme mucha gracia. Sé que ha sido para satisfacer su fantasía por lo que me ha invitado a verlo mañana, y debo reconocer que estoy tan contenta que no acabo de ver las cosas claras. De acuerdo: aceptaré su invitación y mañana por la noche nos reuniremos sin falta. Pero no será en el cine. Como tengo cosas que hacer, le ruego que acuda a la puerta Kaminari, aquí en el barrio Asakusa, entre las nueve y las nueve y media de la noche. Yo no estaré ahí, pero enviaré al mozo de un rikisha para que lo conduzca hasta mi casa. Ya ve que yo también tengo mis razones para guardar ciertos secretos y no revelar mi domicilio. Por eso le ruego que acepte que el mozo le vende los ojos y se deje conducir por él. Si no lo hace así, entonces, con gran dolor de mi corazón, no podrá verme nunca más.

Conforme iba leyendo esta carta, la sensación de que me convertía en el personaje de una novela de misterio se iba adueñando de mí. Me sentí invadido por una curiosidad y un recelo absolutamente disparatados. Dudaba de si la mujer habría tomado todas esas precauciones sabedora de mis inclinaciones amatorias.

La noche del día siguiente daba gusto ver cómo diluviaba. Me cambié de ropa de arriba abajo, me puse el sobretodo impermeable encima del kimono y del chaquetón de seda de Oshima, y salí a la calle. Una lluvia torrencial azotaba el paraguas también de seda impermeable. Al ver el agua desbordándose de las cunetas de las calles de Shinbori, me guardé los tabi, los calcetines blancos a juego con mi vestimenta, en la escotadura del kimono para no mancharlos. Bajo la luz de las lámparas de las casas resplandecían mis pies desnudos y empapados por la lluvia. Una incalculable cantidad de agua se precipitaba del cielo con tanto estrépito que ahogaba el traqueteo producido por las puertas correderas exteriores de las casas alineadas a un lado y otro de la ancha calle. Ésta, por lo habitual muy animada, aparecía así con las puertas cerradas y por ella podía verse a unos hombres que, con los bajos de los pantalones doblados, corrían como soldados que se dieran a la fuga tras una derrota. De vez en cuando pasaba un tranvía y las gotas de agua sobre los raíles salpicaban el pavimento.

En derredor, las luces de los postes eléctricos y de la publicidad irradiaban borrosamente en medio del aire caliginoso de la lluvia.

Con los antebrazos mojados llegué finalmente a la puerta Kaminari, en el centro de Asakusa. Era el lugar de la cita, y ahí esperé solo y de pie mirando a todas partes con ayuda de la iluminación de las farolas de arco. No se veía un alma. «¿Me estará observando alguien desde algún rincón oscuro y escondido?», pensé. Permanecí así durante un rato hasta que en medio de la oscuridad del puente Azuma vi cómo se balanceaba la lucecita roja de una lámpara. Era un rikisha, el ligero carrito de dos ruedas de tracción humana, que avanzaba a toda velocidad cruzando los raíles del tranvía hasta detenerse frente a mí.

—¿Quiere usted hacer el favor de subir, señor?

El conductor llevaba un impermeable y un gran sombrero de paja calado hasta los ojos. En cuanto su voz desapareció bajo el ruido atronador de la lluvia torrencial, de improviso se puso a mi espalda y me vendó los ojos rápidamente con una tela de tafetán que apretó hasta retorcerme la piel de las sienes.

—¿Sube? —me conminó. Adelantó una mano áspera y me empujó al carruaje con premura.

Podía oír las gotas de lluvia caer sobre el capote del rikisha; la tela apestaba a humedad. Pero el interior del vehículo lo bañaban la fragancia de unos polvos blancos de maquillaje y el vapor cálido de un cuerpo femenino. Sí; no había duda de que una mujer estaba sentada a mi lado. El conductor levantó las varas del carruaje, dio dos o tres vueltas en el mismo sitio para que yo perdiera el sentido de la dirección y luego se puso en marcha con un acelerón. Giraba a derecha e izquierda, una y otra vez, como si recorriéramos un laberinto. De vez en cuando salíamos a alguna calle con raíles de tranvía en el pavimento y atravesábamos algún puente pequeño.

Durante un buen rato estuve a merced de los tumbos del vehículo. Era evidente que la mujer sentada a mi lado era «ella», la dama T, aunque no abrió los labios y permaneció todo el tiempo inmóvil. Su presencia probablemente se debía a que deseaba asegurarse de que llevaba los ojos bien tapados. Una precaución innecesaria, pues, aun sin vigilancia, no me habría quitado la venda. La joven conocida en alta mar, el refugio bajo la capota de un rikisha en una noche de lluvia feroz, el secreto de la ciudad nocturna, la ceguera, el silencio…, todos esos elementos se conjugaron para formar la bruma pura de misterio en cuya espesura yo decidí lanzarme de cabeza.

No pasó mucho tiempo antes de que la mujer abriera mis labios bien apretados para introducir un cigarrillo que encendió con un fósforo.

Al cabo de aproximadamente una hora, el rikisha se detuvo. El conductor me ayudó a salir del carruaje con sus manos rudas. Caminamos unos cinco metros por un callejón estrecho hasta que el hombre abrió una puerta de madera, que chirriaba y podía ser el portillo trasero de alguna casa. Entramos en una sala. Me senté sobre el tatami y me quedé solo con los ojos tapados durante un rato. Luego oí que alguien abría una puerta corredera de papel. La mujer se me acercó y, en silencio y con ágil calma, como una sirena, apoyó el tronco en mis rodillas y me desató el lazo de la venda de tafetán después de rodearme las sienes con sus brazos.

La habitación tendría una superficie de ocho tatamis. La decoración y los materiales eran espléndidos, y la madera muy bien elegida. No podía precisar, sin embargo, si se trataba de la pieza de una casa de citas o del hogar de una mantenida, ni tampoco si su dueño pertenecía a la clase alta. Más allá de la galería exterior se vislumbraba un jardín con plantas arbustivas vallado de planchas de madera. Muy pocos indicios para deducir en qué parte de Tokio me encontraba.

—Bienvenido.

La mujer se acercó a la mesa cuadrada de madera de palisandro que había en el centro de la estancia y extendió con abandono unos brazos blancos sobre la superficie como si se tratara de dos criaturas vivas. Me llamó la atención el cambio radical operado en su aspecto: ahora llevaba un kimono de crepé de rayas en colores sobrios, ceñido con un obi de varias telas superpuestas, y el pelo recogido en un peinado, elegante y juvenil, en forma de hoja de ginkgo.

—Ya ve usted cómo voy vestida esta noche. Seguramente le hará mucha gracia.

Pero no me queda más remedio que cambiarme de ropa todos los días si quiero que la gente no se entere de mi posición social.

Mientras hablaba daba vueltas con los dedos a una copa que estaba colocada boca abajo sobre la mesa y en la que finalmente vertió vino. Sus movimientos eran más delicados y lánguidos de lo que imaginaba.

—Es muy gentil de su parte acordarse de mí —siguió diciendo—. Después de separarnos en Shanghái, he tenido muchas dificultades con unos hombres y otros, pero curiosamente no me podía olvidar de usted. No me abandone esta vez, por favor.

Sea siempre mi amigo, considéreme la mujer de un sueño, una mujer de la que no conoce ni su posición social ni su situación.

Cada una de sus palabras, cada una de sus frases despedían un eco tan melancólico que resonaban en mi pecho como la melodía de un país remoto. ¿Cómo era posible que una mujer que ayer parecía tan brillante, orgullosa e inteligente mostrase ahora una actitud tan triste y dócil? Daba la impresión de abrir ante mí su alma, de ponerse a mis pies.

Para gozar de esta «mujer de un sueño», de la «dama del secreto», y saborear esta aventura amorosa a caballo entre la realidad y el ensueño, no dejé de visitarla casi todas las noches. Hacia las dos de la madrugada, me volvían a vendar los ojos y me conducían de nuevo a la puerta Kaminari. Así seguimos uno o dos meses, viviendo dentro de la nube del secreto, ignorantes de nuestros respectivos nombres y direcciones.

No tenía la más mínima intención de enterarme de dónde vivía esta mujer o en qué situación se encontraba. No obstante, el tiempo incubó en mí la extraña curiosidad de saber simplemente a qué lugar de Tokio me llevaba el rikisha cuando iba con los ojos vendados. A lo largo de media hora, de una hora o a veces de hora y media, el carrito trotaba por la ciudad hasta que el conductor bajaba las varas frente a la misma casa de la mujer. Es probable que estuviera ubicada más cerca de la puerta Kaminari de lo que yo pensaba. Mientras me movía de un lado a otro con el traqueteo del vehículo, no podía evitar dar rienda suelta a mil conjeturas sobre la dirección.

—Quítame la banda. Sólo un momento, por favor —le pedí, incapaz de aguantar más, una noche en que íbamos montados en el rikisha.

—¡Ni hablar! —respondió la mujer sujetando con fuerza mis manos con las suyas y apoyando la cabeza encima. Y continuó—: ¡Vamos, no sea caprichoso…! El lugar en el que vivo es mi secreto. Si se lo dijera, estoy casi segura de que me dejaría.

—¿Por qué te iba a dejar? —pregunté.

—Muy sencillo: porque si lo supiera, ya no sería la «mujer de un sueño». Usted no está enamorado de mí, sino de una mujer misteriosa, la mujer de un sueño.

Rechazó mis ruegos, pero yo insistí tanto en que me quitara la tela que al final dijo con el tono resignado:

—¡Qué le vamos a hacer! Le dejaré ver…, pero sólo unos segundos.

Después de descubrirme los ojos, me preguntó con un mohín de inquietud en el rostro:

—¿A que no sabe dónde estamos?

El cielo, límpido de nubes, mostraba unos tonos extrañamente ennegrecidos. En el amplio firmamento titilaban las estrellas, y la Vía Láctea, como una niebla blanca, lo cruzaba de un extremo a otro. A ambos lados de un callejón estrecho se alineaban tiendas cuyas luces alumbraban alegremente la calzada.

Sin embargo, me resultaba imposible adivinar en qué parte de la ciudad estábamos a pesar de su animación a esa hora de la noche. El rikisha recorrió a toda velocidad el callejón, al fondo del cual, unos cien o doscientos metros más adelante, pude distinguir el cartel, escrito con letras grandes, de una tienda de estampas: SEIBIDO.

Aunque estaba lejos, me fijé en el número y el nombre del distrito escritos en otro cartel en caracteres más pequeños. Al percibir mi mirada, la mujer exclamó:

—¡Ay!

Y volvió a taparme los ojos con la tela.

Sí, la calle estaba animada, con muchas tiendas, y al fondo se veía el cartel de un comercio de estampas… Di muchas vueltas a estos detalles al tiempo que intentaba grabar en la memoria la fugaz visión. Pensé que debía de ser una de esas callejas en las que no había puesto un pie en mi vida. De nuevo me asaltó la sensación de hallarme inmerso en un mundo misterioso, la misma sensación enigmática de mi infancia.

—¿Ha podido leer las letras del cartel?

—No, no pude leerlas. Te confieso que no tengo la menor idea de dónde estamos.

En cuanto a tu vida, solamente sé de ti lo que nos ocurrió a bordo de un barco en el Pacífico hace tres años. Nada más. Reconozco que me has hechizado para arrastrarme a un país de fantasía, un lugar mágico perdido en el mar.

Al escuchar mi respuesta replicó, con una pizca de pesar en la voz:

—¡Ay, cómo me gustaría que siempre pensase así! Considéreme la mujer de un sueño que vive en un mundo irreal. Le ruego que nunca más vuelva a mostrarse tan caprichoso como esta noche.

Me pareció que vertía alguna lágrima.

Pasó el tiempo, y durante una temporada no pude olvidar el extraño paisaje urbano que aquella noche la mujer me había permitido ver tan sólo unos segundos.

Albergaba en la memoria con toda nitidez el cartel de la tienda de estampas al fondo de aquella calle estrecha, animada e iluminada por las luces de las lámparas. Estudié la manera de dar con el lugar. Al final se me ocurrió una estratagema.

A lo largo del tiempo en que me llevaron casi todas las noches hasta la casa de la dama hice esfuerzos por retener las vueltas que, apenas sin desplazarse, realizaba el rikisha frente a la puerta Kaminari. Poco a poco logré calcular el número de veces que giraba a la derecha y a la izquierda. Una mañana me situé en la esquina de la puerta Kaminari y con los ojos cerrados di dos o tres vueltas en la misma dirección en que se movía el rikisha. Una vez seguro de que los giros que daba eran los correctos, empecé a correr más o menos a la misma velocidad que el carruaje y en la misma dirección. Como me sabía los tiempos, sabía que debía girar en un lugar y luego en otro. Fue así como crucé un puente y una calle con raíles, sitios por donde debía pasar, según mis conjeturas. Estaba convencido de que andaba en la pista correcta hacia la misteriosa casa.

En primer lugar, desde la puerta Kaminari llegué al barrio Senzoku rodeando el parque Asakusa y caminando por una calleja de Ryusenji en dirección al distrito de Ueno. Luego doblé a la izquierda en la zona de Higashi Sakashita, recorrí una calle de Okachi a lo largo de unos ochocientos metros y volví a girar a la izquierda. Ahí estaba: el callejón que había visto aquella noche. Frente a mí se mostraba el cartel de la tienda de estampas.

Avancé por el callejón con la mirada fija en el cartel. Era como si estuviera explorando las oquedades de una gruta dentro de la cual se escondiera algún enigma insondable. Al llegar al fondo del callejón, de repente me di cuenta de que me encontraba en una calle del barrio Shitayatake donde todas las noches se abrían puestos ambulantes. Unos trescientos metros más allá se veía también la tienda de ropa usada en la que había comprado el kimono de seda azul. ¡Qué extraña casualidad! El callejón donde yo me hallaba conectaba la calle Shamisenbori con otra del barrio Okachi, y lo más curioso era que yo no creía haber pasado por él hasta ese día. Me coloqué delante del cartel de la tienda Seibido que tanto me había ayudado en mis pesquisas y me quedé un rato inmóvil. Cuando reparé en las casas pobres y resecas bajo el sol cálido del otoño, tan diferentes de la casa a la que yo acudía, envuelta en el halo misterioso de la luz roja de las lámparas bajo el cielo de rutilantes estrellas, me sentí súbitamente abatido y, al mismo tiempo, desengañado.

Pero, excitado por una curiosidad febril, igual que un perro que vuelve a su casa olisqueando el camino, me lancé de nuevo a la búsqueda, relamiéndome ante mi siguiente hallazgo. Me adentré en pleno distrito de Asakusa, giré a la derecha cuando llegué al barrio Kojima, crucé la calle con raíles que se encontraba cerca de la zona de Sugabashi, giré hacia el puente Yanagibashi al llegar a Daichigashi y finalmente di con mis pasos en la amplia avenida Ryogoku. Caí entonces en la cuenta de que la mujer me hacía dar un enorme rodeo para despistarme y para que no supiera dónde vivía. Pasé por los barrios Yagenbori, Hisamatsu y Hama… Crucé el puente Kakihama. Y ahí me perdí.

Tuve la impresión de que la casa de la mujer debía de estar en alguna callejuela de la zona. Anduve investigando una hora por las estrechas calles del lugar. Luego, cuando me encontraba justo enfrente del templo Saijo, reparé en un callejón angosto y medio oculto entre casuchas apiñadas y tuve la corazonada de que la casa de la mujer se hallaba escondida al fondo del mismo. Me interné en él, y en la segunda o tercera casa del lado derecho atisbé, a través de las ramas de un pino, a una mujer.

Era ella. Con las facciones lívidas como las de un cadáver, me miraba desde lo alto de la galería exterior de la primera planta de una casa vallada con tablas de madera muy bien trabajadas.

Cuando alcé la cabeza y dirigí hacia ella una mirada involuntariamente desdeñosa, simuló estar distraída y, como si no me conociera, se limitó a observarme sin sonreír. Su aspecto era tan distinto… ¿Sería la misma persona de la víspera? Dejó ver en su semblante una expresión de desesperación y profundo pesar por haber atendido a mi ruego quitándome la venda de los ojos. Con toda calma, se ocultó en la penumbra de la puerta de su casa.

Resultó ser la viuda de un hombre acaudalado, de nombre Yoshino, que había vivido en ese barrio. Todo acabó cuando despejé el misterio después de haber visto el cartel de la tienda de estampas. Desde entonces no volví a verla.

Dos o tres días después desalojé bruscamente mi celda del templo y me mudé al barrio Tabata. Las delicias tibias e indolentes del «secreto» dejaron de satisfacer mi corazón. Mis inclinaciones iban ahora en pos de goces más apasionados e intensos.

EL ODIO

Me encanta ese sentimiento llamado "odio". Creo que es el sentimiento más directo y absoluto, el más sugestivo que puede existir. Nada me parece tan divertido como odiar, odiar a alguien hasta más no poder.

Supongamos que entre mis amigos hay uno al que odio en particular. Jamás rompo de manera directa mi relación con él. Al contrario, procuro ser amable, fingiendo una amistad entrañable, pero en el fondo siento unos deseos inmensos de burlarme de él, despreciándolo y portándome de forma grosera, halagándolo con ironía y mostrándole mi falta de honestidad. La vida sería muy triste para mí si no tuviera en este mundo a quien odiar.

Recuerdo muy bien el rostro de las personas que odio. Mucho más que los rostros de las mujeres que he amado. Los puedo vislumbrar en mi mente con todos los detalles como si los tuviera delante de mí. Al odiar a una persona, todo lo suyo, incluida la textura y el color de su piel, la forma de su nariz, sus manos y piernas, termina pareciéndome odioso. Suelo decirme: "Qué piernas tan odiosas", "qué manos tan odiosas", "qué piel tan odiosa".

Descubrí el odio por primera vez durante mi infancia, a los siete u ocho años. En esa época, trabajaba en mi casa Yasutaro, un muchacho muy inquieto de doce o trece años, con cara morena y ojos redondos. Era demasiado arrogante para su edad, lo que se manifestaba en su forma fluida de hablar, no sabía obedecer y despreciaba a los empleados y sirvientes de la casa, que lo regañaban constantemente. Tomaba cursos domésticos de caligrafía todas las noches después de acabar su trabajo en la tienda, pero no aguantaba estar sentado mucho tiempo delante de su pequeño escritorio para hacer los ejercicios obligatorios. Solía quedarse dormido, y si no, le daba por entablar conversación conmigo de esta manera:

—Oiga, mi niño, véngase un rato para acá.

Y empezaba a hablar tonterías conmigo, haciendo dibujos en el cuaderno de ejercicios hasta la medianoche.

—¿Usted sabe qué es esto?

Al hacerme preguntas como esa, Yasutaro me mostraba dibujos obscenos e inmorales hasta hacerme chillar de la risa.

Yasutaro me caía bien al comienzo. Lo consideraba un tanto vulgar, pero me gustaba ver sus dibujos cómicos, y todas las noches esperaba ansiosamente a que terminara el trabajo de la tienda para acudir a su lado.

—Yasutaro, a ver si puedes dibujarme cuando me tiro un pedo.

Escogía temas así de ridículos para sus dibujos y me moría de la risa viendo los cuadros disparatados que resultaban. Por otro lado, Yasutaro me facilitaba conocimientos poco accesibles para los niños de mi edad —misterios tales como: ¿por qué las mujeres se embarazan?; ¿cómo nacen los bebés?—. Nos hicimos tan buenos amigos en poco tiempo que hasta comencé a acompañarlo a escondidas cuando tenía que salir a hacer diligencias, y aprendí a vagabundear por las calles con él.

Fue un domingo al mediodía. Como la tienda estaba cerrada por la mañana, la mayoría de los dependientes, desde el jefe hasta el cajero, habían salido a pasear a algún sitio, pero Yasutaro, que no era sino aprendiz, se tuvo que quedar ese día porque le habían encargado el cuidado de la casa. Ya que se encontraba solo conmigo, empezó con sus idioteces de siempre, hasta que se escuchó una voz que provenía del piso de arriba.

—¡Yasu malvado, qué falta de respeto! ¡No te da vergüenza estar enseñándole al niño esas tonterías en lugar de dedicarte a los ejercicios de caligrafía!

Venía bajando la escalera, maldiciendo de aquella forma, un hombre que había salido de una habitación del segundo piso. Era Zenbei, el interino, un gordo de unos treinta y cinco años, de rostro enrojecido que, a primera vista, inspiraba repugnancia. Parecía estar listo para salir a un asunto importante, puesto que se había calzado de manera formal y vestía un kimono elegante con bordados brillantes encima de la ropa interior de rayas, y lucía su cabello peinado con un esmero poco frecuente.

—¿Para dónde va, don Zen? Anda usted muy elegante.

Yasutaro escrutó detenidamente el traje de Zenbei con una mirada maliciosa.

—¿Y eso qué te importa?

Después de detenerse un momento en el zaguán para calzarse, Zenbei se sentó en el piso de madera mirando con cierto nerviosismo el reloj de pared.

—Um, que disfrutes entonces —Yasutaro se dirigió a Zenbei en un tono insinuante, agachando un poco la cabeza.

—¿Qué quieres decir, mocoso? ¿Qué sabes tú, muchacho descarado?

—Seré descarado, pero no al grado de frecuentar un prostíbulo.

—¿Qué? —Zenbei se puso serio de repente y con una mirada severa enfrentó a Yasutaro—: A ver, dímelo otra vez, y verás. ¿Qué tengo yo que ver con prostíbulos? ¿Crees que puedes decir cualquier tontería que se te antoje?

—No se enoje, que no es para tanto, solo dije que yo no conocía un prostíbulo.

—¿Y a cuenta de qué te refieres a eso? Parece que no fue suficiente la cantidad de bofetadas que recibiste el otro día como castigo.

Al ser puesto en evidencia delante de mí, Zenbei seguramente se preocupaba de que su jefe se enterara del secreto. Quizá por eso resentía mi mirada, al tiempo que descargaba un fuerte manotazo sobre el cráneo semirrapado de Yasutaro.

—¡Ay, hombre! ¡Qué le pasa, pendejo!

—Como nunca entiendes las palabras, tengo que acudir a este remedio para que te acuerdes bien quién soy. Vas a ver si sigues portándote así.

—Qué gracioso. El que va a ver es usted, que se escapa de la tienda todas las noches y no vuelve hasta la madrugada. ¡Qué ingenuo, como para creer que nadie está enterado de eso!

Yasutaro hablaba a gritos y en un tono abiertamente desafiante, tal vez para vengarse de los golpes. Y a pesar de que luego recibió una tanda de bofetadas, se enfrentó a Zenbei con los brazos cruzados.

—¡Venga, coño! Pégueme cuanto quiera. A ver, ¿qué le pasa? ¡Dele!

Zenbei vaciló un instante ponderando su conducta violenta, tal vez temeroso por la actitud decidida de Yasutaro, pero ya era demasiado tarde para dar marcha atrás. Lo sujetó de las solapas y lo arrojó al piso, y ahí comenzó a golpearlo a ciegas con los puños cerrados.

Aplastado de bruces como si lo hubieran colocado sobre una mesa de disección, Yasutaro forcejeaba en un intento vano por zafarse, y comenzó así a responder con contragolpes desesperados sobre las piernas de Zenbei, lanzando gritos exagerados para llamar la atención. Las mangas del vestido elegante de Zenbei quedaron destrozadas por los arañazos y pellizcos con que intentaba defenderse Yasutaro. Durante un buen rato me quedé como atontado observando en silencio aquel pleito desigual. Curiosamente, lo que más me llamaba la atención en esos momentos era el gesto miserablemente distorsionado de Yasutaro, que se encontraba aplastado bajo las rodillas de aquel hombre corpulento, y de igual forma me fijaba en el movimiento de sus piernas, que se retorcían de dolor. Al contemplar las plantas de sus pies, amarillentas y redondeadas, con los cinco dedos que se abrían y cerraban con notable fuerza, imaginé que se trataba de animales misteriosos, ajenos a la personalidad de Yasutaro. ¡Ah, y qué gracia tenía su cara con el perfil desfigurado! Desde donde estaba yo parado se veían con nitidez impresionante las fosas de su nariz chata, así como el interior rojo de su boca, que se abría cada vez que lanzaba un grito lloriqueante.

"¡Qué fosas nasales tan feas y su-cias!", se me ocurrió pensar. Continué así, en silencio, observando detenidamente cómo su nariz cambiaba de forma, cómo se distorsionaba según los gestos de dolor. "¿Por qué será que el rostro humano tiene fosas nasales? Se vería mejor sin esos feos agujeros, me parece…". No sé por qué se me ocurrió esta reflexión tan mal formulada, que reflejaba mi descontento.

Pronto una de las sirvientas acudió a separarlos y así acabó la pelea, pero esa imagen de las fosas nasales de Yasutaro no se me quitó de la mente durante varios días. Cada vez que me sentaba a la mesa para comer, se me aparecía como si la tuviera ahí mismo, delante de los ojos, y la impresión que me producía era siempre desagradable. A pesar de ese fuerte disgusto, de vez en cuando me veía impulsado por el deseo, totalmente inexplicable, de situarme al lado de Yasutaro para observar, en escorzo, la forma de su nariz.

Mirando detenidamente su nariz, me decía para mí mismo, muy en el fondo de mi mente: "De verdad que eres un tipo asqueroso. Qué feo te ves. Mírate no más esa nariz tan horrible que tienes". Yasutaro, por quien hasta entonces había sentido cierto cariño, me comenzó a infundir una repugnancia que carecía de lógica, a medida que me habituaba a asociarlo con su fea nariz.

Obviamente, Yasutaro no se daba cuenta de lo que pasaba en mi interior. Me seguía tratando con mucho cariño y me hablaba de la misma forma relajada. Ahora que lo recuerdo, desde pequeño yo fui un niño demasiado precoz en cuanto a mañas y malicias se refiere. Era un niño tan ajeno a la inocencia que, aun cuando me disgustara alguien, jamás revelaba exteriormente ese sentimiento. Al contrario, le respondía siempre con el mismo cariño y con los mismos tratos amables. Y cuanto más me mostraba amable y alegre con él en mis tratos diarios, más crecía mi odio con una fuerza incontrolable. Además, me producía una felicidad suprema portarme como cualquier niño ingenuo sin revelar ni en lo más mínimo ese odio hirviente, bien escondido en las profundidades de mi corazón.

Rebosaba de alegría al formular secretamente en mi interior reflexiones insultantes: "Qué tipo tan fácil de engañar, este idiota incurable. Mucho mayor que yo, pero muy inferior en inteligencia". Solía identificarme con esos subalternos listos y mañosos que aparecían en las historias de conflictos familiares de los antiguos caudillos, tales como Denzo Otsuki y Mimasaka Oguri, para disfrutar de la misma circunstancia que estaba viviendo. Hasta llegué a pensar que habría gozado más si yo hubiera sido el sirviente y Yasutaro mi amo, porque así me podría burlar más de él con lisonjas fingidas.

¿No habría manera de perjudicarlo sin que se diera cuenta de mi odio? Ya no me contentaba solo con burlarme de él mediante una operación mental. Quería provocar algún suceso que incitara a alguien a golpear a Yasutaro tan cruelmente como en la ocasión anterior. Quería manejar a alguien a mi antojo, como a un títere, para poder disfrutar luego a hurtadillas de las lágrimas de dolor que Yasutaro tendría que tragarse. Empecé a desearle los sufrimientos más terribles. Ya no me importaba que se quedara cojo o que muriera de una vez. Solo deseaba que recibiera los golpes más contundentes y dañinos, que hicieran sangrar su horrible nariz… Siempre imaginaba planes macabros para Yasutaro, y me mantenía alerta ante la oportunidad de poder ponerlos en práctica. Mentalmente no dejaba de saborear las imágenes de sus lloriqueos, de su cara distorsionada por la angustia, de los movimientos de sus piernas y brazos contorsionándose de dolor. Paladeaba aquellas imágenes como si fueran dulces manjares que se posesionaban de mí con una misteriosa atracción.

En esa época todavía no me podía explicar por qué había llegado a odiar a Yasutaro de semejante manera. Debería existir algún motivo que me impulsara a perder de repente todo el cariño que sentía por él, llevándome a experimentar tal aversión, que podía desearle el peor de los sufrimientos. Pero siendo como era un niño, aún no muy consciente de mis actuaciones, no se me ocurría pensar en tan complejos asuntos. Lo único que recuerdo de esos momentos con precisión es cómo me sentía con relación a Yasutaro. No se trataba de un rechazo ni de una repugnancia cualquiera, era algo mucho más radical y profundo: se podía hablar de una reacción sicológica casi irresistible. Era un sentimiento que quizá no se pueda expresar con un término tan superficial como odio.

Sería más oportuno acudir a una metáfora: imaginen las horribles náuseas que sentiríamos al pensar en excrementos humanos justo cuando estamos comiendo. De eso se trataba, de algo muy cercano a esa sensación. Al ver la cara de Yasutaro, me sentía invadido por la desazón, y el asco casi me hacía vomitar, dejándome en la boca un desagradable sabor.

Por otro lado, no tengo ninguna justificación para odiar a Yasutaro. Ni siquiera era un hombre malo. Nunca me faltaba al respeto. Y tampoco tuvo ninguna culpa en la pelea con Zenbei, puesto que este se molestó seguramente porque Yasutaro le dijo algo cierto con el propósito de provocarlo. En ese sentido, el objeto de mi odio debería haber sido Zenbei, y Yasutaro merecería más bien mi compasión. En fin, se puede suponer que mi odio hacia Yasutaro no se originó en mi ser mismo de ese entonces, sino que se produjo como consecuencia de algún factor desconocido que se había ido formando muy sutilmente en mi psiquis. En otros términos, puedo decir que fui atrapado de forma inesperada por ese fenómeno que se asocia con la llegada de la primavera.

Como ya lo conté antes, al ver cómo Zenbei golpeaba a Yasutaro, me sentí atraído —hasta el grado de alcanzar un placer casi como si estuviera escuchando una melodía muy agradable— hacia los músculos de las extremidades y del rostro, que se movían en curiosos vaivenes. Olvidando completamente la personalidad de Yasutaro, me concentré, de una forma por demás enfermiza, en cada una de las partes que componían su cuerpo.

"Siento unos deseos inmensos de pisotear sus muslos, como lo está haciendo Zenbei. Tengo ganas de pellizcarle las mejillas…", me dije. Y ese fue el comienzo de mi odio hacia Yasutaro.

Empecé a odiar la forma de su nariz. Su aspecto físico repugnaba a mis ojos y me producía un malestar insoportable, solo comparable con el que sentiría una persona rabiosa ante la comida que detesta. Mis sentimientos hacia Yasutaro ya estaban totalmente bajo el dominio de los estímulos sensoriales provocados por su cuerpo. Ya no podía apreciar su cuerpo más que como vestido o comida.

Su cuerpo era feo y miserable, mezquino y para colmo gordo —imagino que no era yo el único que, al contemplarlo, sentía el impulso irresistible de golpearlo, pellizcarlo o hacerle otras cosas peores—. Estoy convencido de que cualquiera de ustedes ha tenido una experiencia semejante en algún momento de sus vidas. Seguramente, algunos de mis lectores se acordarán de aquel juguete llamado arcilla de cera que se veía mucho en nuestra infancia. ¿Por qué será que ese juguete estuvo tan de moda entre los niños? Pudo ser por el placer que producía el acto mismo de trabajar la cera para hacer figuras muy variadas. Pero me parece que lo que más estimuló la curiosidad de los niños no fue otra cosa que esa sensación de lo blanduzco, viscoso y pulposo del mismo material. Ese efecto táctil, que experimentábamos al manipularlo a nuestro antojo, extendiéndolo, aplastándolo y manoseándolo, nos encantaba de una forma casi inconsciente. Ningún niño se resistía al deseo de juguetear con ese material cuando lo tenía a la mano.

Puedo nombrar otros casos semejantes. Por ejemplo, ¿por qué hay tanta gente que tiene una predilección muy especial por ciertas comidas, desabridas en sí mismas, como natillas y gelatinas? Seguro que es por el placer de esa sensación blanduzca que se experimenta al tratar de agarrarlas con cucharas o al saborearlas con la punta de la lengua. Mucha gente manifiesta ese apetito instintivo casi sin darse cuenta. De la misma manera, hay mujeres que tienen la manía de hacer cosas tan extrañas como sacarle canas a alguien o limpiar el pus de las heridas. Me parece que gustos tan exóticos son algo innato, en unos más que en otros, y comunes en todos los seres humanos.

Mi interés en el dolor del cuerpo de Yasutaro se puede explicar por el mismo placer causado por la arcilla de cera o la gelatina. Solo al ver cómo vibra una gelatina trémula, uno siente un placer inmenso, que tal vez no requiera de ninguna explicación. Solo en busca de ese extraño placer era que deseaba ver de nuevo a Yasutaro forcejear de dolor.

Al fin, llegué a ingeniármelas con un truco bien elaborado. Un día, aprovechando el momento en que Yasutaro se tuvo que ausentar de casa por un encargo, robé secretamente de un cajón de su escritorio un cuchillo en cuya vaina estaba grabado su nombre, "Yasutaro Sato". Luego me metí a hurtadillas en la habitación común de los empleados, ubicada en el segundo piso, y por fortuna la encontré completamente sola, pues era la hora en que había mucho trabajo en la tienda. Sin perder ni un minuto, abrí la maleta donde Zenbei guardaba su ropa, y de ahí saqué el vestido de gala cuidadosamente doblado, y después de maltratarlo insistentemente, le rasgué algunas partes con el cuchillo. Para completar el mandado, dejé a propósito la vaina en el fondo de la maleta, cerré la maleta hasta dejarla como la había encontrado al comienzo y bajé a mi cuarto con toda calma. Boté el cuchillo en la cloaca que pasaba cerca. Y así transcurrieron dos o tres días sin ninguna novedad.

"Seguro, antes del próximo domingo se va a armar un escándalo. Te vas a meter en tremendo lío. No sabes, idiota, lo que te espera". Me colmaba de felicidad pensar de esta manera, mientras, en apariencia, seguía tratando a Yasutaro con el mismo cariño.

Mi truco dio su resultado el domingo en la mañana, tal como había calculado. Zenbei aguardó hasta que se fueron todos los empleados para ocuparse de Yasutaro, que se encontraba todo relajado bromeando conmigo, y lo empezó a interrogar severamente enfrentándolo a la vaina del cuchillo, que constituía una evidencia inobjetable.

—¿Te haces el tonto ante esta evidencia? Eres un tipo incorregible que no tiene ningún futuro. ¡Qué descaro! Mírame bien, malcriado, ¿todavía vas a decir que no?

—Por más que insista, no puedo admitir algo que no he hecho. Piense con calma, hombre, y verá. ¿Qué clase de idiota iba a dejar un objeto que tenga su propio nombre en esa maleta? —alcanzó a decir Yasutaro, pero no podía disimular su palidez delante del rostro desfigurado por la furia de su contrincante.

—¿Quién podría haber sido sino tú? Vas a ver cómo te entrego a la policía si no dices la verdad. A ver, ven conmigo.

La ira de Zenbei no era la de un adulto que se dirige a un niño para amonestarlo. Rebosando de la rabia que surgía desde el fondo de su alma, fijó su mirada enloquecida en su enemigo y empezó a arrastrarlo a la fuerza hacia el zaguán.

Cogido por el cuello, Yasutaro se resistía con desesperación, agarrándose a la columna y al armario, pero ante la fuerza superior de su rival no pudo hacer más nada sino dejarse arrastrar a lo largo del piso. Nadie decía ni una palabra. En medio de aquel silencio horroroso, cada quien dedicaba todas sus energías a intentar superar al otro en esta competencia singular.

De pronto se sintió un enorme estruendo: era Yasutaro que había caído de espaldas en el zaguán, quién sabe si había tropezado con algún objeto o si se había enredado en sus propios pies. Lanzando un chillido estridente que resonó por toda la casa, Yasutaro, en su desesperación, le mordió una pierna a Zenbei con las fuerzas que aún le restaban.

—¡Mierda, carajo! —Zenbei repitió varias veces ese insulto sin dejar de darle patadas a Yasutaro, a ciegas, en la cara, las piernas... lo que acabó en un tremendo escándalo, algo nunca antes visto.

Yo observaba con calma aquella escena. El cuerpo de Yasutaro, que el traje con las solapas levantadas y las mangas enrolladas dejaba casi al descubierto, forcejeaba violentamente de dolor, un dolor aún más intenso que el de la vez pasada, y pataleaba en el vacío. Se pudo ver con nitidez cómo se contraían los músculos alrededor de esa nariz chata y horriblemente fea.

Como consecuencia lógica de aquel acto, no tardé en comenzar a manifestar mi odio hacia Yasutaro de manera directa y a maltratarlo con mis propias manos, ya sin intentar ocultar mi naturaleza demoníaca. Finalmente, me acostumbré a acosar a cualquier sirviente de la casa sin escrúpulo alguno.

—En esta casa no nos dura ninguna sirvienta, por causa de tu carácter violento —solía decir mi madre. Cada vez que llegaba una sirvienta nueva, me ocupaba de consentirla con exageración durante cierto tiempo, y comenzaba a odiar a las que llevaban más tiempo en casa, con las cuales me había encariñado en apariencia. Así sucesivamente se turnaban mis sentimientos. Yo necesitaba tanto a las sirvientas queridas como a las odiadas.

Me gradué en la escuela primaria, luego en la secundaria y al fin en la preparatoria, para continuar mis estudios en la universidad. Debo confesar, sin embargo, que cuando odio a alguien sigo dominado por el mismo sentimiento que experimenté en mi niñez. La única diferencia consiste en que ahora no lo manifiesto en mis actos, o mejor dicho, no me siento capaz de hacerlo.

Creo que el odio, al igual que el amor, brota de una fuente mucho más profunda que el interés práctico o la conciencia moral. Yo no sabía odiar de verdad hasta que descubrí el instinto sexual.

RYUNOSUKE AKUTAGAWA

RASHOMON

Era un frío atardecer. Bajo Rashomon, el sirviente de un samurai esperaba que cesara la lluvia. No había nadie en el amplio portal. Sólo un grillo se posaba en una gruesa columna, cuya laca carmesí estaba resquebrajada en algunas partes. Situado Rashomon en la Avenida Sujaltu, era de suponer que algunas personas, como ciertas damas con el ichimegasa o nobles con el momiebosh, podrían guarecerse allí; pero al parecer no había nadie fuera del sirviente. Y era explicable, ya que en los últimos dos o tres años la ciudad de Kyoto había sufrido una larga serie de calamidades: terremotos, tifones, incendios y carestías la habían llevado a una completa desolación. Dicen los antiguos textos que la gente llegó a destruir las imágenes budistas y otros objetos del culto, y esos trozos de madera, laqueada y adornada con hojas de oro y plata, se vendían en las calles como leña. Ante semejante situación, resultaba natural que nadie se ocupara de restaurar Rashomon. Aprovechando la devastación del edificio, los zorros y otros animales instalaron sus madrigueras entre las ruinas; por su parte ladrones y malhechores no lo desdeñaron como refugio, hasta que finalmente se lo vio convertido en depósito de cadáveres anónimos. Nadie se acercaba por los alrededores al anochecer, más que nada por su aspecto sombrío y desolado.

En cambio, los cuervos acudían en bandadas desde los más remotos lugares. Durante el día, volaban en círculo alrededor de la torre, y en el cielo enrojecido del atardecer sus siluetas se dispersaban como granos de sésamo antes de caer sobre los cadáveres abandonados.

Pero ese día no se veía ningún cuervo, tal vez por ser demasiado tarde. En la escalera de piedra, que se derrumbaba a trechos y entre cuyas grietas crecía la hierba, podían verse los blancos excrementos de estas aves. El sirviente vestía un gastado kimono azul, y sentado en el último de los siete escalones contemplaba distraídamente la lluvia, mientras concentraba su atención en el grano de la mejilla derecha.

Como decía, el sirviente estaba esperando que cesara la lluvia; pero de cualquier manera no tenía ninguna idea precisa de lo que haría después. En circunstancias normales, lo natural habría sido volver a casa de su amo; pero unos días antes éste lo había despedido, no obstante los largos años que había estado a su servicio. El suyo era uno de los tantos problemas surgidos del precipitado derrumbe de la prosperidad de Kyoto.

Por eso, quizás, hubiera sido mejor aclarar: "el sirviente espera en el portal sin saber qué hacer, ya que no tiene adónde ir". Es cierto que, por otra parte, el tiempo oscuro y tormentoso había deprimido notablemente el sentimentalismo de este sirviente de la época Heian.

Habiendo comenzado a llover a mediodía, todavía continuaba después del atardecer. Perdido en un mar de pensamientos incoherentes, buscando algo que le permitiera vivir desde el día siguiente y la manera de obrar frente a ese inexorable destino que tanto lo deprimía, el sirviente escuchaba, abstraído, el ruido de la lluvia sobre la Avenida Sujaku.

La lluvia parecía recoger su ímpetu desde lejos, para descargarlo estrepitosamente sobre Rashomon, como envolviéndolo. Alzando la vista, en el cielo oscuro se veía una pesada nube suspendida en el borde de una teja inclinada.

"Para escapar a esta maldita suerte —pensó el sirviente— no puedo esperar a elegir un medio, ni bueno ni malo, pues si empezara a pensar sin duda me moriría de hambre en medio del camino o en alguna zanja; luego me traerían aquí, a esta torre, dejándome tirado como a un perro. Pero si no elijo…"

Su pensamiento, tras mucho rondar la misma idea, había llegado por fin a este punto. Pero ese "si no elijo…" quedó fijo en su mente. Aparentemente estaba dispuesto a emplear cualquier medio; pero al decir "si no…" demostró no tener el valor suficiente para confesarse rotundamente: "no me queda otro remedio que convertirme en ladrón".

Lanzó un fuerte estornudo y se levantó con lentitud. El frío anochecer de Kyoto hacía aflorar el calor del fuego. El viento, en la penumbra, gemía entre los pilares. El grillo que se posaba en la gruesa columna había desaparecido.

Con la cabeza metida entre los hombros paseó la mirada en torno del edificio; luego levantó las hombreras del kimono azul que llevaba sobre una delgada ropa interior. Se decidió por fin a pasar la noche en algún lugar que le permitiera guarecerse de la lluvia y del viento, en donde nadie lo molestara.

El sirviente descubrió otra escalera ancha, también laqueada, que parecía conducir a la torre. Ahí arriba nadie lo podría molestar, excepto los muertos. Cuidando de que no se deslizara su espada de la vaina sujeta a la cintura, el sirviente puso su pie calzado con sandalias sobre el primer peldaño.

Minutos después, en mitad de la amplia escalera que conducía a la torre de Rashomon, un hombre acurrucado como un gato, con la respiración contenida, observaba lo que sucedía más arriba. La luz procedente de la torre brillaba en la mejilla del hombre; una mejilla que bajo la corta barba descubría un grano colorado, purulento. El hombre, es decir el sirviente, había pensado que dentro de la torre sólo hallaría cadáveres; pero subiendo dos o tres escalones notó que había luz, y que alguien la movía de un lado a otro. Lo supo cuando vio su reflejo mortecino, amarillento, oscilando de un modo espectral en el techo cubierto de telarañas. ¿Qué clase de persona encendería esa luz en Rashomon, en una noche de lluvia como aquélla?

Silencioso como un lagarto, el sirviente se arrastró hasta el último peldaño de la empinada escalera. Con el cuerpo encogido todo lo posible y el cuello estirado, observó medrosamente el interior de la torre.

Confirmando los rumores, vio allí algunos cadáveres tirados negligentemente en el suelo. Como la luz de la llama iluminaba escasamente a su alrededor, no pudo distinguir la cantidad; únicamente pudo ver algunos cuerpos vestidos y otros desnudos, de hombres y mujeres. Los hombros, el pecho y otras partes recibían una luz agonizante, que hacía más densa la sombra en los restantes miembros.

Unos con la boca abierta, otros con los brazos extendidos, ninguno daba más señales de vida que un muñeco de barro. Al verlos entregados a ese silencio eterno, el sirviente dudó que hubiesen vivido alguna vez.

El hedor que despedían los cuerpos ya descompuestos le hizo llevar rápidamente la mano a la nariz. Pero un instante después olvidó ese gesto. Una impresión más violenta anuló su olfato al ver que alguien estaba inclinado sobre los cadáveres.

Era una vieja escuálida, canosa y con aspecto de mona, vestida con un kimono de tono ciprés. Sosteniendo con la mano derecha una tea de pino, observaba el rostro de un muerto, que por su larga cabellera parecía una mujer.

Poseído más por el horror que por la curiosidad, el sirviente contuvo la respiración por un instante, sintiendo que se le erizaban los pelos. Mientras observaba aterrado, la vieja colocó su tea entre dos tablas del piso, y sosteniendo con una mano la cabeza que había estado mirando, con la otra comenzó a arrancarle el cabello, uno por uno; parecía desprenderse fácilmente.

A medida que el cabello se iba desprendiendo, cedía gradualmente el miedo del sirviente; pero al mismo tiempo se apoderaba de él un incontenible odio hacia esa vieja. Ese odio —pronto lo comprobó— no iba dirigido sólo contra la vieja, sino contra todo lo que simbolizase "el mal", por el que ahora sentía vivísima repugnancia. Si en ese instante le hubiera sido dado elegir entre morir de hambre o convertirse en ladrón —el problema que él mismo se había planteado hacía unos instantes— no habría vacilado en elegir la muerte. El odio y la repugnancia ardían en él tan vivamente como la tea que la vieja había clavado en el piso.

Él no sabía por qué aquella vieja robaba cabellos; por consiguiente, no podía juzgar su conducta. Pero a los ojos del sirviente, despojar de las cabelleras a los muertos de Rashomon, y en una noche de tormenta como ésa, cobraba toda la apariencia de un pecado imperdonable. Naturalmente, este nuevo espectáculo le había hecho olvidar que sólo momentos antes él mismo había pensado hacerse ladrón.

Reunió todas sus fuerzas en las piernas, y saltó con agilidad desde su escondite; con la mano en su espada, en una zancada se plantó ante la vieja. Ésta se volvió aterrada, y al ver al hombre retrocedió bruscamente, tambaleándose.

—¡Adónde vas, vieja infeliz! —gritó cerrándole el paso, mientras ella intentaba huir pisoteando los cadáveres.

La suerte estaba echada. Tras un breve forcejeo el hombre tomó a la vieja por el brazo (de puro hueso y piel, más bien parecía una pata de gallina), y retorciéndoselo, la arrojó al suelo con violencia:

—¿Qué estabas haciendo? Contesta, vieja; si no, hablará esto por mí.

Diciendo esto, el sirviente la soltó, desenvainó su espada y puso el brillante metal frente a los ojos de la vieja. Pero ésta guardaba un silencio malicioso, como si fuera muda. Un temblor histérico agitaba sus manos y respiraba con dificultad, con los ojos desorbitadas. Al verla así, el sirviente comprendió que la vieja estaba a su merced. Y al tener conciencia de que una vida estaba librada al azar de su voluntad, todo el odio que había acumulado se desvaneció, para dar lugar a un sentimiento de satisfacción y de orgullo; la satisfacción y el orgullo que se sienten al realizar una acción y obtener la merecida recompensa. Miró el sirviente a la vieja y suavizando algo la voz, le dijo:

—Escucha. No soy ningún funcionario imperial. Soy un viajero que pasaba accidentalmente por este lugar. Por eso no tengo ningún interés en prenderte o en hacer contigo nada en particular. Lo que quiero es saber qué estabas haciendo aquí hace un momento.

La vieja abrió aún más los ojos y clavó su mirada en el hombre; una mirada sarcástica, penetrante, con esos ojos sanguinolentos que suelen tener ciertas aves de rapiña. Luego, como masticando algo, movió los labios, unos labios tan arrugados que casi se confundían con la nariz. La punta de la nuez se movió en la garganta huesuda. De pronto, una voz áspera y jadeante como el graznido de un cuervo llegó a los oídos del sirviente:

—Yo, sacaba los cabellos… sacaba los cabellos… para hacer pelucas…

Ante una respuesta tan simple y mediocre el sirviente se sintió defraudado. La decepción hizo que el odio y la repugnancia lo invadieran nuevamente, pero ahora acompañados por un frío desprecio. La vieja pareció adivinar lo que el sirviente sentía en ese momento y, conservando en la mano los largos cabellos que acababa de arrancar, murmuró con su voz sorda y ronca:

—Ciertamente, arrancar los cabellos a los muertos puede parecerle horrible; pero ninguno de éstos merece ser tratado de mejor modo. Esa mujer, por ejemplo, a quien le saqué estos hermosos cabellos negros, acostumbraba vender carne de víbora desecada en la Barraca de los Guardianes, haciéndola pasar nada menos que por pescado. Los guardianes decían que no conocían pescado más delicioso. No digo que eso estuviese mal pues de otro modo se hubiera muerto de hambre. ¿Qué otra cosa podía hacer? De igual modo podría justificar lo que yo hago ahora. No tengo otro remedio, si quiero seguir viviendo. Si ella llegara a saber lo que le hago, posiblemente me perdonaría.

Mientras tanto el sirviente había guardado su espada, y con la mano izquierda apoyada en la empuñadura, la escuchaba fríamente. La derecha tocaba nerviosamente el grano purulento de la mejilla. Y en tanto la escuchaba, sintió que le nacía cierto coraje, el que le faltara momentos antes bajo el portal. Además, ese coraje crecía en dirección opuesta al sentimiento que lo había dominado en el instante de sorprender a la vieja. El sirviente no sólo dejó de dudar (entre elegir la muerte o convertirse en ladrón) sino que en ese momento el tener que morir de hambre se había convertido para él en una idea absurda, algo por completo ajeno a su entendimiento.

—¿Estás segura de lo que dices? —preguntó en tono malicioso y burlón.

De pronto quitó la mano del grano, avanzó hacia ella y tomándola por el cuello le dijo con rudeza:

—Y bien, no me guardarás rencor si te robo, ¿verdad? Si no lo hago, también yo me moriré de hambre.

Seguidamente, despojó a la vieja de sus ropas, y como ella tratara de impedirlo aferrándosele a las piernas, de un puntapié la arrojó entre los cadáveres. En cinco pasos el sirviente estuvo en la boca de la escalera; y en un abrir y cerrar de ojos, con la amarillenta ropa bajo el brazo, descendió los peldaños hacia la profundidad de la noche.

Un momento después la vieja, que había estado tendida como un muerto más, se incorporó, desnuda. Gruñendo y gimiendo, se arrastró hasta la escalera, a la luz de la antorcha que seguía ardiendo. Asomó la cabeza al oscuro vacío y los cabellos blancos le cayeron sobre la cara.

Abajo, sólo la noche negra y muda.

Adónde fue el sirviente, nadie lo sabe.

LA NARIZ

No hay nadie, en todo Ike—no—wo, que no conozca la nariz de Zenchi Naigu. Medirá unos 16 centímetros, y es como un colgajo que desciende hasta más abajo del mentón. Es de grosor parejo desde el comienzo al fin; en una palabra, una cosa larga, con aspecto de embutido, que le cae desde el centro de la cara.

Naigu tiene más de 50 años, y desde sus tiempos de novicio, y aun encontrándose al frente de los seminarios de la corte, ha vivido constantemente preocupado por su nariz. Por cierto que simula la mayor indiferencia, no ya porque su condición de sacerdote "que aspira a la salvación en la Tierra Pura del Oeste" le impida abstraerse en tales problemas, sino más bien porque le disgusta que los demás piensen que a él le preocupa. Naigu teme la aparición de la palabra nariz en las conversaciones cotidianas.

Existen dos razones para que a Naigu le moleste su nariz. La primera de ellas: la gran incomodidad que provoca su tamaño. Esto no le permitió nunca comer solo, pues la nariz se le hundía en las comidas. Entonces Naigu hacía sentar mesa por medio a un discípulo, a quien le ordenaba sostener la nariz con una tablilla de unos cuatro centímetros de ancho y sesenta y seis centímetros de largo mientras duraba la comida. Pero comer en esas condiciones no era tarea fácil ni para el uno ni para el otro. Cierta vez, un ayudante que reemplazaba a ese discípulo estornudó, y al perder el pulso, la nariz que sostenía se precipitó dentro de la sopa de arroz; la noticia se propaló hasta llegar a Kyoto. Pero no eran esas pequeñeces la verdadera causa del pesar de Naigu. Le mortificaba sentirse herido en su orgullo a causa de la nariz.

La gente del pueblo opinaba que Naigu debía de sentirse feliz, ya que al no poder casarse, se beneficiaba como sacerdote; pensaban que con esa nariz ninguna mujer aceptaría unirse a él. También se decía, maliciosamente, que él había decidido su vocación justamente a raíz de esa desgracia. Pero ni el mismo Naigu pensó jamás que el tomar los hábitos le aliviara esa preocupación. Empero, la dignidad de Naigu no podía ser turbada por un hecho tan accesorio como podía ser el de tomar una mujer. De ahí que tratara, activa o pasivamente, de restaurar su orgullo mal herido.

En primer lugar, pensó en encontrar algún modo de que la nariz aparentara ser más corta. Cuando se encontraba solo, frente al espejo, estudiaba su cara detenidamente desde diversos ángulos. Otras veces, no satisfecho con cambiar de posiciones, ensayaba pacientemente apoyar la cara entre las manos, o sostener con un dedo el centro del mentón. Pero lamentablemente, no hubo una sola vez en que la nariz se viera satisfactoriamente más corta de lo que era. Ocurría, además, que cuando más se empeñaba, más larga la veía cada vez. Entonces guardaba el espejo y, suspirando hondamente, volvía descorazonado a la mesa de oraciones. De allí en adelante mantuvo fija su atención en la nariz de los demás.

En el templo de lke—no—wo funcionaban frecuentemente seminarios para los sacerdotes; en el interior del templo existen numerosas habitaciones destinadas a alojamiento, y las salas de baños se habilitan en forma permanente. De modo que allí el movimiento de sacerdotes era continuo. Naigu escrutaba pacientemente la cara de todos ellos con la esperanza de encontrar siquiera una persona que tuviera una nariz semejante a la suya. Nada le importaban los lujosos hábitos que vestían, sobre todo porque estaba habituado a verlos. Naigu no miraba a la gente, miraba las narices. Pero aunque las había aguileñas, no encontraba ninguna como la suya; y cada vez que comprobaba esto, su mal humor iba creciendo. Si al hablar con alguien inconscientemente se tocaba el extremo de su enorme nariz y se le veía enrojecer de vergüenza a pesar de su edad, ello denunciaba su mal humor.

Recurrió entonces a los textos budistas en busca de alguna hipertrofia. Pero para desconsuelo de Naigu, nada le decía si el famoso sacerdote japonés Nichiren, o Sãriputra, uno de los diez discípulos de Buda, habían tenido narices largas. Seguramente tanto Nãgãrjuna, el conocido filósofo budista del siglo II, como Bamei, otro ilustre sacerdote, tenían una nariz normal. Cuando Naigu supo que Ryugentoku, personaje legendario del país Shu, de China, había tenido grandes orejas, pensó cuánto lo habría consolado si, en lugar de esas orejas, se hubiese tratado de la nariz.

Pero no es de extrañar que, a pesar de estos lamentos, Naigu intentara en toda forma reducir el tamaño de su nariz. Hizo cuanto le fue dado hacer, desde beber una cocción de uñas de cuervo hasta frotar la nariz con orina de ratón. Pero nada. La nariz seguía colgando lánguidamente.

Hasta que un otoño, un discípulo enviado en una misión a Kyoto, reveló que había aprendido de un médico su tratamiento para acortar narices. Sin embargo, Naigu, dando a entender que no le importaba tener esa nariz, se negó a poner en práctica el tratamiento de ese médico de origen chino, si bien, por otra parte, esperaba que el discípulo insistiera en ello, y a la hora de las comidas decía ante todos, intencionalmente, que no deseaba molestar al discípulo por semejante tontería. El discípulo, advirtiendo la maniobra, sintió más compasión que desagrado, y tal como Naigu lo esperaba, volvió a insistir para que ensayara el método. Naturalmente, Naigu accedió.

El método era muy simple, y consistía en hervir la nariz y pisotearla después. El discípulo trajo del baño un balde de agua tan caliente que no podía introducirse en ella el dedo. Como había peligro de quemarse con el vapor, el discípulo abrió un agujero en una tabla redonda, y tapando con ella el balde hizo a Naigu introducir su nariz en el orificio. La nariz no experimentó ninguna sensación al sumergirse en el agua caliente. Pasado un momento dijo el discípulo:

—Creo que ya ha hervido.

Naigu sonrió amargamente; oyendo sólo estas palabras nadie hubiera imaginado que lo que se estaba hirviendo era su nariz. Le picaba intensamente. El discípulo la recogió del balde y empezó a pisotear el promontorio humeante. Acostado y con la nariz sobre una tabla, Naigu observaba cómo los pies del discípulo subían y bajaban delante de sus ojos. Mirando la cabeza calva del maestro aquél le decía de vez en cuando, apesadumbrado:

—¿No te duele? ¿Sabes?… el médico me dijo que pisara con fuerza. Pero, ¿no te duele?

En verdad, no sentía ni el más mínimo dolor, puesto que le aliviaba la picazón en el lugar exacto.

Al cabo de un momento unos granitos empezaron a formarse en la nariz. Era como si se hubiera asado un pájaro desplumado. Al ver esto, el discípulo dejó de pisar y dijo como si hablara consigo mismo: "El médico dijo que había que sacar los granos con una pinza".

Expresando en el rostro su disconformidad con el trato que le daba el discípulo, Naigu callaba. No dejaba de valorar la amabilidad de éste. Pero tampoco podía tolerar que tratase su nariz como una cosa cualquiera. Como el paciente que duda de la eficacia de un tratamiento, Naigu miraba con desconfianza cómo el discípulo arrancaba los granos de su nariz.

Al término de esta operación, el discípulo le anunció con cierto alivio:

—Tendrás que hervirla de nuevo.

La segunda vez comprobaron que se había acortado mucho más que antes. Acariciándola aún, Naigu se miró avergonzado en el espejo que le tendía el discípulo. La nariz, que antes le llegara a la mandíbula, se había reducido hasta quedar sólo a la altura del labio superior. Estaba, naturalmente, enrojecida a consecuencia del pisoteo.

"En adelante ya nadie podrá burlarse de mi nariz". El rostro reflejado en el espejo contemplaba satisfecho a Naigu.

Pasó el resto del día con el temor de que la nariz recuperara su tamaño anterior. Mientras leía los sutras, o durante las comidas, en fin, en todo momento, se tanteaba la nariz para poder desechar sus dudas. Pero la nariz se mantenía respetuosamente en su nuevo estado. Cuando despertó al día siguiente, de nuevo se llevó la mano a la nariz, y comprobó que no había vuelto a sufrir ningún cambio. Naigu experimentó un alivio y una satisfacción sólo comparables a los que sentía cada vez que terminaba de copiar los sutras.

Pero después de dos o tres días comprobó que algo extraño ocurría. Un conocido samurai que de visita al templo lo había entrevistado, no había hecho otra cosa que mirar su nariz y, conteniendo la risa, apenas le había hablado. Y para colmo, el ayudante que había hecho caer la nariz dentro de la sopa de arroz, al cruzarse con Naigu fuera del recinto de lectura, había bajado la cabeza, pero luego, sin poder contenerse más, se había reído abiertamente. Los practicantes que recibían de él alguna orden lo escuchaban ceremoniosamente, pero una vez que él se alejaba rompían a reír. Eso no ocurrió ni una ni dos veces. Al principio Naigu lo interpretó como una consecuencia natural del cambio de su fisonomía. Pero esta explicación no era suficiente; aunque el motivo fuera ése, el modo de burlarse era "diferente" al de antes, cuando ostentaba su larga nariz. Si en Naigu la nariz corta resultaba más cómica que la anterior, ésa era otra cuestión; al parecer, ahí había algo más que eso…

"Pero si antes no se reían tan abiertamente…" Así cavilaba Naigu, dejando de leer el sutra e inclinando su cabeza calva. Contemplando la pintura de Samantabliadra, recordó su larga nariz de días atrás, y se quedó meditando como "aquel ser repudiado y desterrado que recuerda tristemente su glorioso pasado". Naigu no poseía, lamentablemente, la inteligencia suficiente para responder a este problema.

En el hombre conviven dos sentimientos opuestos. No hay nadie, por ejemplo, que ante la desgracia del prójimo, no sienta compasión. Pero si esa misma persona consigue superar esa desgracia ya no nos emociona mayormente. Exagerando, nos tienta a hacerla caer de nuevo en su anterior estado. Y sin darnos cuenta sentimos cierta hostilidad hacia ella. Lo que Naigu sintió en la actitud de todos ellos fue, aunque él no lo supiera con exactitud, precisamente ese egoísmo del observador ajeno ante la desgracia del prójimo.

Día a día Naigu se volvía más irritable e irascible. Se enfadaba por cualquier insignificancia. El mismo discípulo que le había practicado la cura con la mejor voluntad, empezó a decir que Naigu recibiría el castigo de Buda. Lo que enfureció particularmente a Naigu fue que, cierto día, escuchó agudos ladridos y al asomarse para ver qué ocurría, se encontró con que el ayudante perseguía a un perro de pelos largos con una tabla de unos setenta centímetros de largo, gritando: "La nariz, te pegaré en la nariz".

Naigu le arrebató el palo y le pegó en la cidra al ayudante. Era la misma tabla que había servido antes para sostener su nariz cuando comía.

Naigu lamentó lo sucedido, y se arrepintió más que nunca de haber acortado su nariz.

Una noche soplaba el viento y se escuchaba el tañido de la campana del templo. El anciano Naigu trataba de dormir, pero el frío que comenzaba a llegar se lo impedía. Daba vueltas en el lecho tratando de conciliar el sueño, cuando sintió una picazón en la nariz. Al pasarse la mano la notó algo hinchada e incluso afiebrada.

—Debo haber enfermado por el tratamiento.

En actitud de elevar una ofrenda, ceremoniosamente, sujetó la nariz con ambas manos. A la mañana. siguiente, al levantarse temprano como de costumbre, vio el jardín del templo cubierto por las hojas muertas de las breneas y los castaños, caídas en la noche anterior. El jardín brillaba como si fuera de oro por las hojas amarillentas. El sol empezaba a asomarse. Naigu salió a la galería que daba al jardín y aspiró profundamente.

En ese momento, sintió retornar una sensación que había estado a punto de olvidar. Instintivamente se llevó las manos a la nariz. ¡Era la nariz de antes, con sus 16 centímetros! Naigu volvió a sentirse tan lleno de júbilo como cuando comprobó su reducción.

—Desde ahora nadie volverá a burlarse de mí.

Así murmuró para sí mismo, haciendo oscilar con delicia la larga nariz en la brisa matinal del otoño.

SENNIN

Un hombre que quería emplearse como sirviente llegó una vez a la ciudad de Osaka. No sé su verdadero nombre, lo conocían por el nombre de sirviente, Gonsuké, pues él era, después de todo, un sirviente para cualquier trabajo.

Este hombre —que nosotros llamaremos Gonsuké— fue a una agencia de COLOCACIONES PARA CUALQUIER TRABAJO, y dijo al empleado que estaba fumando su larga pipa de bambú:

—Por favor, señor Empleado, yo desearía ser un sennin[1]. ¿Tendría usted la gentileza de buscar una familia que me enseñara el secreto de serlo, mientras trabajo como sirviente?

El empleado, atónito, quedó sin habla durante un rato, por el ambicioso pedido de su cliente.

—¿No me oyó usted, señor Empleado? —dijo Gonsuké—. Yo deseo ser un sennin[1]. ¿Quisiera usted buscar una familia que me tome de sirviente y me revele el secreto?

—Lamentamos desilusionarlo —musitó el empleado, volviendo a fumar su olvidada pipa—, pero ni una sola vez en nuestra larga carrera comercial hemos tenido que buscar un empleo para aspirantes al grado de sennin. Si usted fuera a otra agencia, quizá…

Gonsuké se le acercó más, rozándolo con sus presuntuosas rodillas, de pantalón azul, y empezó a argüir de esta manera:

—Ya, ya, señor, eso no es muy correcto. ¿Acaso no dice el cartel COLOCACIONES PARA CUALQUIER TRABAJO? Puesto que promete cualquier trabajo, usted debe conseguir cualquier trabajo que le pidamos. Usted está mintiendo intencionalmente, si no lo cumple.

Frente a un argumento tan razonable, el empleado no censuró el explosivo enojo:

—Puedo asegurarle, señor Forastero, que no hay ningún engaño. Todo es correcto —se apresuró a alegar el empleado—, pero si usted

---

[1] Según la tradición china, el Sennin es un ermitaño sagrado que vive en el corazón de una montaña, y que tiene poderes mágicos como el de volar cuando quiere y disfrutar de una extrema longevidad.

insiste en su extraño pedido, le rogaré que se dé otra vuelta por aquí mañana. Trataremos de conseguir lo que nos pide.

Para desentenderse, el empleado hizo esa promesa y logró, momentáneamente por lo menos, que Gonsuké se fuera. No es necesario decir, sin embargo, que no tenía la posibilidad de conseguir una casa donde pudieran enseñar a un sirviente los secretos para ser un sennin. De modo que al deshacerse del visitante, el empleado acudió a la casa de un médico vecino.

Le contó la historia del extraño cliente y le preguntó ansiosamente:

—Doctor, ¿qué familia cree usted que podría hacer de este muchacho un sennin, con rapidez?

Aparentemente, la pregunta desconcertó al doctor. Quedó pensando un rato, con los brazos cruzados sobre el pecho, contemplando vagamente un gran pino del jardín. Fue la mujer del doctor, una mujer muy astuta, conocida como la Vieja Zorra, quien contestó por él al oír la historia del empleado.

—Nada más simple. Envíelo aquí. En un par de años lo haremos sennin.

—¿Lo hará usted realmente, señora? ¡Sería maravilloso! No sé cómo agradecerle su amable oferta. Pero le confieso que me di cuenta desde el comienzo que algo relaciona a un doctor con un sennin.

El empleado, que felizmente ignoraba los designios de la mujer, agradeció una y otra vez, y se alejó con gran júbilo.

Nuestro doctor lo siguió con la vista; parecía muy contrariado; luego, volviéndose hacia la mujer, le regañó malhumorado:

—Tonta, ¿te has dado cuenta de la tontería que has hecho y dicho? ¿Qué harías si el tipo empezara a quejarse algún día de que no le hemos enseñado ni una pizca de tu bendita promesa después de tantos años?

La mujer, lejos de pedirle perdón, se volvió hacia él y graznó:

—Estúpido. Mejor no te metas. Un atolondrado tan estúpidamente tonto como tú, apenas podría arañar lo suficiente en este mundo de te comeré o me comerás, para mantener alma y cuerpo unidos.

Esta frase hizo callar a su marido.

A la mañana siguiente, como había sido acordado, el empleado llevó a su rústico cliente a la casa del doctor. Como había sido criado en el campo, Gonsuké se presentó aquel día ceremoniosamente vestido con haori y hakama, quizá en honor de tan importante ocasión. Gonsuké aparentemente no se diferenciaba en manera alguna del campesino corriente: fue una pequeña sorpresa para el doctor, que esperaba ver algo inusitado en la apariencia del aspirante a sennin. El doctor lo miró con curiosidad, como a un animal exótico traído de la lejana India, y luego dijo:

—Me dijeron que usted desea ser un sennin, y yo tengo mucha curiosidad por saber quién le ha metido esa idea en la cabeza.

—Bien señor, no es mucho lo que puedo decirle —replicó Gonsuké—. Realmente fue muy simple: cuando vine por primera vez a esta ciudad y miré el gran castillo, pensé de esta manera: que hasta nuestro gran gobernante Taiko, que vive allá, debe morir algún día; que usted puede vivir suntuosamente, pero aun así volverá al polvo como el resto de nosotros. En resumidas cuentas, que toda nuestra vida es un sueño pasajero… justamente lo que sentía en ese instante.

—Entonces —prontamente la Vieja Zorra se introdujo en la conversación—, ¿haría usted cualquier cosa con tal de ser un sennin?

—Sí, señora, con tal de serlo.

—Muy bien. Entonces usted vivirá aquí y trabajará para nosotros durante veinte años a partir de hoy y, al término del plazo, será el feliz poseedor del secreto.

—¿Es verdad, señora? Le quedaré muy agradecido.

—Pero —añadió ella—, de aquí a veinte años usted no recibirá de nosotros ni un centavo de sueldo. ¿De acuerdo?

—Sí, señora. Gracias, señora. Estoy de acuerdo en todo.

De esta manera empezaron a transcurrir los veinte años que pasó Gonsuké al servicio del doctor. Gonsuké acarreaba agua del pozo, cortaba la leña, preparaba las comidas y hacía todo el fregado y el barrido. Pero esto no era todo, tenía que seguir al doctor en sus visitas, cargando en sus espaldas el gran botiquín. Ni siquiera por todo este trabajo Gonsuké pidió un solo centavo. En verdad, en todo el Japón, no se hubiera encontrado mejor sirviente por menos sueldo.

Pasaron por fin los veinte años y Gonsuké, vestido otra vez ceremoniosamente con su almidonado haori como la primera vez que lo vieron, se presentó ante los dueños de casa.

Les expresó su agradecimiento por todas las bondades recibidas durante los pasados veinte años.

—Y ahora, señor —prosiguió Gonsuké—. ¿quisieran ustedes enseñarme hoy, como lo prometieron hace veinte años, cómo se llega a ser sennin y alcanzar juventud eterna e inmortalidad?

—Y ahora ¿qué hacemos? —suspiró el doctor al oír el pedido. Después de haberlo hecho trabajar durante veinte largos años por nada,

¿cómo podría en nombre de la humanidad decir ahora a su sirviente que nada sabía respecto al secreto de los sennin? El doctor se desentendió diciendo que no era él sino su mujer quien sabía los secretos.

—Usted tiene que pedirle a ella que se lo diga —concluyó el doctor y se alejó torpemente.

La mujer, sin embargo, suave e imperturbable, dijo:

—Muy bien, entonces se lo enseñaré yo, pero tenga en cuenta que usted debe hacer lo que yo le diga, por difícil que le parezca. De otra manera, nunca podría ser un sennin; y además, tendría que trabajar para nosotros otros veinte años, sin paga, de lo contrario, créame, el Dios Todopoderoso lo destruirá en el acto.

—Muy bien, señora, haré cualquier cosa por difícil que sea —contestó Gonsuké. Estaba muy contento y esperaba que ella hablara.

—Bueno —dijo ella—, entonces trepe a ese pino del jardín.

Desconociendo por completo los secretos, sus intenciones habían sido simplemente imponerle cualquier tarea imposible de cumplir para asegurarse sus servicios gratis por otros veinte años. Sin embargo, al oír la orden, Gonsuké empezó a trepar al árbol, sin vacilación.

—Más alto —le gritaba ella—, más alto, hasta la cima.

De pie en el borde de la baranda, ella erguía el cuello para ver mejor a su sirviente sobre el árbol; vio su haori flotando en lo alto, entre las ramas más altas de ese pino tan alto.

—Ahora suelte la mano derecha.

Gonsuké se aferró al pino lo más que pudo con la mano izquierda y cautelosamente dejó libre la derecha.

—Suelte también la mano izquierda.

—Ven, ven, mi buena mujer —dijo al fin su marido atisbando las alturas—. Tú sabes que si el campesino suelta la rama, caerá al suelo. Allá abajo hay una gran piedra y, tan seguro como yo soy doctor, será hombre muerto.

—En este momento no quiero ninguno de tus preciosos consejos. Déjame tranquila. ¡He! ¡Hombre! Suelte la mano izquierda. ¿Me oye?

En cuanto ella habló, Gonsuké levantó la vacilante mano izquierda. Con las dos manos fuera de la rama ¿cómo podría mantenerse sobre el árbol? Después, cuando el doctor y su mujer retomaron aliento, Gonsuké y su haori se divisaron desprendidos de la rama, y luego… y luego… Pero ¿qué es eso? ¡Gonsuké se detuvo! ¡se detuvo! en medio del aire, en vez de caer como un ladrillo, y allá arriba quedó, en plena luz del mediodía, suspendido como una marioneta.

—Les estoy agradecido a los dos, desde lo más profundo de mi corazón. Ustedes me han hecho un sennin —dijo Gonsuké desde lo alto.

Se le vio hacerles una respetuosa reverencia y luego comenzó a subir cada vez más alto, dando suaves pasos en el cielo azul, hasta transformarse en un puntito y desaparecer entre las nubes.

FIN

CUERPO DE MUJER

Una noche de verano un chino llamado Yang despertó de pronto a causa del insoportable calor. Tumbado boca abajo, la cabeza entre las manos, se había entregado a hilvanar fogosas fantasías cuando se percató de que había un pulga avanzando por el borde de la cama. En la penumbra de la habitación la vio arrastrar su diminuto lomo fulgurando como polvo de plata rumbo al hombro de su mujer que dormía a su lado. Desnuda, yacía profundamente dormida, y oyó que respiraba dulcemente, la cabeza y el cuerpo volteados hacia su lado.

Observando el avance indolente de la pulga, Yang reflexionó sobre la realidad de aquellas criaturas. "Una pulga necesita una hora para llegar a un sitio que está a dos o tres pasos nuestros, aparte de que todo su espacio se reduce a una cama. Muy tediosa sería mi vida de haber nacido pulga…".

Dominado por estos pensamientos, su conciencia se empezó a oscurecer lentamente y, sin darse cuenta, acabó hundiéndose en el profundo abismo de un extraño trance que no era ni sueño ni realidad. Imperceptiblemente, justo cuando se sintió despierto, vio, asombrado, que su alma había penetrado el cuerpo de la pulga que durante todo aquel tiempo avanzaba sin prisa por la cama, guiada por un acre olor a sudor. Aquello, en cambio, no era lo único que lo confundía, pese a ser una situación tan misteriosa que no conseguía salir de su asombro.

En el camino se alzaba una encumbrada montaña cuya forma más o menos redondeada aparecía suspendida de su cima como una estalactita, alzándose más allá de la vista y descendiendo hacia la cama donde se encontraba. La base medio redonda de la montaña, contigua a la cama, tenía el aspecto de una granada tan encendida que daba la impresión de contener fuego almacenado en su seno. Salvo esta base, el resto de la armoniosa montaña era blancuzco, compuesto de la masa nívea de una sustancia grasa, tierna y pulida. La vasta superficie de la montaña bañada en luz despedía un lustre ligeramente ambarino que se curvaba hacia el cielo como un arco de belleza exquisita, a la par que su ladera oscura refulgía como una nieve azulada bajo la luz de la luna.

Los ojos abiertos de par en par, Yang fijó la mirada atónita en aquella montaña de inusitada belleza. Pero cuál no sería su asombro al comprobar que la montaña era uno de los pechos de su mujer. Poniendo a un lado el amor, el odio y el deseo carnal, Yang contempló aquel pecho enorme que parecía una montaña de marfil. En el colmo de la admiración permaneció un largo rato petrificado y como aturdido ante aquella imagen irresistible, ajeno por completo al acre olor a sudor. No se había dado cuenta, hasta volverse una pulga, de la belleza aparente de su mujer. Tampoco se puede limitar un hombre de temperamento artístico a la belleza aparente de una mujer y contemplarla azorado como hizo la pulga.

EL BIOMBO DEL INFIERNO

I

Difícilmente habrá existido otra persona como el señor de Horikawa, ni existirá en el futuro. De él se decía que antes de su nacimiento, en los sueños de su señora madre había aparecido el Matatejas, lo que prueba que desde el comienzo de su vida le estuvo concedido ser muy diferente al común de las personas. Cada uno de sus actos conquistaba de inmediato la admiración de todos. Por ejemplo, la arquitectura del palacio; no sé si llamarla imponente o suntuosa, pero tiene algo, realmente extraordinario, que escapa al criterio de gentes comunes como nosotros. Como es de suponer, hay quienes lo calumnian, calificando de deplorable la conducta del señor, y llegan a compararlo con el emperador de Ch'in, Shih Huang Ti o con Yang Kuang, de Sui; pero tales calumnias están muy lejos de la verdad.

Las intenciones del señor de Horikawa nunca fueron egoístas, ni tampoco aspiró a la gloria o a la fama. Se preocupaba por las cosas más insignificantes, y siendo hombre de gran carácter deseaba que todos pudieran gozar de la vida en la medida en que él la disfrutaba.

Así, cuando sostuvo un incidente con los malhechores que merodeaban por el Templo Nijâ, no dio muestras de alterarse en lo más mínimo. Se dice que el espíritu de Târu—no—Sadaijin , que se aparecía por las noches en el Templo Kawahara (situado en la avenida Higashi Sanjâ y famoso por el mural del paisaje Shiogama de la provincia de Michinoku), desapareció repentinamente al ser ahuyentado por el propio señor de Horikawa. Tales eran el carácter y el poder del hombre que gozaba de enorme popularidad en toda la capital, donde se lo veneraba como a la reencarnación de un santo.

Cierta vez, de regreso de la fiesta del ciruelo, soltose un toro de su carroza y embistió y derribó a un anciano que pasaba por el lugar; el anciano, lejos de protestar, juntó las manos y bendijo la gracia del haber sido alcanzado por un toro de señor tan principal. Tan cierto es esto como otros muchos hechos que acontecieron a lo largo de su vida, dignos de perdurar en el recuerdo de la posteridad. Otro día, en ocasión de una gran fiesta realizada en la corte, el señor obsequió treinta caballos blancos; en otra ocasión se hizo extirpar una pústula del muslo por un sacerdote de

Shintan. Referir todas sus anécdotas sería tarea interminable. Pero de todos los episodios, ninguno tan terrible como aquel que se refiere al "Biombo del Infierno", hoy uno de los tesoros artísticos que poseía la secreta técnica del Gatha… En fin, noble familia. El señor de Horikawa, que de ordinario se mostraba imperturbable, pareció profundamente afectado por aquel incidente. Se explica, entonces, que quienes estábamos a su lado nos hayamos conmovido de verdad. Sobre todo yo, que le había servido durante veinte años, en los que nunca me había tocado presenciar una escena parecida.

Pero para narrar debidamente esta historia, es preciso que antes os haga conocer algunos detalles acerca del carácter de su protagonista, el pintor Yoshihide, autor del biombo que representa el Infierno.

II

Al nombrarlo, es posible que algunos de vosotros lo recordéis. Fue un célebre artista que en su tiempo no tuvo rival. Cuando ocurrió el episodio que os voy a narrar, tendría ya unos cincuenta años. Era un hombre bajo, delgado, con toda la apariencia de un ser perverso. Se presentaba en palacio vistiendo kariginu, estampado en color jiroflé y tocado con el momieboshi ; pero todo su aspecto despedía cierto aire de bajeza, y los labios rosados y húmedos, en contraste con su edad, hacían que su presencia resultase particularmente desagradable. Algunos deducían que el color de los labios provenía de tanto mojar los pinceles en la boca; pero personas peor intencionadas le bautizaron con el nombre de Saruhide, por su parecido con este animal.

A propósito de este apodo hay una anécdota. Por ese entonces, la hija única de Yoshihide, de quince años, servía en palacio como konyobo; era una joven muy afable que en nada se parecía a su padre. Como había perdido a su madre siendo muy pequeña, era una niña precoz, gentil y muy inteligente, que a pesar de su juventud cuidaba de su trabajo hasta en los más mínimos detalles. Estas cualidades no tardaron en conquistar la simpatía de la señora de Horikawa y de las demás nyobo.

Cierto día, alguien obsequió al señor de Horikawa un mono amaestrado de la provincia de Tamba; el hijo del señor, que estaba en la edad de las travesuras, lo llamó Yoshihide. Era un animal muy gracioso. Y al llevar tal nombre no faltaron en palacio quienes empezaron a burlarse del mono con doble intención. Pero lo malo era que no contentos con burlarse, inventaban cargos contra él, acusándolo, por ejemplo, de haber subido al pino del jardín, o de haber ensuciado el piso de la habitación de las doncellas, y se divertían maltratándolo.

Un día en que la hija de Yoshihide, llevando una espuela en una rama de ciruelo, caminaba por un largo pasillo, se le apareció el mono por una de las puertas corredizas. Venía huyendo en dirección a ella, y al parecer lastimado, pues en lugar de trepar velozmente a las columnas como era su costumbre, se le acercó cojeando. Detrás del animal venía el hijo del señor de Horikawa, blandiendo una delgada rama y amenazándolo.

—¡Ladrón de naranjas! ¡Te castigaré, te castigaré!

Y lo perseguía por el corredor. La joven observaba indecisa, cuando en un instante el animal se prendió de su amplia falda, al tiempo que chillaba lastimosamente... Ella no pudo menos que compadecerse, y sosteniendo en una mano la rama de ciruelo, con la otra abrió rápidamente la manga del uchigi de color violeta y lo acogió con cariño; luego saludó al niño con una profunda reverencia, a la vez que le decía con su voz suave y fresca:

—Señor, es un pobre animal; os ruego le tengáis compasión.

Pero el niño, que estaba excitado y de mal humor, al oír estas palabras se enardeció aún más y pateó el suelo repetidas veces.

—¿Por qué lo protegéis? —protestó—. Es un mono ladrón de naranjas.

—Puesto que es un pobre animal... —repitió la muchacha, y agregó con sonrisa triste— y como lleva el nombre de Yoshihide, mi padre, me parece que lo castigáis a él; no puedo soportarlo.

Pronunció estas palabras con cierta dureza. El joven señor pareció ceder y dijo:

—Bien, ya que lo pedís en nombre de vuestro padre, lo perdono.

Hizo esta concesión con visible contrariedad, y arrojando la rama al suelo volvió sobre sus pasos en dirección a la puerta corrediza.

III

Después de este incidente, la hija de Yoshihide y el mono fueron grandes compañeros. La muchacha le colgó al cuello un cascabel de oro atado con una cinta roja, y él no se apartaba por nada de su lado. Una vez en que ella se resfrió y se vio obligada a guardar cama, el mono permaneció a su lado con cara compungida, mordiéndose las uñas continuamente.

Ante esta situación, y aunque pueda parecer extraño, ya nadie se atrevió a maltratar al animal; por el contrario, todos empezaron a quererlo, y hasta el joven hijo del señor de Horikawa, no solo empezó a darle kakis y castañas, sino que llegó a enfurecerse cuando supo que un samurái le había hecho daño.

Se cuenta también que el señor de Horikawa hizo comparecer a la joven juntamente con el mono, cuando tuvo conocimiento de la conducta de su hijo. Desde luego, no ignoraba la amistad que existía entre ella y el mono.

—Sois fiel a vuestro padre —dijo el señor—; os recompensaré.

La muchacha recibió del señor de Horikawa un akome de color rojo vivo, en premio a su buen corazón.

El propio mono puso una nota graciosa en esta escena cuando se adelantó reverente a recibir la recompensa de su ama, hecho que dibujó el buen humor en el rostro del señor. Desde aquel día, el señor de Horikawa comenzó a sentir una viva simpatía por la muchacha, tanto por su actitud con el mono como por el amor filial que implicaba la defensa del animal, y nunca por motivos inconfesables, como murmuraba la gente. Aunque debo admitir que en realidad hubo ciertas cosas oscuras que pudieron dar lugar a tales murmuraciones; de ello me ocuparé más adelante. Aquí solo quiero aclarar que, por hermosa que ella fuera, un señor como mi amo no podía soñar en correr ninguna aventura con la que era hija de un simple pintor a su servicio.

Después de haber sido honrada con esta audiencia, la muchacha, que era inteligente y modesta, no fue objeto de envidia por parte de las otras doncellas de la corte. Tanto ella como el mono, fueron desde entonces queridos por todos y en particular por la hija del señor, quien hizo de ella su compañera de todos los momentos, y la llevaba consigo siempre que salía en su carroza.

Pero dejaré un poco a la hija para seguir ocupándome del padre. Todos simpatizaban con el mono, mas a Yoshihide, que era un ser humano, seguían despreciándolo, y no cesaban de burlarse de él y de llamarlo "Saruhide". Y esto no solo ocurría en palacio. El Sôzu de Yokawa lo detestaba con tanta vehemencia que a la sola mención de su nombre se horrorizaba como si se tratase del mismo demonio.

Aquí conviene señalar que esta aversión se atribuía al hecho de que cierta vez Yoshihide había hecho unas caricaturas alusivas a la conducta del sacerdote; pero, como comprenderéis, son habladurías de la gente de la calle y no conviene otorgarles mayor crédito. Sea como fuere, la antipatía que inspiraba Yoshihide era compartida en todas las castas sociales. Solo uno que otro pintor amigo y algunas personas más, que lo conocían por su obra y no personalmente, se eximían de hablar mal de él.

Pues aparte de su aspecto repulsivo, Yoshihide reunía otros defectos no menos importantes, de manera que el ser tenido como persona ingrata obedecía a su misma naturaleza.

IV

Era desvergonzado, haragán, avaro y codicioso, pero lo que más irritaba en él eran su prepotencia y ese enfermizo orgullo de considerarse el mejor pintor del Japón, convicción que él pregonaba como si llevase un cartel colgado de la nariz. Y como si esto fuera poco, se creía superior también en otros aspectos, y así se burlaba, por ejemplo, de las buenas costumbres y de la rectitud de los demás.

Cierto día —así lo refirió un discípulo que trabajó varios años en su taller—, cuando en el palacio de un noble un espíritu vengativo que había poseído a la famosa médium de Higaki anunció que por intermedio de ella transmitiría su terrible mensaje, Yoshihide tomó tranquilamente el pincel y la tinta china que estaban a su alcance y empezó a dibujar el rostro espantosamente transfigurado de la médium, desentendiéndose por completo del mensaje. La venganza del espíritu era para él una puerilidad.

A tal punto era perverso que a la sagrada Mahâs'ri la pintaba con el rostro de una vulgar prostituta, y al Acalanatha lo mostraba como a un villano infame. Siempre adoptaba actitudes insolentes, y si alguien se lo reprochaba, él respondía con sorna: "Dificulto que los dioses que pinto quieran vengarse de mí".

Al escuchar tales herejías de boca del maestro, los mismos discípulos quedaban pasmados, y algunos, temiendo un castigo divino, abandonaban el taller para siempre. En una palabra, se podría decir que era un hombre soberbio en extremo, que vivía convencido de ser el más genial pintor del universo.

Dicho todo esto, se comprende fácilmente lo que Yoshihide pensaba de su posición en el mundo pictórico. Su pintura era personalísima, tanto por el empleo del pincel como por la combinación de los colores, y por esa causa sus colegas lo consideraban farsante. Ellos aducían que mientras se hablara de un Kawanari o un Kanaoka, u otro pintor clásico, se podía decir, por ejemplo, que en una noche de luna parecía percibirse el exquisito aroma de las flores de ciruelo junto a las persianas de madera, o escucharse las dulces melodías de la flauta del cortesano, en fin, que sugerían hermosas ideas y sabían traducir bellos motivos; pero la obra de Yoshihide solo hablaba de cosas desagradables y sombrías. En la época en que ilustró el pórtico del Templo Ryugaiji con el Círculo de los Cinco Destinos, se decía que quien pasaba a medianoche cerca del lugar podía escuchar los llantos y los lamentos de las figuras pintadas. Se contaba también que cuando ejecutó por encargo del señor de Horikawa los retratos de varias cortesanas, las retratadas fallecieron en menos de tres años víctimas de una extraña enfermedad. En opinión de personas malignas, esto se debía a que la pintura de Yoshihide era como él: irreverente y demoniaca.

Como os iba diciendo, Yoshihide era un hombre poco común, de modo que lejos de afligirse se jactaba de suscitar estos rumores. En cierta oportunidad, el mismo señor de Horikawa, bromeando, le dijo:

—Entiendo que a vos solo os agradan las cosas feas. ¿No es así, Yoshihide?

A lo que él contestó con inaudito descaro, y con una sonrisa sarcástica en sus labios colorados:

—Exactamente. La belleza de lo feo es lo que no pueden comprender esos pintores ordinarios.

Aunque fuese el primer pintor del Japón, no se justificaba la insolencia que había gastado con el señor. El discípulo que os mencioné antes, le puso el apodo de Chira Eiju para satirizar su insolencia y su vanidad; como sabréis, Chira Eiju es un tengu que en una época pasada vino desde la China. Pero este Yoshihide, este descarado Yoshihide tenía, a pesar de todo, una virtud: la capacidad de amar humanamente.

V

Yoshihide sentía un cariño entrañable por su única hija, joven bondadosa de temperamento sensible, que correspondía a ese amor de padre. Pero este cariño del pintor por su hija excedía los límites normales. Os parecerá increíble, pero cuando se trataba de comprarle kimonos o accesorios para su peinado, Yoshihide, que siempre había negado hasta el más pequeño óbolo a los templos, gastaba su dinero con largueza.

Quería y cuidaba celosamente de su hija, mas sin ningún propósito definido, como el de tener un buen yerno, por ejemplo, cosa en que no había pensado ni en sueños. Si alguien hubiese pretendido acercarse a ella con propósitos deshonestos, no habría vacilado en reunir a unos cuantos forajidos para que lo apalearan cualquier noche. Este desdén por el porvenir de la muchacha se puso de manifiesto cuando ésta fue requerida por el señor de Horikawa para servir en palacio. El pintor no ocultó su contrariedad, y aun después de transcurrido un tiempo, cuando comparecía ante el señor no podía disimular su disgusto. Al difundirse el rumor de que el señor de Horikawa había llamado a la joven sugestionado por su belleza, y la había llevado a pesar de la disconformidad del padre, la actitud de Yoshihide hacia el señor se tornó más suspicaz y desconfiada.

Aunque el rumor carecía de todo fundamento, lo cierto era que el pintor deseaba que su hija volviera a su lado cuanto antes. Por encargo de nuestro señor, Yoshihide pintó el Mañjusri , atribuyéndole el rostro de un joven favorito de aquel.

Como el retrato resultara excelente, el señor de Horikawa le anunció:

—Os recompensaré por vuestro magnífico trabajo. Pedid lo que deseéis.

¿Qué os pensáis que respondió el atrevido a tamaña generosidad? He aquí sus palabras:

—Deseo que me devolváis a mi hija.

Este deseo hubiera podido ser satisfecho de servir su hija en otro palacio que no fuera el del señor Horikawa; pero estando donde estaba, semejante irreverencia resultaba imperdonable. Ante este pedido, al buen señor, que era asimismo sumamente generoso, le asaltó un acceso de mal humor, y después de mirarlo un instante con expresión severa, le dijo secamente:

—Eso jamás.

Se levantó y se retiró disgustado. Hechos de esta naturaleza se produjeron repetidas veces. Recordándolo ahora, me viene a la memoria que a partir de entonces el señor empezó a mirar a Yoshihide con creciente frialdad. Y conforme esta actitud se iba acentuando, aumentaba la aflicción de la hija, que pensaba en la suerte que podía correr su padre, y cuando se retiraba a su habitación a menudo se la veía llorar, conteniendo los sollozos con la manga del kimono. Entonces empezó a crecer el rumor de que el señor se había enamorado de la joven. Algunos opinarían que la tragedia relacionada con el Biombo del Infierno habría ocurrido por negarse la hija del pintor a acceder a los requerimientos del señor. Pero es absurdo suponer que haya podido suceder tal cosa.

A nuestro parecer, el motivo de que el señor de Horikawa no quisiera restituir la joven a su hogar era justamente la conveniencia para ella de vivir en palacio sin ninguna preocupación, en lugar de hacerlo al lado de un hombre tan siniestro. Por supuesto, nadie niega que el señor sintiera simpatía por esa muchacha de virtudes tan señaladas; mas os repito: no era porque la desease, como muchas personas malintencionadas se empeñaron en sostener. Lo sensato es afirmar que fueron invenciones de las malas lenguas. Pero dejemos de lado estas habladurías y pasemos a referir lo que sucedió en el momento en que el señor se encontraba muy disgustado con Yoshihide. Repentinamente mandó llamar al pintor a palacio, y le encomendó la ejecución de un biombo que representase el Infierno.

VI

Al mencionar el Biombo del Infierno, vuelve a mis pupilas el violento colorido del cuadro tal como si lo tuviera delante de mis ojos.

Aun tratándose del mismo motivo, el haber sido pintado por Yoshihide ya indica un trabajo totalmente distinto al de cualquier otro pintor. En uno de los ángulos del biombo hallábanse, en pequeña escala, los Diez Reyes y los guardianes, y el resto del cuadro aparecía cubierto en su totalidad por una hoguera infernal con llamaradas en remolino. Fuera de los puntos amarillos y azules de los kimonos al estilo T'ang de los myôkan, dominaba el rojo agresivo de las llamas, y mezcladas entre el vivo color resaltaban las manchas de la tinta china, del negro humo y del oro de las chispas, en un fuego que parecía danzar alocadamente.

Solo esta furia del pincel habría bastado para asombrar a los espectadores, sin contar los condenados que sufrían al ser pasto de las llamas, muy diferentes a los de los cuadros que uno solía ver. Eso se explicaba, ya que los condenados, desde los nobles más eminentes hasta los más míseros mendigos, habían sido tomados de la realidad. Nobles de la corte con sus kimonos de ceremonia, atrayentes cortesanas con sus itsutsu—ginu, sacerdotes orando con sus rosarios budistas, samuráis, estudiantes en alta geta, doncellas ataviadas lujosamente, hechiceros con sus equipos mágicos... Enumerar los motivos pintados sería interminable. Personajes fustigados por carceleros con cabezas de toro o de caballo huían en desorden en medio de las llamas y del humo sofocante; la mujer a quien le arrancaba la cabellera con el sasumata podría ser una kamunagi ; en el hombre que tenía atravesado el pecho por un tehoko y se precipita cabeza abajo como un murciélago, se reconocería a un joven funcionario del gobierno; además los había que eran azotados con látigos de hierro o aplastados por enormes piedras;

algunos eran picoteados por extrañas aves de rapiña y otros mordidos por dragones venenosos… Se hallaba tanta variedad en las formas de castigo como en las clases de condenados allí registradas…

Pero en medio de este heterogéneo mundo de tortura, el cuadro más impresionante y terrible era el que representaba un carruaje tirado por bueyes que caía del cielo, atravesando un extraño árbol cuyas ramas semejaban espadas, y en cuya copa se amontonaban los espíritus condenados, todos con el cuerpo atravesado. La cortina de la carroza era agitada por el viento infernal, y en su interior se veía a una cortesana ataviada con un lujo propio de las nyôgo o de las kôi, debatiéndose desesperadamente, con sus negros cabellos revueltos y un cuello de impresionante blancura entre el rojo de las llamas. Tanto la doncella como la carroza envuelta en ese denso fuego, reflejaban el atroz padecimiento y la terrorífica visión del Infierno. Me atrevo a deciros que todo el horror del cuadro estaba simbolizado en esa sola persona. Era tan magistral la ejecución del Biombo que el que lo veía creía oír las desgarradas voces de los condenados.

Pero temo haber alterado el orden de la historia en mi apresuramiento por hablaros del Biombo del Infierno. Seguiré con Yoshihide, a partir del momento en que el señor de Horikawa le encargó la ejecución de la referida obra.

VII

Durante cinco o seis meses consecutivos Yoshihide vivió encerrado en su taller sin visitar el palacio. Conducta extraña en aquel hombre que tanto amaba a su hija, cuando empezó a trabajar se olvidó inclusive de ella. El discípulo de quien os hablé refería que, cuando Yoshihide empezaba a pintar, se abstraía totalmente y parecía iluminado por algún espíritu superior o imbuido de algún encantamiento. Lo cierto es que en ese tiempo se comentaba que el secreto de su éxito estaba en sus plegarias al Fukutok—no—ôkami con quien había sellado un pacto. Esto sostenían quienes decían haberlo espiado mientras pintaba y habían visto a los fantasmas de varios zorros rondándolo. Según he oído decir, cuando empezaba a pintar se olvidaba de todo; se encerraba en el taller día y noche y muy raramente lo abandonaba. Particularmente en el caso que nos ocupa pudo verse que su inspiración y fervor artístico cobraban especial intensidad.

Su aislamiento de todos lo llevó a bajar las persianas en pleno día, preparar a la luz de la lámpara de aceite los colores que eran su secreto y vestir a los discípulos con diversos trajes para posar. Pero su febril inspiración no se detenía allí. Aun sin tratarse del Biombo del Infierno, el solo hecho de pintar era suficiente para inspirarle rarezas, que él consideraba lo más natural del mundo. Por ejemplo, cuando ejecutó el Círculo de los Cinco Destinos del Templo Ryugai—ji, se colocó tranquilamente frente a los cadáveres que encontró en el camino, de los que las personas comunes apartaban la vista horrorizadas y se dedicó a dibujar detenidamente esos rostros y cuerpos putrefactos.

¿Qué os quise decir cuando afirmé que su fervor había cobrado especial intensidad? Seguramente muchos lo encontrarán inexplicable. Pero aunque me faltaría aquí el espacio para detallar todos los sucesos, os narraré los puntos principales. Los hechos fueron más o menos los siguientes.

Cierto día el discípulo de quien ya os hablé, estaba atareado en mezclar los colores, cuando se le presentó inesperadamente el maestro:

—Pensaba hacer una siesta —dijo—, pero esto días duermo muy mal.

Como no le pareció extraño que el maestro no pudiera dormir, el discípulo contestó indiferentemente, sin interrumpir su labor:

—¿De modo que no puede conciliar el sueño?

Mas, cosa insólita, el maestro mostrose entristecido y continuó:

—Quiero pedirle que se quede a mi lado mientras yo esté acostado.

Pronunció estas palabras con visible timidez. Al discípulo le pareció extraño que el maestro se afligiera por los sueños, pero como nada le costaba complacerlo aceptó, diciendo que no tenía ningún inconveniente, a lo que Yoshihide, aún preocupado, le dijo titubeando:

—Bueno; quiero que me acompañe al cuarto interior. Y cuando vengan los demás discípulos, no les permita pasar.

Esa habitación era el estudio de Yoshihide. Como de costumbre, las persianas estaban cerradas, y a la débil claridad de una lámpara podía verse el boceto del biombo hecho con yakifude y colocado en posición vertical. El maestro se acostó, y poco después dormitaba con la cabeza apoyada sobre un brazo. Antes de una hora, el discípulo fue sorprendido por extrañas e incomprensibles voces que provenían de la cabecera del lecho junto a la que se hallaba sentado velando el sueño de Yoshihide.

VIII

Al principio eran solo sonidos, pero al rato llegó a percibir palabras entrecortadas, como de alguien que se estuviera ahogando y pidiera auxilio dentro del agua. Finalmente comprendió algunas frases.

—¿Qué? ¿Que vaya yo?… ¿Adónde?… ¿Que vaya adónde? ¿Al fin del mundo?… ¿Que vaya al Infierno? ¿Quién habla? ¿Quién dice semejante cosa? ¿Quién es? ¡Ah! Con que eres tú…

El discípulo detuvo la mano que revolvía la pintura y escrutó el rostro del maestro, pálido y cubierto por gruesas gotas de sudor, la boca abierta desdentada y los labios trémulos y arrugados. Dentro esa boca algo se movía como manejado por un hilo: era la lengua; de ella salían las palabras delirantes.

—Con que eres tú… Tú. Desde un principio supe que eras tú. ¿Qué? ¿Que viniste a buscarme? Por eso quieres que vaya al Infierno, a ese Infierno… ¿Qué? ¿Que mi hija me espera allí?

En este punto el discípulo fue presa de tal terror que creyó ver bajar una sombra misteriosa rozando la superficie del cuadro. Tomó por la mano al maestro. Y lo sacudió con fuerza, pero no consiguió arrancarlo de su postración y continuó oyendo frases incoherentes. Le arrojó entonces al rostro el agua que tenía al lado para lavar los pinceles.

—¿Que me estás esperando, y que suba a la carroza?… ¿En esta carroza?… ¿Al Infierno?… —proseguía delirante.

Al decir estas últimas palabras su voz se convirtió en un lamento agudo, estrangulado. Por fin abrió los ojos y se levantó sobresaltado. Tenía la mirada perdida y el semblante demudado, como si en el fondo de los ojos continuase viendo los fantasmas del sueño. Volvió en sí, se levantó y dijo ásperamente al discípulo:

—Puede retirarse.

Éste se retiró sin protestar porque sabía que las órdenes del maestro no se discutían. Cuando vio la luz del día se preguntó si no acababa de vivir una pesadilla. Luego se tranquilizó.

Pero puedo deciros que esto no fue nada. Un mes más tarde, otro discípulo fue llamado al taller. El maestro lo recibió con la punta del pincel en la boca y ordenó:

—Lo siento, pero tendrá que desnudarse como la vez pasada.

Como ya anteriormente le había pedido que posara desnudo, no le asombró la orden y se apresuró a cumplirla. Cuando terminó de desvestirse, Yoshihide le dirigió una mirada extraña y agregó:

—Pero esta vez quiero dibujarlo con cadenas de modo que, aunque lo lamento mucho, tendrá que hacer lo que le mando.

Hablaba fríamente; no parecía lamentarlo mucho. El discípulo era un hombre robusto que se diría nacido para manejar la espada y no el pincel, pero las palabras del maestro lo dejaron tieso. Comentaba luego cada vez que recordaba ese momento: "Creí que había enloquecido y que me mataría".

Un poco fastidiado por el aire irresoluto del discípulo, Yoshihide extrajo de no se sabe dónde una fina cadena de hierro, y haciéndola sonar, se le abalanzó por la espalda y lo maniató en un momento; rodeó su cuerpo con varias vueltas oprimiéndolo con brutalidad, y ajustó con tanta violencia la punta de la cadena que el discípulo perdió el equilibrio cayendo ruidosamente sobre el piso.

IX

Podría agregar que en tal estado el pobre discípulo tenía la apariencia de un tonel, estrechamente atado de pies y manos. La única parte del cuerpo que podía mover era el cuello. Además, tratándose de un hombre robusto y sanguíneo, el rostro, el torso y los muslos se le iban enrojeciendo por la intensa y persistente presión de las cadenas. A Yoshihide parecía importarle poco la situación del discípulo, y no cesaba de dar vueltas en torno de él, dibujándolo detenidamente. No creo necesario describiros el suplicio del discípulo durante ese tiempo.

Sin embargo, ese sufrimiento sería solo el comienzo. Por fortuna (aunque más adecuado sería decir por desgracia) un momento después, desde una tinaja colocada en un rincón del taller, partió serpenteando una mancha larga y angosta, como de aceite negro. Al principio se movía lentamente, como si fuera algo pegajoso, pero luego se deslizó con suavidad, brillando con intermitencias, hasta llegar a las propias narices del discípulo. Éste, al verla, gritó, aterrado:

—¡Una serpiente, una serpiente!

Como él mismo diría después, sintió que se le helaba la sangre, y con sobrada razón.

En ese momento la serpiente tendió la fría punta de su lengua hacía la blanca piel del cuello que la cadena ceñía dolorosamente. Ante esta eventualidad, el mismo Yoshihide se precipitó. Arrojó el pincel, se agachó y rápidamente tomó el reptil por la cola y lo suspendió en el aire. La serpiente, retorciendo el cuerpo y alzando la cabeza, trataba en vano de alcanzar la mano que la aprisionaba.

—¡Diablos! —gritó Yoshihide—. ¡Me arruinaste un dibujo!

Enfurecido, arrojó la serpiente en la tinaja, desencadenó de mala gana al discípulo y ni siquiera le dio las gracias ni lo consoló. Era evidente que le preocupaba más el dibujo fracasado que el peligro corrido por su discípulo. Debo deciros que la serpiente que había aparecido tan importunamente era uno de los elementos de trabajo que el maestro acostumbraba manejar; de eso habría de enterarme tiempo después.

Con la sola mención de estas locuras habréis comprendido a qué grado de desenfreno llegaba el entusiasmo pictórico de Yoshihide. Pero antes de terminar, tengo que contaros una anécdota más. Se refiere esta vez a un muchacho de trece o catorce años, que por causa del Biombo sufrió un accidente que casi le cuesta la vida.

Una noche este discípulo, que tenía cutis blanco como una mujer, fue llamado al taller del maestro. Yoshihide estaba junto a una lámpara, y en la palma de la mano tenía un trozo de carne o algo parecido, que daba a comer a un ave rara, nunca vista por el muchacho. Su tamaño podía ser el de un gato común. ¿Semejante a un gato? Sí; mirando con atención, las plumas de la cabeza sobresalían como orejas y los ojos blancos, grandes y redondos eran como los de un gato.

X

Yoshihide era un hombre al que no le agradaba ver mezclados a los demás en sus asuntos. Entre otras cosas, nunca mostraba a sus discípulos lo que tenía en el taller, un cúmulo de objetos entre los que figuraba la serpiente que ya os mencioné. A veces aparecía una calavera sobre la mesa, o bien eran bolas de plata o algún takatsuki adornado con motivos de maki—e, que formaban parte de la extensa variedad de objetos extravagantes que, según lo exigía el cuadro que pintaba, iban sirviendo como modelo. Lo raro era que no se supiera dónde guardaba todo ese arsenal de rarezas cuando no lo utilizaba. Es probable que la creencia de que Yoshihide tenía un pacto con el Dios de la Suerte y de la Fortuna tuviera su origen en misterios como éste. El discípulo observaba con temor el ave de orejas de gato, mientras tomaba el alimento, y pensó que se la utilizaría en la ilustración del Biombo. Preguntó respetuosamente si deseaba algo, pero Yoshihide, como si no lo oyera, se lamió los rojos labios y señalándole el ave con el mentón, le dijo:

—¿Qué le parece? ¿Verdad que está domesticado?

—¿Qué clase de ave es? —preguntó el discípulo—. Es la primera vez que veo un pájaro semejante.

El discípulo observaba con temor el ave de orejas de gato. Con sonrisa burlona, Yoshihide replicó:

—¿Cómo, dice que nunca lo vio? La gente de la ciudad no sabe nada. Esta ave se llama mimizuku; me la trajo un cazador hace tres días de Kurama. Pero amaestrada como ésta no debe haber muchas.

Y diciendo esto, al ver que había terminado de comer la carne, levantó la mano lentamente y acarició el lomo del ave de abajo hacia arriba. Como si esto fuera una orden, el ave lanzó un graznido corto y agudo, y alzando vuelo atacó sorpresivamente al discípulo en el rostro. Si en ese momento el muchacho no se hubiese cubierto con la manga del kimono, es seguro que habría recibido más de dos rasguños. Intentó espantarla, pero ésta, revoloteando y lanzando chillidos siniestros, renovó el ataque… Olvidado de la presencia del maestro y atento tan solo a defenderse, el discípulo, levantando o agachando el cuerpo, corría despavorido por la pequeña habitación.

El ave seguía todos sus movimientos, acechándolo para atacarlo directamente a los ojos. En cada embestida batía las alas furiosamente; aquello tenía algo de macabro que producía un malestar indefinible, como el olor de las hojas muertas o las salpicaduras de las cascadas, o como el agrio aroma del sarusake. Al decir del discípulo, creía hallarse sumergido en un valle solitario, y hasta la luz mortecina de la lámpara le pareció el pálido reflejo de la luna.

Pero, aunque horrorizado por el ataque del ave, lo que estremeció al muchacho fue ver cómo el maestro, con pasmosa tranquilidad, se deleitaba reproduciendo el terrible momento. Por un instante creyó que moriría en manos de Yoshihide.

XI

Era lógico suponer que el maestro podría ocasionar la muerte de su discípulo, puesto que lo había llamado con la expresa intención de pintar una escena fríamente planeada por él, adiestrando de antemano al pajarraco. Esto lo vio claramente el joven cuando comprendió su situación, y volvió a cubrirse el rostro con las mangas del kimono para defenderse del asedio. Gritó algo ininteligible y se acurrucó en un rincón del cuarto al lado de la puerta corrediza. En ese momento, Yoshihide gritó a su vez y pareció que se había levantado, mientras el batir de alas se hacía más intenso, seguido de un estrépito de objetos rotos. Volvió a alarmarse el discípulo, y cuando trató de ver se encontró con el taller a oscuras y el maestro llamando furiosamente a los otros discípulos.

Instantes después se oyó una voz y apareció alguien con una lámpara en la mano. A la luz intensa se vio un cuadro desastroso; el aceite de la otra lámpara se había derramado por el piso, y el ave, con las plumas empapadas en el líquido, se debatía afanosamente. Yoshihide contemplaba la escena con espanto desde el lado opuesto de la mesa, mientras mascullaba frases ininteligibles. No era para menos; una víbora negra se había enroscado al ave, apresándole el cuello y una de las alas. Posiblemente el discípulo, al agacharse, había volcado la tinaja donde estaba la serpiente, y cuando el ave quiso atraparla se habían trabado en lucha. Los dos discípulos se miraron estupefactos, y por un instante contemplaron asombrados el extraño espectáculo, pero se apresuraron a saludar al maestro y a retirarse del taller. De cómo terminó el duelo entre el ave y la serpiente, nadie supo decir nunca nada.

Incidentes de esta especie continuaron sucediéndose. Había olvidado deciros que cuando fue encargada a Yoshihide la ejecución del cuadro estábamos a principios de otoño, y como la extraña conducta del maestro duró hasta finalizar el invierno, durante este periodo los discípulos vivieron en un temor constante. Al fin del invierno, algo pareció dificultar la labor de Yoshihide. Se tornó más sombrío y cada día hablaba con mayor irritación. Al mismo tiempo, y cuando parecía concluido, el cuadro quedó paralizado. No solo no había adelantado el trabajo, sino que hasta parecía haber borrado algunas partes.

Pero nadie sabía qué parte de la obra era la que no podía terminar, ni nadie se preocupó por saberlo. Los discípulos, hastiados ya de la conducta del maestro, no quisieron acercársele; era como compartir la jaula con un tigre o un lobo.

XII

En realidad, nada especial puedo contaros sobre lo que aconteció durante ese tiempo. Podría agregar, eso sí, que el caprichoso anciano se había vuelto muy sentimental, y cuando estaba solo lloraba silenciosamente. Cierto día, un discípulo debía llegar hasta el jardín, y allí encontró al maestro con los ojos llenos de lágrimas, contemplando distraídamente el cielo primaveral. Al verlo así, el discípulo se sintió inexplicablemente avergonzado y se alejó rápidamente. ¿No os parece sugestivo que ese arrogante artista, que para pintar el Círculo de los Cinco Destinos había dibujado tranquilamente los cadáveres del camino, empezara de pronto a llorar como un niño porque no conseguía un efecto para el Biombo del Infierno?

Mientras Yoshihide se entregaba con ardor a la creación del Biombo, la hija se volvía cada vez más taciturna, a tal punto que nosotras mismas llegamos a ver huellas de lágrimas en sus ojos. En esa muchacha de rostro lánguido, de tez blanca y de aire modesto, el estar triste parecía tornar sus pestañas más espesas sombreándole los ojos y acentuando aun más su abatimiento. Al principio se pensó que obedecería a una lógica preocupación por su padre, a quien profesaba tanto cariño, o bien que estaría enamorada; pero con el tiempo la gente lo atribuyó a que el señor de Horikawa le habría exigido que se le entregase. Cuando esta versión se generalizó, ya nadie habló más de ella.

En ese tiempo ocurrió algo que pasaré a referiros.

Una noche, a hora muy avanzada iba yo por un corredor, cuando de algún lado saltó sorpresivamente el mono Yoshihide, y empezó a tirarme de la falda del kimono. Era una tibia noche de luna, en la que empezaba a insinuarse el aroma de los ciruelos en flor.

Bajo la luz de la luna me asombró ver al mono chillar como enloquecido, arrugando la nariz y mostrando sus blancos dientes. Confieso que en ese momento sentí algún miedo, y temerosa de que me rasgara el kimono nuevo, al principio pensé darle un puntapié, pero me acordé de aquel samurái que lo había maltratado; por otra parte, la actitud del mono era bien extraña y me dejé conducir unos pasos sin pensar en nada preciso.

Al llegar a un ángulo del corredor desde donde se dominaba el amplio jardín con su fuente resplandeciente bajo la luz de la luna, vinieron a mis oídos unos ruidos ligeros como de personas que lucharan en silencio. Hallé insólito este ruido repentino en medio de aquella quietud, quebrada solo por el chasquido de los peces en la fuente. Me detuve, y al acercarme a la puerta corrediza de donde provenía, escuché con atención para ver si se trataba de ladrones, en cuyo caso pensaba enfrentarlos decididamente.

XIII

Al mono parecía resultarle demasiado lento mi proceder, y comenzó a dar saltos a mi alrededor lanzando sus agudos chillidos. De pronto, se encaramó en mis hombros. Quise evitarlo y aparté instintivamente el cuello para eludir sus uñas, pero él se me aferró a la manga del kimono para evitar su caída. Perdí el equilibrio, y al trastabillar golpeé con la espalda en la puerta corrediza. No quedaba otro recurso: me puse en acción.

Abrí rápidamente la puerta y me dispuse a penetrar en el oscuro recinto hasta donde no llegaba la luz de la luna. Pero en ese instante algo obstaculizó mi visión… Mejor dicho, me sorprendió una mujer que salía corriendo del cuarto y que en su precipitación tropezó con algo y cayó de rodillas. Jadeante, me miró atemorizada, como si encontrara terrible mi presencia.

Que esa persona era la hija de Yoshihide no creo necesario aclararlo; aunque esa noche la encontré totalmente distinta y convertida en una mujer atractiva. Tenía un brillo particular en los ojos y el rostro se adivinaba encendido. El desorden en las faldas del kimono le confería una voluptuosidad contraria, a su modalidad casi infantil. ¿Era ésta la modesta y frágil muchacha de siempre?… Apoyándome en la puerta corrediza, y oyendo aún los pasos nerviosos de alguien que se alejaba, observé a la hermosa muchacha a la claridad de la luna; mis ojos, al mirarla, le preguntaban quién era esa persona.

La hija del pintor apretó los labios y sacudió la cabeza en un gesto lleno de angustia. No me quedaba duda de que era presa de una gran contrariedad.

Me acerqué a su oído y le pregunté en voz baja:

—¿Quién es?

Mas la joven hizo un signo negativo con la cabeza y no hablé. Las lágrimas le humedecían las pestañas y un rictus de amargura se dibujaba en su boca.

Comprenderéis que soy de esas personas que nada comprenden fuera de lo que ven, de modo que tampoco en este caso pude deducir exactamente lo que había sucedido. Nada podía decir a la joven puesto que ella callaba; por un largo rato permanecí de pie, a su lado, como para escuchar mejor el acelerado latir de su corazón. Al mismo tiempo, tuve una sensación de culpa y me arrepentí de mi insistencia.

No recuerdo exactamente el tiempo que había transcurrido cuando atiné a cerrar la puerta. Entonces me dirigí con amabilidad a la muchacha, que ya estaba más tranquila, y la insté a que volviese a su habitación. Regresé por el corredor un poco avergonzada y con un peso en mi conciencia, al saber que había sido testigo de algo que no me concernía, y me asaltó un temor irracional. No había andado diez pasos cuando sentí que alguien tiraba tímidamente de mis faldas. ¿Quién pensáis que era? Nada menos que el mono, que haciendo gestos como si fuera una persona, inclinaba la cabeza repetidas veces haciendo sonar el cascabel de oro que llevaba al cuello.

XIV

Unos quince días después de aquella noche, Yoshihide se presentó en palacio y solicitó una audiencia al señor de Horikawa. A pesar de pertenecer Yoshihide a una casta muy inferior, en razón de las circunstancias especiales que ya conocemos, el señor le concedió gustosamente una entrevista, si bien no tenía por costumbre hacerlo, cualquiera fuese la persona que lo solicitara.

El pintor vestía el kimono de siempre y un gastado sombrero; era evidente que estaba preocupado y de mal humor. Saludó al señor con reverencia y dijo:

—El Biombo del Infierno que me habéis encargado ya se encuentra casi concluido pues he trabajado con sostenido empeño por espacio de muchos días.

—Os congratulo por vuestro esfuerzo. Me siento satisfecho.

No sé por qué, la voz del señor me pareció débil y poco entusiasta.

—No merezco ninguna felicitación —dijo el pintor, con la cabeza inclinada y gesto hosco—. Falta poco para que esté terminado, pero hay una sola parte que no consigo lograr.

—¿Cómo? ¿Hay algo que no conseguís pintar?

—Os lo digo. En general me es difícil pintar lo que no veo. Y aunque llegase a pintarlo, nunca resultaría bueno, lo cual equivale a decir que no lo puedo pintar.

Al escuchar estas explicaciones, el señor de Horikawa sonrió irónicamente.

—¿Queréis decir que para pintar el Infierno tendríais que estar viendo el mismo Infierno?

—Exactamente. El año pasado pude presenciar un voraz incendio, cuyas violentas llamas eran comparables a las del Infierno; por eso me fue posible pintar el Yojiri—Fudô. Vos ya conocéis esa obra.

—Pero ¿cómo representaréis las almas condenadas y los guardianes del Infierno?

—Ya he visto, señor, a hombres atados con cadenas. También tuve ocasión de pintar a una persona defendiéndose del ataque de un ave de rapiña. Os puedo decir que ya conozco los tormentos de los condenados. Respecto de los guardianes —Yoshihide sonrió maliciosamente—… a los guardianes los he visto varias veces en mis sueños. Algunos con cabeza de toro, otros de caballo; los había con tres cabezas, seis brazos y seis piernas. Esos demonios golpeaban las manos sin hacer ruido, abrían la boca sin emitir sonido alguno y aparecían casi todas las noches para torturarme. Pero lo que yo deseo y no consigo es independiente de todo esto.

El señor parecía sorprendido. Por un instante miró el rostro de Yoshihide con irritación, y frunciendo el ceño le preguntó secamente:

—Entonces, ¿cuál es el motivo que no podéis pintar?

XV

—Tengo pensado, señor, pintar en el centro del biombo un biroge cayendo del cielo.

Dicho esto, levantó los ojos por primera vez y los detuvo en el señor. Se había hablado con harta insistencia de que cuando se trataba de su arte los ojos de Yoshihide adquirían un brillo especial.

En esa ocasión pude confirmarlo: su mirada era diabólica. Prosiguió:

—En el interior de la carroza, habrá una noble dama, con los cabellos revueltos y debatiéndose entre las llamas infernales. Tendrá una expresión de terror, mirando el techo y procurando protegerse con la cortina para que no la alcancen las chispas. Alrededor de ella me gustaría hacer revolotear diez o veinte pájaros fantásticos. ¡Ay! ¡Ésta es la escena que no puedo lograr!…

Por algún motivo que no alcancé a comprender, el señor pareció entusiasmarse. Su enigmática sonrisa incitaba al pintor a extenderse en sus visiones.

Y ya con los labios temblorosos y como dominado por un fuego interior, prosiguió ensimismado:

—No puedo pintar eso…

Repitió de nuevo lo que ya había dicho y, súbitamente, exclamó con vehemencia:

—Os ruego, señor, hagáis que se queme una carroza delante de mis ojos. Y si fuera posible, dentro de la carroza… —se interrumpió bruscamente.

El señor de Horikawa sintió un estremecimiento y su noble rostro se ensombreció. De pronto estalló en una carcajada, y sin dejar de reír, respondió:

—Seréis complacido en todos vuestros deseos. No os aflijáis más, os lo ruego.

Al oír estas palabras en boca del señor tuve el vago presentimiento de que algo funesto habría de ocurrir. Parecía haberse contagiado de la locura de Yoshihide. Así lo creí al ver sus labios húmedos y su frente contraída por los nervios.

Tras un breve silencio, el señor lanzó de nuevo una siniestra carcajada, como si algo le hubiera estallado adentro:

—Pondré fuego a la carroza; tendréis también a la bella dama vestida lujosamente en su interior; no dudo de que solamente siendo el mejor pintor del país pudisteis pensar en pintar a esa mujer sufriendo entre llamas voraces y asfixiada por el negro humo… Os felicito, os felicito…

Yoshihide empalideció súbitamente y comenzó a mover los labios con nerviosidad; pero eso solo duró un instante. Luego inclinó el rostro, y como si sus músculos se hubieran relajado repentinamente, dijo respetuoso y con voz apagada:

—Os agradezco la merced.

Quizá Yoshihide comprendió lo horrible de su idea a través de las palabras del señor, y eso habría hecho cambiar su actitud. Aquélla fue la única vez que sentí alguna compasión por Yoshihide.

XVI

Pasados tres días, el señor de Horikawa llamó por la noche a Yoshihide y, fiel a su promesa, incendió una carroza en su presencia. Naturalmente, esto no podía hacerse en el palacio de los Horikawa; se eligió como escenario una antigua residencia que había pertenecido a la hermana del señor, situada en las afueras de la ciudad.

Hacía mucho tiempo que la vieja residencia había sido abandonada, y era en el inmenso jardín donde resultaban más visibles los estragos del tiempo. El aspecto abandonado había dado origen a rumores sobre la aparición del espíritu de la difunta hermana del señor, y se decía que en las noches sin luna, vistiendo una extraña falda de color rojo encima del kimono, recorría los largos corredores sin rozar el piso…

Os puedo asegurar que este rumor no era del todo inverosímil si se piensa que aun en pleno día el sitio es de los más desolados de la región, y cuando se pone el sol, el agua de la fuente suena lúgubremente y las garzas que cruzan el espacio estrellado se parecen a sombras monstruosas.

Era una noche oscura sin luna. A la luz de los faroles el señor, vistiendo el atavío de color amarillo pálido que usa la alta nobleza, con el escudo violeta grabado en relieve sobre el kimono, ocupaba en la terraza un asiento especial, del que se destacaban los bordes del almohadón forrado en seda blanca. Creo innecesario añadir que en torno de él había unas seis personas destinadas a su custodia. De un modo especial se destacaba la figura de un samurái, que después de la batalla de Michinoku, en la que a causa del hambre se había visto forzado a comer carne humana, había adquirido tal fortaleza que podía quebrar las astas de un ciervo vivo. Tenía puesto al parecer el haramaki y llevaba la katana al modo kamomejiri, o sea con la punta hacia arriba. Permanecía sentado gravemente al lado del amo. Los circunstantes formaban un cuadro fantasmagórico, entrevisto solo fugazmente a la luz movediza de los faroles agitados por el viento.

La parte superior de la carroza que se encontraba en el jardín se perdía en la oscuridad, tenía las varas apoyadas en una especie de mesa, y sus ornamentos de oro refulgían como estrellas. El hecho de ser primavera no evitaba el escalofrío que provocaba la escena.

El carruaje lucía una pesada cortina azul profusamente adornada, que no dejaba ver su interior, y próximos se hallaban, estratégicamente situados, los sirvientes con las antorchas encendidas cuidando de que el humo no fuese en dirección a la casa.

Un poco más apartado, sentado delante de la residencia, se veía a Yoshihide; vestía las ropas de costumbre, probablemente de color ocre, ajadas.

Parecía más pequeño e insignificante que nunca, como aplastado por el inmenso cielo estrellado.

Detrás había otro hombre tocado con momieboshi, sin duda un discípulo. Como ambos se hallaban en la penumbra y distantes de la terraza en que yo me encontraba, no podía distinguir el color de sus vestidos.

XVII

Se acercaba la medianoche. Las sombras que envolvían el jardín se hacían cada vez más espesas y parecían sofocar la respiración; oíase el leve murmullo del viento trayendo el olor de la resina de las antorchas. El señor de Horikawa observó un instante más el extraño cuadro y luego, adelantándose, gritó con voz sonora:

—¡Yoshihide!

Éste contestó algo, pero solo fue una exclamación.

—¡Yoshihide! Esta noche incendiaré la carroza, como me lo habéis pedido.

Y miró de soslayo a los guardianes. Pudo ser una ilusión, pero me pareció ver que el señor y esos hombres cambiaban sonrisas de inteligencia.

—Observad bien. Esta carroza, como sabéis, es la que siempre acostumbro usar. Dentro de un instante ordenaré que le prendan fuego, y os mostraré las llamas del Infierno.

Dicho esto el señor miró de nuevo a los guardianes, y prosiguió en tono áspero.

—Dentro de la carroza se ha atado a una mujer. Al arder el carruaje, esa mujer perecerá, sufriendo los tormentos del Infierno. Se quemarán su carne y sus huesos: será el modelo exacto que necesitáis para terminar el Biombo. No perdáis detalle cuando se derrita su carne, blanca como la nieve. Tampoco dejéis de ver cómo los negros cabellos se transforman en chispas y se elevan hacia el cielo.

El señor se interrumpió; una sonrisa silenciosa le sacudía los hombros.

—Será un espectáculo nunca visto —dijo—. Yo también estaré presente. Vosotros, apartad la cortina para que pueda verse a la mujer.

Uno de los sirvientes se acercó a la carroza, y mientras con una mano sostenía la antorcha levantó con la otra la cortina. La antorcha, crepitando, pareció arder con más fuerza en ese instante; y cuando iluminó el reducido interior de la carroza, se vio a una mujer que parecía atada en forma brutal. Esa mujer… ¿Quién no la reconocería? Sobre el lujoso kimono de ceremonia de las damas de la corte, bordado con motivos de cerezos, caían sus largos brazos y negros cabellos adornados con sashi de oro que despedía intensos destellos. Esa mujer, que aquella noche lucía atavíos tan distinguidos y había sido atada y amordazada, esa pequeña mujer de perfil modesto y triste, era la hija de Yoshihide. Al reconocerla ahogué un grito.

En ese momento, el samurái que tenía adelante de mí se levantó rápidamente, y con la mano en la katana miró a Yoshihide. Sorprendida, miré a mi vez en esa dirección y vi cómo Yoshihide, seguramente sobrecogido de espanto por lo que acababa de ver, se había levantado de un salto y agitando los brazos intentaba correr hacia el carruaje. No le vi ninguna expresión, debido a la oscuridad y a la distancia.

Esta escena duró contados segundos. Un violento resplandor iluminó a Yoshihide —que parecía flotar atraído por una fuerza invisible—, y mostró la palidez mortal de su rostro.

La carroza ya era presa de las llamas cuando Yoshihide quiso correr en auxilio de su hija. El señor había dado la orden, y los sirvientes habían arrojado las antorchas dentro de la carroza.

XVIII

El fuego se propagó rápidamente. Los flecos violáceos que bajaban del techo ardieron de un solo golpe, y por debajo de ellos salía un humo blanquecino, mientras las cortinas, las mangas del kimono y los adornos metálicos del cielorraso se consumían con increíble rapidez. El espectáculo era alucinante. Las llamas se alzaban al cielo y lo teñían de rojo, semejantes a una bola de fuego que al caer estallara en mil fragmentos. Yo había gritado un momento antes, pero viendo ahora el irreparable siniestro no hallé otro consuelo que contemplarlo, aturdida y desconcertada.

Pero ese padre, Yoshihide… No podré olvidar la expresión de su rostro. Su primer impulso fue precipitarse a la carroza, y al estallar el fuego quedó paralizado, con las manos en alto. Con ojos despavoridos escrutó la carroza en llamas; al resplandor del fuego pude ver hasta la raíz de la barba en aquel rostro apergaminado y sombrío. Los ojos desorbitados, los labios apretados y los músculos de la cara contrayéndosele nerviosamente reflejaban su miedo, su infinita angustia y un inmenso estupor ante la espeluznante escena. Ni el reo cuando es decapitado, ni el asesino cuando comparece ante los Reyes del Infierno mostrarían tanto horror y padecimiento. Hasta el famoso samurái que ya os cité palideció a la vista de aquel hombre, y dirigió una tímida mirada al amo.

Pero éste, a su vez con los labios apretados y sonriendo a intervalos con sarcasmo, no apartaba la vista del carruaje. Y en medio de las llamas… ¡Ay! No tengo fuerzas para daros los detalles del suplicio. La blancura de su rostro ahogado por el humo, los largos cabellos en desorden arrebatados por las llamas y sus hermosas ropas ardiendo como una tea… Imposible concebir una visión más despiadada. Sobre todo, cuando el viento cesó por un instante, el humo se desplazó hacia el lado opuesto a donde nos hallábamos, y pudimos ver con verdadero horror cómo en medio de esa hoguera, que parecía despedir chispas de oro, agonizaba una bella criatura forcejeando dolorosamente por quitarse las cadenas de su cuerpo. El espectáculo mostraba con elocuencia los tormentos del Infierno. Un estremecimiento nos sacudió a todos.

En ese momento, como si el viento hubiese renovado su intensidad, vimos un remolino en las copas de los árboles agitados de pronto por una ráfaga o un ruido extraño. Súbitamente, una bola negra se desprendió del techo y volando, o corriendo, pero sin tocar el suelo, se arrojó al carruaje en llamas. Saltó por entre las rejas ardientes a los hombros de la joven, lanzando un agudo grito de desesperación, y su eco dolorido se prolongó como un lamento detrás de la humareda. Una exclamación de espanto brotó de todas las gargantas: era el mono, que había quedado atado en el palacio de los Horikawa y que acaba de cruzar el cerco de fuego para prenderse a los hombros de la infeliz muchacha.

XIX

Pero solo fugazmente pudo verse el animal. El fuego estalló en sonora lluvia de chispas, y el mono y la muchacha se perdieron en el seno de una negra nube. En medio del jardín, la carroza refulgía devorada por las llamas crepitantes. Más que una carroza ardiendo parecía una espiral de fuego evolucionando con estrépito hacia el cielo oscuro.

Yoshihide se hallaba de pie ante la columna ardiente. ¡Qué caso tan extraño! El mismo que momentos antes viéramos sufrir como arrojado en el mismo Infierno, daba ahora muestras de un júbilo incontenible. Estaba fascinado, y sin reparar en la presencia del señor, contemplaba extasiado la macabra escena, ajeno al tormento de su hija. Parecía enajenado por la violenta llamarada y el suplicio de la desdichada.

Pero lo extraño no residía en esta bárbara actitud; por encima de ella se notaba que ese hombre insignificante había adquirido un aire de soberbia y de poder semejante al que simbolizan los leones de los sueños. Quizá por eso las numerosas aves ahuyentadas por el fuego parecían evitar el sombrero de Yoshihide. Probablemente hasta los pájaros habían presentido esa extraña majestad que parecía ceñirlo como en una aureola de inmortalidad, y se mostraban sobrecogidos por su actitud.

Todos nosotros, conteniendo el aliento, sentíamos el irresistible hechizo de esa alegría incontenible, y creíamos estar en presencia de un Buda milagroso. No podíamos dejar de mirarlo. Las llamas tiñendo de rojo la negra espesura de la noche, Yoshihide en arrobada contemplación. Era un cuadro solemne y excitante.

El señor de Horikawa se había transformado: intensamente pálido, despedía espuma por la boca, apretaba fuertemente las rodillas bajo el vestido violeta, jadeaba como una bestia sedienta.

XX

Ignoro quién pudo lanzarla, lo cierto es que la noticia de que el señor había quemado su carroza en los jardines de Yukige, se propagó por toda la ciudad y dio origen a las más variadas conjeturas. Lo primero que se preguntaban era el por qué de esa muerte tan horrible para la hija del pintor.

La mayoría opinaba que podía ser en venganza por no haber podido conquistar su amor. Creo, no obstante, que si el señor de Horikawa llegó a cometer esa enormidad, lo hizo con la expresa intención de que sirviera a Yoshihide de ejemplar castigo. Esto lo escuché una vez de los propios labios del señor.

También se le criticaba a Yoshihide su alma endurecida, ya que pretendía continuar el Biombo pese a haber causado la muerte de su propia hija. No faltaban quienes lo maldecían, y no lo distinguían de una bestia, por haber confundido los alcances de su amor de padre. El Sôzu Yokawa se contaba entre los que así pensaban, y solía decir al respecto: "Aunque sea un gran artista, desde que olvida los cinco deberes del hombre, no merece otro destino que el Infierno eterno".

Un mes después el Biombo estuvo terminado. Yoshihide lo llevó a palacio para someterlo al juicio del señor. Se hallaba presente el Sôzu Yokawa, quien al ver la obra quedó estupefacto; todo el horror de una tempestad de fuego vibraba en la superficie con increíble fidelidad. El Sôzu, que habitualmente menospreciaba a Yoshihide, frente al Biombo no pudo menos que exclamar: "¡Magnífico!" Estaba maravillado. Recuerdo también la amarga sonrisa del señor al escuchar el elogio.

Desde que concluyó el cuadro nadie, por lo menos en palacio, se atrevió a hablar mal de Yoshihide. Era comprensible que cuantos veían el Biombo, aunque sintieran aversión por el autor, se impresionaran por tan extremado realismo.

Pero cuando su obra comenzaba a ser la admiración de todos, Yoshihide dejó de pertenecer a este mundo. A la noche siguiente de terminar el biombo se suicidó en su propia habitación, ahorcándose con una cuerda. Acaso le resultó insoportable sobrevivir a la hija que tanto había amado.

El cuerpo del pintor fue sepultado en los fondos de su casa. De la pequeña tumba, azotada por el viento y las lluvias, ha de quedar una lápida borrosa sobre las piedras cubiertas de musgo.

EN EL BOSQUE

Declaración del leñador interrogado por el oficial de investigaciones de la Kebushi

—Yo confirmo, señor oficial, mi declaración. Fui yo el que descubrió el cadáver. Esta mañana, como lo hago siempre, fui al otro lado de la montaña para hachar abetos. El cadáver estaba en un bosque al pie de la montaña. ¿El lugar exacto? A cuatro o cinco cho, me parece, del camino del apeadero de Yamashina. Es un paraje silvestre, donde crecen el bambú y algunas coníferas raquíticas.

El muerto estaba tirado de espaldas. Vestía ropa de cazador de color celeste y llevaba un eboshi de color gris, al estilo de la capital. Sólo se veía una herida en el cuerpo, pero era una herida profunda en la parte superior del pecho. Las hojas secas de bambú caídas en su alrededor estaban como teñidas de suho. No, ya no corría sangre de la herida, cuyos bordes parccían secos y sobre la cual, bien lo recuerdo, estaba tan agarrado un gran tábano que ni siquiera escuchó que yo me acercaba.

¿Si encontré una espada o algo ajeno? No. Absolutamente nada. Solamente encontré, al pie de un abeto vecino, una cuerda, y también un peine. Eso es todo lo que encontré alrededor, pero las hierbas y las hojas muertas de bambú estaban holladas en todos los sentidos; la victima, antes de ser asesinada, debió oponer fuerte resistencia. ¿Si no observé un caballo? No, señor oficial. No es ese un lugar al que pueda llegar un caballo. Una infranqueable espesura separa ese paraje de la carretera.

Declaración del monje budista interrogado por el mismo oficial

—Puedo asegurarle, señor oficial, que yo había visto ayer al que encontraron muerto hoy. Sí, fue hacia el mediodía, según creo; a mitad de camino entre Sekiyama y Yamashina. Él marchaba en dirección a Sekiyama, acompañado por una mujer montada a caballo. La mujer estaba velada, de manera que no pude distinguir su rostro. Me fijé solamente en su kimono, que era de color violeta. En cuanto al caballo, me parece que era un alazán con las crines cortadas. ¿Las medidas? Tal vez cuatro shaku cuatro sun, me parece; soy un religioso y no entiendo mucho de ese asunto. ¿El hombre? Iba bien armado. Portaba sable, arco y flechas. Sí, recuerdo más que nada esa aljaba laqueada de negro donde llevaba una veintena de flechas, la recuerdo muy bien.

¿Cómo podía adivinar yo el destino que le esperaba? En verdad la vida humana es como el rocío o como un relámpago… Lo lamento… no encuentro palabras para expresarlo…

Declaración del soplón interrogado por el mismo oficial

—¿El hombre al que agarré? Es el famoso bandolero llamado Tajomaru, sin duda. Pero cuando lo apresé estaba caído sobre el puente de Awataguchi, gimiendo. Parecía haber caído del caballo. ¿La hora? Hacia la primera del Kong, ayer al caer la noche. La otra vez, cuando se me escapó por poco, llevaba puesto el mismo kimono azul y el mismo sable largo. Esta vez, señor oficial, como usted pudo comprobar, llevaba también arco y flechas. ¿Que la víctima tenía las mismas armas? Entonces no hay dudas. Tajomaru es el asesino. Porque el arco enfundado en cuero, la aljaba laqueada en negro, diecisiete flechas con plumas de halcón, todo lo tenía con él. También el caballo era, como usted dijo, un alazán con las crines cortadas. Ser atrapado gracias a este animal era su destino. Con sus largas riendas arrastrándose, el caballo estaba mordisqueando hierbas cerca del puente de piedra, en el borde de la carretera.

De todos los ladrones que rondan por los caminos de la capital, este Tajomaru es conocido como el más mujeriego. En el otoño del año pasado fueron halladas muertas en la capilla de Pindola del templo Toribe, una dama que venía en peregrinación y la joven sirvienta que la acompañaba. Los rumores atribuyeron ese crimen a Tajomaru. Si es él quien mató a este hombre, es fácil suponer qué hizo de la mujer que venía a caballo. No quiero entrometerme donde no me corresponde, señor oficial, pero este aspecto merece ser aclarado.

Declaración de una anciana interrogada por el mismo oficial

—Sí, es el cadáver de mi yerno. Él no era de la capital; era funcionario del gobierno de la provincia de Wakasa. Se llamaba Takehito Kanazawa. Tenía veintiséis años. No. Era un hombre de buen carácter, no podía tener enemigos.

¿Mi hija? Se llama Masago. Tiene diecinueve años. Es una muchacha valiente, tan intrépida como un hombre. No conoció a otro hombre que a Takehiro. Tiene cutis moreno y un lunar cerca del ángulo externo del ojo izquierdo. Su rostro es pequeño y ovalado.

Takehiro había partido ayer con mi hija hacia Wakasa. ¡Quién iba a imaginar que lo esperaba este destino! ¿Dónde está mi hija? Debo resignarme a aceptar la suerte corrida por su marido, pero no puedo evitar sentirme inquieta por la de ella. Se lo suplica una pobre anciana, señor oficial: investigue, se lo ruego, qué fue de mi hija, aunque tenga que arrancar hierba por hierba para encontrarla. Y ese bandolero… ¿Cómo se llama? ¡Ah, sí, Tajomaru! ¡Lo odio! No solamente mató a mi yerno, sino que… (Los sollozos ahogaron sus palabras.)

Confesión de Tajomaru

Sí, yo maté a ese hombre. Pero no a la mujer. ¿Que dónde está ella entonces? Yo no sé nada. ¿Qué quieren de mí? ¡Escuchen! Ustedes no podrían arrancarme por medio de torturas, por muy atroces que fueran, lo que ignoro. Y como nada tengo que perder, nada oculto.

Ayer, pasado el mediodía, encontré a la pareja. El velo agitado por un golpe de viento descubrió el rostro de la mujer. Sí, sólo por un instante… Un segundo después ya no lo veía. La brevedad de esta visión fue causa, tal vez, de que esa cara me pareciese tan hermosa como la de Bosatsu. Repentinamente decidí apoderarme de la mujer, aunque tuviese que matar a su acompañante.

¿Qué? Matar a un hombre no es cosa tan importante como ustedes creen. El rapto de una mujer implica necesariamente la muerte de su compañero. Yo solamente mato mediante el sable que llevo en mi cintura, mientras ustedes matan por medio del poder, del dinero y hasta de una palabra aparentemente benévola. Cuando matan ustedes, la sangre no corre, la víctima continúa viviendo. ¡Pero no la han matado menos! Desde el punto de vista de la gravedad de la falta me pregunto quién es más criminal. (Sonrisa irónica.)

Pero mucho mejor es tener a la mujer sin matar a hombre. Mi humor del momento me indujo a tratar de hacerme de la mujer sin atentar, en lo posible, contra la vida del hombre. Sin embargo, como no podía hacerlo en el concurrido camino a Yamashina, me arreglé para llevar a la pareja a la montaña.

Resultó muy fácil. Haciéndome pasar por otro viajero, les conté que allá, en la montaña, había una vieja tumba, y que en ella yo había descubierto gran cantidad de espejos y de sables. Para ocultarlos de la mirada de los envidiosos los había enterrado en un bosque al pie de la montaña. Yo buscaba a un comprador para ese tesoro, que ofrecía a precio vil. El hombre se interesó visiblemente por la historia… Luego…

¡Es terrible la avaricia! Antes de media hora, la pareja había tomado conmigo el camino de la montaña.

Cuando llegamos ante el bosque, dije a la pareja que los tesoros estaban enterrados allá, y les pedí que me siguieran para verlos. Enceguecido por la codicia, el hombre no encontró motivos para dudar, mientras la mujer prefirió esperar montada en el caballo. Comprendí muy bien su reacción ante la cerrada espesura; era precisamente la actitud que yo esperaba. De modo que, dejando sola a la mujer, penetré en el bosque seguido por el hombre.

Al comienzo, sólo había bambúes. Después de marchar durante un rato, llegamos a un pequeño claro junto al cual se alzaban unos abetos… Era el lugar ideal para poner en práctica mi plan. Abriéndome paso entre la maleza, lo engañé diciéndole con aire sincero que los tesoros estaban bajo esos abetos. El hombre se dirigió sin vacilar un instante hacia esos árboles enclenques. Los bambúes iban raleando, y llegamos al pequeño claro. Y apenas llegamos, me lancé sobre él y lo derribé. Era un hombre armado y parecía robusto, pero no esperaba ser atacado. En un abrir y cerrar de ojos estuvo atado al pie de un abeto. ¿La cuerda? Soy ladrón, siempre llevo una atada a mi cintura, para saltar un cerco, o cosas por el estilo. Para impedirle gritar, tuve que llenarle la boca de hojas secas de bambú.

Cuando lo tuve bien atado, regresé en busca de la mujer, y le dije que viniera conmigo, con el pretexto de que su marido había sufrido un ataque de alguna enfermedad. De más está decir que me creyó. Se desembarazó de su ichimegasa y se internó en el bosque tomada de mi mano. Pero cuando advirtió al hombre atado al pie del abeto, extrajo un puñal que había escondido, no sé cuándo, entre su ropa. Nunca vi una mujer tan intrépida. La menor distracción me habría costado la vida; me hubiera clavado el puñal en el vientre. Aun reaccionando con presteza fue difícil para mí eludir tan furioso ataque. Pero por algo soy el famoso Tajomaru: conseguí desarmarla, sin tener que usar mi arma. Y desarmada, por inflexible que se haya mostrado, nada podía hacer. Obtuve lo que quería sin cometer un asesinato.

Sí, sin cometer un asesinato, yo no tenía motivo alguno para matar a ese hombre. Ya estaba por abandonar el bosque, dejando a la mujer bañada en lágrimas, cuando ella se arrojó a mis brazos como una loca. Y la escuché decir, entrecortadamente, que ella deseaba mi muerte o la de su marido, que no podía soportar la vergüenza ante dos hombres vivos, que eso era peor que la muerte. Esto no era todo. Ella se uniría al que sobreviviera, agregó jadeando. En aquel momento, sentí el violento deseo de matar a ese hombre. (Una oscura emoción produjo en Tajomaru un escalofrío.)

Al escuchar lo que les cuento pueden creer que soy un hombre más cruel que ustedes. Pero ustedes no vieron la cara de esa mujer; no vieron, especialmente, el fuego que brillaba en sus ojos cuando me lo suplicó. Cuando nuestras miradas se cruzaron, sentí el deseo de que fuera mi mujer, aunque el cielo me fulminara. Y no fue, lo juro, a causa de la lascivia vil y licenciosa que ustedes pueden imaginar. Si en aquel momento decisivo yo me hubiera guiado sólo por el instinto, me habría alejado después de deshacerme de ella con un puntapié. Y no habría manchado mi espada con la sangre de ese hombre. Pero entonces, cuando miré a la mujer en la penumbra del bosque, decidí no abandonar el lugar sin haber matado a su marido.

Pero aunque había tomado esa decisión, yo no lo iba a matar indefenso. Desaté la cuerda y lo desafié. (Ustedes habrán encontrado esa cuerda al pie del abeto, yo olvidé llevármela.) Hecho una furia, el hombre desenvainó su espada y, sin decir palabra alguna, se precipitó sobre mí. No hay nada que contar, ya conocen el resultado. En el vigésimo tercer asalto mi espada le perforó el pecho. ¡En el vigésimo tercer asalto! Sentí admiración por él, nadie me había resistido más de veinte… (Sereno suspiro.)

Mientras el hombre se desangraba, me volví hacia la mujer, empuñando todavía el arma ensangrentada. ¡Había desaparecido! ¿Para qué lado había tomado? La busqué entre los abetos. El suelo cubierto de hojas secas de bambú no ofrecía rastros. Mi oído no percibió otro sonido que el de los estertores del hombre que agonizaba.

Tal vez al comenzar el combate la mujer había huido a través del bosque en busca de socorro. Ahora ustedes deben tener en cuenta que lo que estaba en juego era mi vida: apoderándome de las armas del muerto retomé el camino hacia la carretera. ¿Qué sucedió después? No vale la pena contarlo. Diré apenas que antes de entrar en la capital vendí la espada. Tarde o temprano sería colgado, siempre lo supe. Condénenme a morir. (Gesto de arrogancia.)

Confesión de una mujer que fue al templo de Kiyomizu

—Después de violarme, el hombre del kimono azul miró burlonamente a mi esposo, que estaba atado. ¡Oh, cuánto odio debió sentir mi esposo! Pero sus contorsiones no hacían más que clavar en su carne la cuerda que lo sujetaba. Instintivamente corrí, mejor dicho, quise correr hacia él. Pero el bandido no me dio tiempo, y arrojándome un puntapié me hizo caer. En ese instante, vi un extraño resplandor en los ojos de mi marido… un resplandor verdaderamente extraño… Cada vez que pienso en esa mirada, me estremezco. Imposibilitado de hablar, mi esposo expresaba por medio de sus ojos lo que sentía. Y eso que destellaba en sus ojos no era cólera ni tristeza. No era otra cosa que un frío desprecio hacia mí. Más anonadada por ese sentimiento que por el golpe del bandido, grité alguna cosa y caí desvanecida.

No sé cuánto tiempo transcurrió hasta que recuperé la conciencia El bandido había desaparecido y mi marido seguía atado al pie del abeto. Incorporándome penosamente sobre las hojas secas, miré a mi esposo: su expresión era la misma de antes: una mezcla de desprecio y de odio glacial. ¿Vergüenza? ¿Tristeza? ¿Furia? ¿Cómo calificar a lo que sentía en ese momento? Terminé de incorporarme, vacilante; me aproximé a mi marido y le dije:

—Takehiro, después de lo que he sufrido y en esta situación horrible en que me encuentro, ya no podré seguir contigo. ¡No me queda otra cosa que matarme aquí mismo! ¡Pero también exijo tu muerte! Has sido testigo de mi vergüenza! ¡No puedo permitir que me sobrevivas!

Se lo dije gritando. Pero él, inmóvil, seguía mirándome como antes, despectivamente. Conteniendo los latidos de mi corazón, busqué la espada de mi esposo. El bandido debió llevársela, porque no pude encontrarla entre la maleza. El arco y las flechas tampoco estaban. Por casualidad, encontré cerca mi puñal. Lo tomé, y levantándolo sobre Takehiro, repetí:

—Te pido tu vida. Yo te seguiré.

Entonces, por fin movió los labios. Las hojas secas de bambú que le llenaban la boca le impedían hacerse escuchar. Pero un movimiento de sus labios casi imperceptible me dio a entender lo que deseaba. Sin dejar de despreciarme, me estaba diciendo: «Mátame».

Semiconsciente, hundí el puñal en su pecho, a través de su kimono.

Y volví a caer desvanecida. Cuando desperté, miré a mi alrededor. Mi marido, siempre atado, estaba muerto desde hacía tiempo. Sobre su rostro lívido, los rayos del sol poniente, atravesando los bambúes que se entremezclaban con las ramas de los abetos, acariciaban su cadáver. Después… ¿qué me pasó? No tengo fuerzas para contarlo. No logré matarme. Apliqué el cuchillo contra mi garganta, me arrojé a una laguna en el valle… ¡Todo lo probé! Pero, puesto que sigo con vida, no tengo ningún motivo para jactarme. (Triste sonrisa.) Tal vez hasta la infinitamente misericorde Bosatsu abandonaría a una mujer como yo. Pero yo, una mujer que mató a su esposo, que fue violada por un bandido... qué podía hacer. Aunque yo... yo... (Estalla en sollozos.)

Lo que narró el espíritu por labios de una bruja

—El salteador, una vez logrado su fin, se sentó junto a mi mujer y trató de consolarla por todos los medios. Naturalmente, a mí me resultaba imposible decir nada; estaba atado al pie del abeto. Pero la miraba a ella significativamente, tratando de decirle: «No lo escuches, todo lo que dice es mentira». Eso es lo que yo quería hacerle comprender. Pero ella, sentada lánguidamente sobre las hojas muertas de bambú, miraba con fijeza sus rodillas. Daba la impresión de que prestaba oídos a lo que decía el bandido. Al menos, eso es lo que me parecía a mí. El bandido, por su parte, escogía las palabras con habilidad. Me sentí torturado y enceguecido por los celos. Él le decía: «Ahora que tu cuerpo fue mancillado tu marido no querrá saber nada de ti. ¿No quieres abandonarlo y ser mi esposa? Fue a causa del amor que me inspiraste que yo actué de esta manera». Y repetía una y otra vez semejantes argumentos. Ante tal discurso, mi mujer alzó la cabeza como extasiada. Yo mismo no la había visto nunca con expresión tan bella. ¡Y qué piensan ustedes que mi tan bella mujer respondió al ladrón delante de su marido maniatado! Le dijo: «Llévame donde quieras». (Aquí, un largo silencio.)

Pero la traición de mi mujer fue aún mayor. ¡Si no fuera por esto, yo no sufriría tanto en la negrura de esta noche! Cuando, tomada de la mano del bandolero, estaba a punto de abandonar el lugar, se dirigió hacia mí con el rostro pálido, y señalándome con el dedo a mí, que estaba atado al pie del árbol, dijo: «¡Mata a ese hombre! ¡Si queda vivo no podré vivir contigo!». Y gritó una y otra vez como una loca: «¡Mátalo! ¡Acaba con él!». Estas palabras, sonando a coro, me siguen persiguiendo en la eternidad. ¡Acaso pudo salir alguna vez de labios humanos una expresión de deseos tan horrible! ¡Escuchó o ha oído alguno palabras tan malignas! Palabras que... (Se interrumpe, riendo extrañamente.)

Al escucharlas hasta el bandido empalideció. «¡Acaba con este hombre!». Repitiendo esto, mi mujer se aferraba a su brazo. El bandido, mirándola fijamente, no le contestó. Y de inmediato la arrojó de una patada sobre las hojas secas. (Estalla otra vez en carcajadas.) Y mientras se cruzaba lentamente de brazos, el bandido me preguntó: «¿Qué quieres que haga? ¿Quieres que la mate o que la perdone? No tienes que hacer otra cosa que mover la cabeza. ¿Quieres que la mate?...»

Solamente por esa actitud, yo habría perdonado a ese hombre. (Silencio.)

Mientras yo vacilaba, mi esposa gritó y se escapó, internándose en el bosque. El hombre, sin perder un segundo, se lanzó tras ella, sin poder alcanzarla. Yo contemplaba inmóvil esa pesadilla. Cuando mi mujer se escapó, el bandido se apoderó de mis armas, y cortó la cuerda que me sujetaba en un solo punto. Y mientras desaparecía en el bosque, pude escuchar que murmuraba:

«Esta vez me toca a mí». Tras su desaparición, todo volvió a la calma. Pero no. «¿Alguien llora?», me pregunté. Mientras me liberaba, presté atención: eran mis propios sollozos los que había oído. (La voz calla, por tercera vez, haciendo una larga pausa.)

Por fin, bajo el abeto, liberé completamente mi cuerpo dolorido. Delante mío relucía el puñal que mi esposa había dejado caer. Asiéndolo, lo clavé de un golpe en mi pecho. Sentí un borbotón acre y tibio subir por mi garganta, pero nada me dolió. A medida que mi pecho se entumecía, el silencio se profundizaba. ¡Ah, ese silencio! Ni siquiera cantaba un pájaro en el cielo de aquel bosque. Sólo caía, a través de los bambúes y los abetos, un último rayo de sol que desaparecía... Luego ya no vi bambúes ni abetos. Tendido en tierra, fui envuelto por un denso silencio. En aquel momento, unos pasos furtivos se me acercaron. Traté de volver la cabeza, pero ya me envolvía una difusa oscuridad. Una mano invisible retiraba dulcemente el puñal de mi pecho. La sangre volvió a llenarme la boca. Ese fue el fin. Me hundí en la noche eterna para no regresar...

KESA Y MORITO

I

A medianoche, contemplando la luna, fuera del cerco que rodea su casa, Moritô, pensativo, va pisando las hojas muertas.

Monólogo de Moritô

Ya asomó la luna. Si hasta ahora esperé con impaciencia su salida, llegada esta noche su luz me llena de temor. Mi cuerpo tiembla al imaginar que en solo una noche pueda quedar destruido lo que fui hasta ahora, para convertirme en criminal desde mañana. ¡Imaginar el cuadro, cuando estas manos se tiñan con el rojo de la sangre! ¡Cómo habré de maldecirme cuando llegue ese momento! No sería tan grande mi sufrimiento si se tratara de un enemigo que odio; pero no guardo ningún rencor a quien debo matar esta noche.

Yo conozco a este hombre desde hace tiempo. Aunque su nombre, Wataru Saemon—no—Jo, solo lo supe ahora por este incidente, recuerdo haber conocido antes sus rasgos finos y su cutis blanco, casi impropios de un hombre. Es verdad que en ese momento tuve celos al saber que era el marido de Kesa, pero ya esos celos se han disipado sin dejar rastros en mi corazón. Por eso, aunque sea Wataru mi rival amoroso, no siento por él ni odio ni rencor. Más aún, podría decir que hasta siento compasión por él; cuando mi tía de Koromogawa me enteró de los esfuerzos y sacrificios que había realizado para conquistar a Kesa, llegué a tenerle verdadera simpatía. ¿Acaso no se dijo que por el deseo de casarse con ella se había iniciado en el difícil arte de las poesías waka?

Cuando imagino esos poemas de amor escritos por este hombre grave y prosaico, debo sonreír a pesar mío. Pero mi sonrisa no es ninguna burla. Me enternece el proceder de Wataru, que hasta de eso fue capaz para obtener el favor de una mujer. Hasta es posible que su pasión, que le lleva a esos extremos por conquistar a esa mujer que es mi amada, me produzca cierta satisfacción.

Pero ¿es que amo realmente tanto a Kesa para decir todo esto? Yo amaba a Kesa antes de que perteneciera a Wataru; o tal vez creía amarla. Aunque pensándolo ahora, veo que tras ese amor se ocultaban motivos inconfesables. ¿Qué buscaba yo en ella? Debo confesar que era la mujer cuyo cuerpo deseaba, siendo yo virgen por entonces. Si se me permitiese la exageración, diría que el amor que sentía por ella era un deseo carnal sentimentalmente embellecido. Porque, si bien durante los tres años siguientes a la separación no la olvidé, ¿habría pensado igualmente en ella en caso de haberla poseído? No puedo decir con certeza que no la haya olvidado. Después de separarnos había en mí añoranza, una gran parte de pesar por no haberla conocido íntimamente. Luego, obsesionado y torturado por ese oscuro sentimiento, inicié la presente relación, esa relación que siempre había temido y que tanto deseara. Y ahora me pregunto: "¿La amo de verdad?"

Pero antes de responder es preciso que recuerde, aunque me desagrade, todo lo sucedido hasta este momento.

Cuando me encontré casualmente con Kesa después de tres años —en ocasión de celebrarse la Consumación en Puente Watanabe—, durante medio año me valí de toda clase de ardides para poder encontrarme secretamente con ella. Finalmente tuve éxito, y no solo logré la entrevista sino que también pude poseer su cuerpo, tal como lo había soñado. Sobre esto debo aclarar que lo que me obsesionaba en ese momento no era, como dije antes, la frustración de mi primer deseo. Cuando me senté frente a ella en la habitación de la casa de Koromogawa, noté que mi pesar anterior había desaparecido. Seguramente el hecho de que en ese momento yo no fuera ya virgen había contribuido a disminuir mi deseo. Pero más que eso, la razón más poderosa estaba en que ella, físicamente, ya no era la de antes. Ciertamente, la Kesa de ahora no es la de tres años atrás. Su rostro ha perdido lozanía y una sombra negruzca circunda sus ojos. La excitante y deliciosa carne que había en sus mejillas y debajo del mentón, ha desaparecido como por encanto. Se podría aventurar que lo único que no ha cambiado en ella son sus luminosos ojos negros... Este cambio fue sin duda un rudo golpe para mi deseo; recuerdo que la fuerte impresión me obligó a desviar la mirada cuando me enfrenté con ella.

Y bien: ¿por qué entonces, tuve relaciones con esa mujer a la que no deseaba mayormente? Primero, sentí un extraño deseo de conquistarla. Cuando estuvimos frente a frente, ella comenzó a exagerar deliberadamente el amor que sentía por su marido. Yo únicamente entendía que lo que me contaba sonaba a falso y vacío. "Esta mujer conserva el orgullo por su marido, pensé, pero podría ser un síntoma de rebeldía, para no despertar mi compasión."

Entonces sentí que minuto a minuto un firme deseo de desmentir sus palabras se iba agitando dentro de mí. Naturalmente, si me preguntaran por qué creía que era falso, o si no había vanidad de mi parte en suponer que mentía, no encontraría el menor argumento para replicar. Lo cierto es que estuve completamente convencido de que mentía; y lo sigo creyendo.

No solamente me dominaba el ansia de conquistar a Kesa. Aparte de ese deseo —con solo decirlo me lleno de vergüenza— estaba poseído por un deseo puramente carnal. Sin embargo, el motivo no era la insatisfacción de antes. Era más bajo, un deseo sexual que no exigía que fuese ella quien tuviera que saciarlo. Quizá ni cuando el hombre que compra viera una prostituta sería tan obsceno como lo era yo en aquel momento. Como quiera que fuese, por todos estos motivos trabé íntima relación con Kesa; mejor dicho, la deshonré. Y volviendo ahora a la pregunta del principio, no considero indispensable saber si la amo. A veces, hasta la odio. Cuando "aquello" concluyó y por la fuerza atraje a mis brazos a esa mujer que lloraba, la encontré más infame que yo: los cabellos rizados y el empolvado rostro sudoroso, todo en ella revelaba la fealdad, tanto de su alma como de su cuerpo. Si realmente la había amado hasta ese momento, ese amor tuvo que desaparecer para siempre aquel día. O si no la había amado, puedo decir que ese día nació en mí un nuevo odio por ella. ¡Y hoy tengo que matar a un hombre que no odio a causa de una mujer que no amo! Pero esto no es culpa de nadie. Yo lo dije, impúdicamente, con mi propia boca: "Matemos a Wataru".

Pienso si no estaría loco cuando susurré estas palabras al oído de Kesa. Sin embargo lo hice, a pesar de no desearlo, resistiéndome íntimamente. Ahora, recapacitando, no comprendo por qué habría de querer transmitirle semejante deseo; aunque si forzara una explicación diría que cuanto más la aborrecía más grande era mi tentación de deshonrarla. Y nada era más indicado para ello que matar a Wataru, el esposo que Kesa se jactaba de amar, y hacer que aceptara mi proposición aun contra su voluntad.

Debió ser así como la convencí, como en una pesadilla, de que lo matásemos. Por si esto no fuera suficiente para justificar mi propósito, diría que una fuerza desconocida —tal vez la del diablo o del demonio— había anulado mi voluntad impulsándome a esta perversión. No obstante, susurré insistentemente al oído de Kesa esas mismas palabras.

Por fin ella alzó vivamente su rostro y me dijo, sin vacilar, que aceptaba mi determinación. Me decepcionó la facilidad con que me dio su respuesta; fue más: al mirarla, sorprendí en sus ojos un misterioso brillo que hasta entonces no le había conocido. "Adúltera" fue la impresión instantánea. Al mismo tiempo, me invadió una desazón que me hizo descubrir, repentinamente, todo el horror que encerraba mi intención de matar. No creo necesario agregar que junto a ello su repulsiva y sensual presencia de adúltera mortificaba obstinadamente mi conciencia. De ser posible, habría retirado mi promesa en el acto. Deseé vivamente degradar hasta el límite a aquella mujer. Así mi conciencia podría escudarse en mi indignación, aun cuando la hubiera ofendido deliberadamente. Pero me faltó valor para ello; confieso que cuando clavó en mí su mirada, mudando repentinamente de expresión… lo que me llevó a comprometerme en forma vergonzosa a matar a Wataru un día fijo, a determinada hora, fue el miedo a la posible venganza de Kesa en el supuesto caso de que yo me arrepintiera. Ahora mismo siento que me persigue tenazmente ese miedo. Quien quiera burlarse por creerme cobarde, que se burle. Yo he de decirle que no conoció a la Kesa de ese momento.

"Si no mato al marido, de algún modo provocará mi muerte, aunque no sea ella quien la ejecute. Siendo así, prefiero matar", me dije con desesperación ante aquellos ojos que lloraban sin lágrimas. ¿Acaso no pude confirmar mi temor cuando vi que, bajando la vista, sonreía poniendo un hoyuelo en su pálido rostro?

¡Ah! Por esa maldita promesa deberé sumar a mi más impura alma el peso de un crimen. Si consiguiera romper este pacto antes de que llegue la medianoche… Pero tampoco lo podría soportar. Ante todo, he dado mi palabra. Después… He dicho que temía la venganza de Kesa; es verdad. Pero hay todavía algo más. ¿Qué es? ¿Qué fuerza poderosa es ésta que empuja a un cobarde como yo a matar a un inocente? No lo sé, no lo sé… Sin embargo, no puede ser. Desprecio a esa mujer. La temo. La odio. Pero a pesar de todo, a pesar de todo eso, es posible que hoy mate, precisamente porque la amo.

Moritô, prosiguiendo su marcha, acalla el monólogo. Claro de luna. Se oye una voz que canta una balada.

Sin luz,
como las sombras,
las almas de los hombres
ardiendo en llamas de terrenales pasiones
desaparecen, para siempre,
de esta vida pasajera.

II

A medianoche, fuera del chodai, Kesa, con la manga del kimono entre los dientes, da la espalda a la lámpara que ilumina la habitación, pensativa.

Monólogo de Kesa

¿Vendrá? ¿No vendrá? Bien, no creo que haya cambiado de parecer; se va poniendo la luna y no oigo sus pasos. Si no viniera… Ah, tendría que vivir nuevamente, día tras día, como una mujer indigna. ¡Cómo atreverme a un proceder tan audaz y deshonesto! Seré como cualquier cadáver abandonado en el camino, puesto que deberé callar, como una muda, aunque muestre toda mi vergüenza por el ultraje padecido. De llegar a eso, no acabaría de morir ni después de muerta. No, no, él ha de venir, seguramente. Estoy convencida desde que observé sus ojos cuando nos despedimos la última vez. Él me teme. Me teme aunque me odia y me desprecia. Si realmente me tuviera fe, no dudaría. Pero confío en él. Confío en su egoísmo. Quiero decir, estoy segura del miedo abyecto que le inspira su propio egoísmo. Por eso puedo decir que vendrá esta noche, infaliblemente…

Pero ahora que no puedo creer más en mí, ¡qué miserable me siento! Hace tres años yo estaba segura, confiaba sobre todo en mi belleza. Quizá fuera más acertado decir "hasta aquel día", que "hace tres años". Ese día en casa de mi tía, cuando me encontré frente a él en la habitación, una sola mirada bastó para ver reflejada en su alma mi propia miseria.

Afectando inocencia, Moritô trataba de seducirme con palabras amables e insinuantes. Pero ¿qué consuelo cabe en el alma de una mujer que ha descubierto su propia corrupción? Me sentía mortificada, horrorizada y triste. Prefería la terrible angustia de aquella vez, en que siendo niña, vi un eclipse en brazos del aya. Todos mis ensueños se disiparon. Después, ciñó mi cuerpo una tristeza semejante a un amanecer después de la lluvia… Sentí el temblor de esa tristeza; y por fin entregué a aquel hombre este cuerpo, este cuerpo hecho cadáver. A ese hombre que no amo, que me odia y es un mujeriego. ¿No habré podido sobreponerme a la angustia que sentí cuando comprendí mi propia pobreza? ¿Acaso habré querido disimular todo con aquel fugaz instante, cálido y delicioso, en que me entregué ocultando mi cara en su pecho? ¿O es que como él, actué únicamente por instinto, con ese oscuro impulso del deseo? De solo pensarlo me siento morir de vergüenza, ¡de vergüenza, de vergüenza!

Aunque luchaba por no llorar de ira y de tristeza, las lágrimas me brotaban sin cesar. Pero no por el solo hecho de que me hubiese violado. Era la angustia y el dolor de ser violada y a la vez humillada, como un perro leproso al que no solo desprecian sino que maltratan.

Pero ¿qué fue lo que hice "después"? Guardo un vago recuerdo, como si todo eso perteneciera a un pasado ya lejano. Recuerdo el instante en que, llorando todavía, sentí en mi oreja el roce de sus bigotes y oí en un susurro su voz cálida diciendo: "¡Matemos a Wataru!"

Al escucharlo, no sé bien por qué me sentí extrañamente aliviada. ¿Aliviada? Si pudiera usar la metáfora de que la luz de luna es luminosa, tal vez lo que sentí en ese momento fue, sí, una especie de alivio, aunque ese alivio fuera el claro de luna y no la claridad del sol. Pensándolo bien, ¿no podría ser que esa terrible frase de Moritô hubiese logrado consolarme en cierto modo? ¡Ah! ¿Es posible que yo, la mujer, se complazca en ser amada por un hombre aun al precio de matar a su propio marido?

Seguí llorando con ese sentimiento del claro de luna, triste y aliviada a la vez. ¿Después… después?… ¿Cuándo habré aceptado el plan para ultimar a Wataru con su complicidad? A decir verdad, en el mismo momento de aceptarlo fue cuando recordé a mi marido. Sinceramente, era la primera vez que pensaba en él. Hasta ese momento solo había pensado intensamente en mí, solamente en mí, que había sido injuriada de ese modo. Pero en aquel instante pensé en mi esposo, en mi tímido esposo… No, no pensé en él, sino que lo "recordé" con tanta nitidez como si lo hubiese tenido delante de mis ojos; con su cara sonriente, como cuando quiere decirme algo. ¿Es posible que haya sido precisamente cuando decidí ejecutar "mi" plan, el momento en que recordé el rostro sonriente de mi marido? En ese mismo instante me decidí a morir, y hasta me sentí feliz de haber tomado esa resolución. Pero cuando dejé de llorar y lo miré otra vez, y de nuevo vi reflejada en él mi propia miseria, sentí que toda mi alegría se esfumaba. Entonces —vuelvo a recordar la angustia de cuando vi el eclipse con mi aya— fue como si de pronto desapareciera todo lo que de maldito y misterioso encerraba aquella alegría. ¿Significa que amo a mi marido el solo hecho de haberme decidido a morir por él? No, no puede ser… obedezco únicamente al propósito de rehabilitarme, con el pretexto de sacrificarme por mi marido… Yo, que carezco de valor para suicidarme… con un corazón mezquino que teme la malicia de los otros. Pero eso podría serme perdonado. Puesto que hay algo más; fui aún más miserable, más ruin. ¿Acaso no quería vengarme del desprecio de aquel hombre y de su bajeza con el pretexto de esta abnegación final? Como corroborándolo, cuando vi el rostro de ese hombre, la extraña sensación —lúcida como la luz de la luna— se desvaneció, y al instante la congoja heló mi corazón. Yo no muero por mi marido. Yo me propongo morir para mí misma. Estoy dispuesta a ello para vengar la humillación y el rencor que conservo de la infamia. ¡Ay! ni merezco seguir en esta vida, ni soy digna de morir.

Pero, después de todo, nadie sabe cuánto mejor es morir esta muerte que seguir viviendo. Aun en mi angustia, repetidas veces le aseguré, sonriendo, que cumpliría la promesa de matar a mi marido. Y él, que es bastante sensible, habrá imaginado a través de esas palabras de lo que sería capaz si él dejara de hacerlo. Esto significa que habiendo empeñado su palabra, es imposible que esta noche deje de venir… ¿Será el rumor del viento…? Al pensar que la angustia y el sufrimiento que me tortura desde aquel día pueden desaparecer hoy mismo, siento que mis nervios descansan. El sol de mañana bañará fríamente mi cuerpo sin cabeza. Cuando mi marido me descubra… No, no pensaré en él. Wataru me ama. Pero yo no tengo fuerzas para hacer algo por su amor.

Hace tiempo que solo puedo amar a un hombre. Ese hombre es, justamente, el que vendrá esta noche para matarme.

Hasta la débil llama de esta lámpara resulta luminosa para mí, maltratada como he sido por el hombre que amo…

Kesa apaga la luz. Un momento después, se oye un ruido leve al abrirse la puerta del jardín. La luna irradia una suave claridad.

LA FIESTA DE BAILE

Esto fue en la noche del día tres de noviembre del año 19 de Meiji. Akiko, hija de la familia XX, de 17 años de edad, subía en compañía de su padre, hombre calvo, la escalera de la Casa Rokumei, donde se celebraba la fiesta de baile. Alumbradas por la fuerte luz de la lámpara, las grandes flores de crisantemo, que parecían artificiales, formaban una barrera de tres hileras en ambos lados de los pasamanos; los pétalos se revolvían en desorden como hojas flotantes en cada una de las tres filas, de color rosado en la última, de amarillo intenso en la del medio y de blanco puro en la más cercana. Al cabo de la barrera de crisantemos la escalera desembocaba en la sala de baile, de donde ya desbordaba sin cesar la música alegre de la orquesta, como un suspiro de felicidad incontenible.

A Akiko ya le habían inculcado el idioma francés y el baile occidental, pero era la primera vez que asistía a una ceremonia formal. Estaba tan nerviosa y distraída que apenas le contestaba a su padre, que le hablaba de cuando en cuando mientras viajaban en un coche tirado por caballos; se sentía carcomida desde el interior por una extraña sensación inestable, que se podría llamar inquietud placentera. Desde la ventana alzó con insistencia la mirada nerviosa para contemplar la ciudad de Tokio iluminada por escasos faroles que dejaban atrás a medida que avanzaba el coche, hasta estacionarse al fin delante de la Casa Rokumei.

Una vez adentro, Akiko se topó con un incidente que la hizo olvidar la inquietud; justo a la mitad de la escalera, el padre y la hija alcanzaron al diplomático chino, que les aventajaba algunos peldaños. Ladeando su cuerpo obeso para dejarles paso, el caballero le lanzó una mirada de admiración a Akiko. El vestido fresco color rosa, la cintilla celeste que colgaba con elegancia del cuello, una sola rosa que despedía una fragancia desde el cabello negro oscuro: la figura de la mujer japonesa, recién tocada por la cultura occidental, se destacaba esa noche con una belleza impecable que dejó abrumado al diplomático chino de coleta larga. En seguida, vinieron bajando con prisa dos japoneses vestidos de frac, que, al cruzarse con ellos, se volvieron casi por instinto para lanzar una mirada rápida de la misma admiración hacia la espalda de Akiko. Los dos señores se ajustaron la corbata blanca de una manera automática, sin explicarse por qué lo hacían, y siguieron su marcha apresurada hacia el vestíbulo entre los crisantemos.

Cuando el padre y la hija terminaron de subir la escalera hasta el segundo piso, se encontraron a la entrada de la sala de baile con un conde de barba canosa, anfitrión de la fiesta, que, exhibiendo condecoraciones en su pecho, recibía generoso a los invitados, junto con la condesa, algo mayor que él, vestida con esmero al estilo Louis XV. A Akiko no le pasó desapercibido, hasta que el conde reveló un asombro inocente que cruzó en un instante fugaz por su cara astuta sin dejar rastro. Mientras el padre, siempre amistoso, presentó su hija al conde y a la condesa de manera escueta, con una sonrisa alegre. Ella se tranquilizó lo suficiente como para detectar lo vulgar que era el rostro de la condesa altanera.

En la sala de baile también florecían a sus anchas los crisantemos hasta llenar los rincones más recónditos. El espacio estaba repleto de encajes, flores y abanicos de marfil que se removían en medio del perfume como una ola silenciosa al compás de las damas en espera de su pareja. Pronto, Akiko se separó de su padre y se mezcló con un grupo de damas elegantes. La mayoría eran muchachas de su misma edad, envueltas en vestidos semejantes color celeste o rosa. Al fijarse en Akiko, las damas empezaron a cuchichear como pajaritos y elogiaron al unísono la belleza sobresaliente que dominaba la noche.

Apenas integrada al grupo, apareció sigiloso de algún escondrijo un francés desconocido, oficial de la marina, que se le acercó haciendo una venia de cortesía a la japonesa con los brazos caídos. Akiko sintió que le subía un rubor tenue por las mejillas. Sin necesidad de preguntar para qué la invitaba el hombre con esa venia formal, ella se volvió hacia la dama del vestido celeste que se sentaba a su lado, para ver si podía dejar en sus manos el abanico que llevaba consigo. De manera inesperada, el oficial francés, con un asomo de sonrisa en las mejillas, le dijo sin ambages en japonés, marcado por un acento peculiar:

—¿Quiere bailar conmigo?

En seguida Akiko bailó el vals El bello Danubio azul con el oficial francés, que mostraba el rostro en relieve con los cachetes bronceados y el bigote tupido. Tan baja de estatura, ella apenas alcanzaba los hombros de su pareja con la mano calada por un guante largo, pero el hombre tan experimentado la condujo con destreza y se deslizaron juntos con agilidad en medio del gentío. El oficial le susurraba en francés una que otra palabra de galantería en momentos de distensión.

Akiko apenas contestaba con una sonrisa tímida al cariño del hombre mientras recorría la sala con su mirada; bajo el telón de seda morada con una inscripción teñida del blasón de la familia imperial y la bandera nacional de China, con los dragones serpenteando con garras hacia arriba, se veían floreros rebosados de crisantemos, algunos de color plata alegre y otros de oro solemne, que flameaban entre los bailarines movedizos. Agitadas por el viento melodioso, que la resplandeciente orquesta alemana emitía sin cesar, como cuando se destapa una botella de champaña. Las ondas humanas no dejaron de realizar ni un instante sus movimientos vertiginosos. Cuando la mirada de Akiko cruzó con la de una amiga suya, que también bailaba con un caballero, las dos cambiaron un cabeceo jubiloso de mutuo reconocimiento entre los pasos acelerados. Al siguiente segundo, ya aparecía otro bailarín ante los ojos de Akiko, vaya a saber de dónde, como una gran mariposa alborotada.

Durante todo este tiempo, Akiko estaba consciente de que los ojos del oficial se fijaban en cada uno de sus movimientos, evidenciando el gran interés que mantenía el extranjero, ajeno por completo a los hábitos japoneses, en la forma jovial de bailar de su pareja. ¿Una dama tan hermosa también viviría como una muñeca en casa de papel y bambú? ¿Comería con los delgados palitos de metal los granos de arroz servidos en una taza con dibujo de flores azules, tan pequeña como la palma de su mano? —Estas preguntas parecían dar vueltas en las pupilas del francés al son de su sonrisa afectuosa, lo cual le produjo a Akiko gracia y orgullo al mismo tiempo. Sus finos zapatos de baile color rosa se deslizaron con más presteza sobre el piso, cada vez que la mirada curiosa del francés bajaba hacia los pies.

Al cabo de algunos minutos, el oficial pareció darse cuenta de que su pareja estaba cansada y le preguntó benévolo, escudriñando el rostro felino de la japonesa.

—¿Quiere seguir bailando?

—Non, merci —resollando, Akiko le contestó con franqueza.

Entonces el oficial francés, todavía marcando los pasos con el ritmo de vals, la condujo con donaire entre las olas de encajes y flores que se movían a diestra y siniestra, hasta depositarla al lado de un florero de crisantemos, pegado a la pared. Después de hacer la última pirueta, la sentó en una silla con la misma elegancia, irguiendo el busto de su uniforme para hacer otra venia servicial al estilo japonés.

Más tarde, Akiko bailó de nuevo una polka, y luego una mazurka con el mismo oficial francés, que después la llevó del brazo escalera abajo entre las tres hileras de crisantemos, blanco, amarillo y rosa, hacia el salón amplio de la planta baja.

En medio de las incesantes idas y vueltas de fracs y camisas blancas, se veían mesas que exhibían platos de plata y cristal, unos con una montaña de carne y setas, otros con torres de bocadillos y helados, y los demás con conos de higos y granadillas. En una pared que no alcanzaban a cubrir los crisantemos, se instalaba un enrejado hermoso de oro, al cual se enrollaba una zarcilla de uvas artificiales. De ahí colgaban como colmenas varios racimos que ostentaban el color violeta al fondo de las hojas verdes. Akiko distinguió a su padre calvo, que fumaba un puro, conversando con otro señor de la misma edad, justo delante del enrejado. Su padre le asintió satisfecho con un cabeceo al reconocerla, pero en seguida le dio la espalda para seguir conversando con su acompañante sin dejar de echar bocanadas de humo.

El oficial francés y Akiko arribaron a una mesa y probaron juntos unas cucharadas de helado. Mientras tanto, Akiko se daba cuenta de que los ojos de su pareja se detenían de cuando en cuando sobre sus manos, su cabello y su cuello tocado por una cintilla celeste. La mirada del francés estaba lejos de desagradarla, pero hubo momentos en que le despertaba la chispa de la sospecha femenina. Akiko aprovechó el momento en que pasaron al lado dos muchachas extranjeras, quizás alemanas, con una flor roja de camelia sobre los pechos cubiertos de terciopelo, para emitir una frase de admiración a manera de sondeo:

—Qué hermosas son las mujeres occidentales.

Al escucharlo, el oficial manifestó, con cara extrañamente seria, su desaprobación con movimientos de cabeza.

—Las mujeres japonesas también son bonitas. Usted, en particular…

—No es cierto.

—Se lo digo en serio. Podrá asistir tal como está a una fiesta de baile en París y de seguro dejará maravillado al público. Usted parece la princesa dibujada por Watteau.

Akiko no sabía quién era tal Watteau. Los pasados ilusorios —manantial en un bosque oscuro, rosas marchitas—, evocados por las palabras del oficial, se esfumaron al instante sin dejar huellas ante la ignorancia de la muchacha japonesa. Sin embargo, Akiko, siempre muy intuitiva, recobró la calma acudiendo al último recurso, mientras removía el helado con una cuchara:

—Me gustaría asistir a una fiesta de baile en París.

—Pero si es idéntica a ésta —dijo el oficial, observando las olas humanas y las flores de crisantemo que los rodeaban junto a la mesa. De repente se le cruzó un rayo de sonrisa irónica en las pupilas y agregó como en un monólogo, deteniendo el movimiento de la cuchara—: Sea en París o donde sea, la fiesta de baile siempre es la misma.

Una hora después, Akiko y el oficial francés, todavía tomados de brazo, permanecían contemplando el cielo estrellado desde el balcón adjunto a la sala de baile, donde descansaban algunos japoneses y extranjeros.

Al otro lado del parapeto estaba el jardín sembrado en toda su extensión por las coníferas que traslucían bajo las ramas enrevesadas las lámparas redondas con luces difusas. Debajo de la capa del aire frío, la superficie de la tierra parecía irradiar un olor a musgo y hojas secas, como un triste suspiro del otoño tardío. En la sala de baile, las olas de encajes y flores proseguían sus vaivenes incesantes bajo el telón de seda morada con el blasón de la familia imperial. Y el torbellino producido por la orquesta aguda seguía mandando palizas inclementes a la masa humana.

El aire nocturno se sacudía sin cesar con cuchicheos y risas alegres sobre el balcón. Y casi se producía un revuelo entre los concurrentes cuando lanzaban una hermosa flor de fuego encima del bosque oscuro de coníferas. Mezclada en un grupo, Akiko sostenía de pie una conversación relajada con damas conocidas, pero pronto se dio cuenta de que el oficial francés, todavía tomado de su brazo, clavaba su mirada silenciosa en el cielo estrellado que se extendía sobre el jardín. Sospechando vagamente que se sentía nostálgico, Akiko alzó los ojos para observar el rostro del francés y le preguntó en un tono medio indulgente:

—Piensa en su país, ¿no es cierto?

Con los ojos aún sonrientes, el oficial se volvió hacia Akiko y le negó con un movimiento pueril de cabeza, en lugar de responderle con un "non".

—Pero está muy pensativo.

—Adivine qué pienso.

En ese mismo instante hubo otro revuelo como un remolino entre la gente conglomerada en el balcón. Akiko y el oficial se quedaron mudos como si se tratara de de un acuerdo mutuo, y dirigieron sus miradas hacia la bóveda celeste que avasallaba el bosque de coníferas. Una flor de fuego, configurada por trozos azules y rojos, se desvanecía rascando la oscuridad con sus tenazas. La imagen fugaz resultó tan bella que Akiko sintió una tristeza inexplicable.

—Pensaba en la flor de fuego, que se asemeja tanto a la vie humana —dijo el oficial francés en un tono aleccionador, bajando los ojos tiernos a la cara de Akiko.

En otoño del año siete de Taisho, Akiko de antaño, actual señora H, se encontró por casualidad con un joven novelista, a quien había conocido en alguna otra ocasión, cuando viajaba en tren con rumbo a su quinta de Kamakura. El joven guardó sobre la parrilla el ramo de crisantemos que llevaba de regalo para sus amigos de Kamakura. Al ver las flores, la actual señora H se acordó de la anécdota inolvidable y le habló en detalle del baile celebrado hacía muchos años en la Casa Rokumei. El joven se interesó por esa forma peculiar de refrescar la memoria.

Cuando la señora terminó de relatar la historia, el joven le preguntó sin ninguna intención particular:

—¿No recuerda cómo se llamaba el oficial francés?

La respuesta de la señora fue inesperada:

—Claro que sí. Se llamaba Julien Viaud.

—Ah, fue Loti. Pierre Loti, autor de La señora Crisantemo.

El joven se emocionó de alegría, pero la vieja señora H, extrañada, solo le repitió en susurros insistentes:

—No, no se llamaba Loti. Era Julien Viaud, estoy segura.

LA MANDARINA

Fue un día nublado de invierno. Yo esperaba distraído el silbato de partida, arrinconado en un asiento de segunda clase de la línea Yokosuka con rumbo a Tokio. Extrañamente, no había ningún otro pasajero dentro del vagón, que ya se había iluminado con luz eléctrica desde hacía mucho tiempo. Más extraño todavía, pude confirmar, con un vistazo al exterior, que en la plataforma tampoco había una sombra de gente que viniera a despedirse, y solo distinguí a cierta distancia un perrito enjaulado que ladraba de cuando en cuando de tristeza. Era un paisaje que se sintonizaba, como una obra de magia, con mi estado emocional; un cansancio y hastío inexpresable se anclaba con todo su peso como una nube oscura que anuncia la inminente caída de la nieve. Yo permanecía inmóvil con las dos manos en los bolsillos de la gabardina, sin ánimo para sacar el periódico vespertino que tenía guardado en uno de ellos.

Pronto sonó el silbato. Sintiendo un alivio con la cabeza recargada contra el marco de la ventana, me preparé sin emoción alguna a contemplar el retroceso de la plataforma que iba a dejar atrás según la marcha del tren. Antes, sin embargo, se escucharon unas pisadas estrepitosas que se acercaban a la portilla, y en seguida se abrió con brusquedad la puerta de mi vagón de segunda clase para permitir la entrada precipitosa de una muchachilla de trece o catorce años, acompañada por los insultos del conductor. Casi simultáneamente, el tren comenzó a moverse con una fuerte sacudida. Las columnas pasaban ante la vista una tras otra, el vagón portador de agua permanecía en otra vía como abandonado, el cargador de maletas le agradecía la propina a algún pasajero —todo esto se quedó a mis espaldas, no sin cierto rencor, envuelto en el humo polvoso que golpeaba la ventana. Con la serenidad recobrada, encendí un tabaco mientras abría al fin los párpados aletargados para observar de una ojeada a la muchachilla, ahora sentada frente a mí.

Se trataba de una típica provinciana con el cabello sin brillo, peinado en forma de hoja de ginkgo, y exhibía una cicatriz horizontal en las mejillas, raspadas por la sequedad, que se sonrojaban en exceso, a punto de repugnar. Tenía un pañuelo grande envuelto sobre las rodillas, de las cuales colgaba sin peso una bufanda de lana color amarillo rojizo. Entre las manos hinchadas con sabañones que sostenían el pañuelo envuelto, se veía un billete rojo, el pasaje de tercera clase, empuñado con fuerza. No me gustó el rostro vulgar de la muchachilla y me desagradó su vestimenta sucia, además de la irritación que me originó su insensatez de ocupar un asiento de segunda con el pasaje de tercera. Con el tabaco encendido, decidí sin ganas extender el periódico sobre las piernas para olvidarme de su presencia. De inmediato, el rayo solar que caía sobre los artículos se esfumó de repente para ceder el sitio a la luz eléctrica, que resaltó en un extraño relieve las letras mal impresas de algunas columnas ante mis ojos. El tren atravesaba el primero de los tantos túneles que interceptaban la línea Yokosuka.

Un recorrido fugaz bajo la luz artificial fue suficiente para darme cuenta de que había demasiados sucesos banales en el mundo para aligerar mi mente deprimida. El tratado de paz, nuevos matrimonios, casos de corrupción, artículos necrológicos —pasé una revista maquinal de todas esas columnas desérticas mientras se me alteró momentáneamente el sentido de orientación al avanzar por el túnel. Durante todo este tiempo, nunca pude borrar de mi conciencia a la muchachilla que se sentaba al frente como si encarnara la sociedad vulgar. El tren que se desplazaba en la penumbra, la muchachilla provinciana y el periódico vespertino, repleto de noticias ordinarias — esta triple alianza no era sino un símbolo para mí: símbolo que representaba lo tedioso de la vida humana. Harto de todo, dejé al lado el periódico que iba a leer, y cerré los ojos como un muerto para tratar de conciliar el sueño con la cabeza recargada de nuevo contra el marco de la ventana.

Así pasaron algunos minutos. Sintiéndome amenazado por algo desconocido, recorrí con la mirada al rededor y me di cuenta de que la muchachilla, que se había pasado con celeridad al asiento ubicado a mi lado, forcejeaba con la ventana para abrirla. El vidrio era tan pesado que apenas lograba mover el marco. Con las mejillas cuarteadas, aún más sonrojadas, la muchachilla resollaba sin voz, haciendo sonar la nariz de cuando en cuando. Mientras escuchaba su respiración agitada, no pude evitar cierta conmoción ante la escena, pero no entendí por qué a la muchachilla se le ocurrió forzar la ventana cerrada. Era obvio, al juzgar por la cercanía de las laderas cubiertas por las matas marchitas que reverberaban bajo la luz crepuscular, el tren no demoraría en entrar de nuevo al túnel. Convencido de que la muchachilla lo hacía solo por capricho, guardé sentimientos sañudos en mi interior y permanecí impasible, casi con un secreto deseo de frustrar su intento, observando esas manos con sabañones que se desesperaban por bajar la ventana. Pronto el tren entró al túnel con un clamor estruendoso y, al mismo tiempo, la ventana al fin bajó cediendo ante la fuerza de la muchachilla. Del marco rectangular irrumpió un aire negro, cargado de hollín, que no tardó en invadir todo el vagón con humo asfixiante. Delicado de la garganta desde antes, tuve un terrible ataque de tos ante la afluencia polvosa que me acometió en el rostro, sin tener tiempo siquiera para taparme la boca con el pañuelo. Sin un asomo de preocupación por mí, la muchachilla sacó la cabeza de la ventana y dirigió su mirada hacia adelante con el cabello peinado en forma de ginkgo ondulando en el aire oscuro. Si no llegué a regañarla sin piedad para forzarla a cerrar la ventana en el mismo instante en que la enfoqué bajo la lámpara ensuciada por el hollín, controlando a duras penas la tos, fue porque se filtró, con el cambio repentino de luz que iluminó el paisaje exterior, el aire fresco con olor a tierra, matas y agua.

Ahora, el tren, que ya había dejado atrás el túnel, iba pasando por un crucero de arrabal, situado entre una colina y unas pilas de heno. Ahí cerca se apretujaban en desorden casas miserables con techos de tejas y pajas, y una bandera flameaba lánguida con reflejo del atardecer, quizá siguiendo el movimiento acompasado del guardabarreras. Apenas sentí el alivio de haber sobrepasado el túnel, distinguí, al otro lado de la barrera tétrica, tres niños con mejillas sonrojadas, alineados en una fila apretada. Todos eran bajos de estatura, como si se hubieran encogido bajo el cielo nublado, y vestían de manera sombría, casi como el paisaje de ese barrio anonadado. Con las miradas alzadas para observar la marcha del tren, los niños levantaron las manos al unísono y gritaron palabras incoherentes a voz en cuello, mostrando sus campanillas inocentes.

En ese mismo instante, la muchachilla, que había permanecido con la cabeza fuera de la ventana, extendió de pronto los brazos para sacudirlos con brío a diestra y siniestra, y lanzó una media docena de mandarinas, que resplandecieron en el aire con calidez del sol primaveral, como para levantar el ánimo, antes de caer una tras otra encima de los niños alborotados. Me quedé sin respiración y comprendí todo de inmediato; la muchachilla, que iba a trabajar de sirvienta doméstica en alguna casa lejana, agradeció la despedida ardorosa de sus hermanos al lanzarles unas cuantas mandarinas que había guardado en su seno.

El crucero de arrabal, teñido por el crepúsculo, los tres niños que lanzaron alaridos de pájaro, y el color fresco de las mandarinas que revolotearon sobre sus cabezas —esta escena se disipó en un abrir y cerrar de ojos tras la ventana del tren, pero se quedó grabada en mi mente con una nitidez elegiaca. Y sentí surgir desde el fondo de mi alma un júbilo misterioso, nunca antes experimentado. Irguiendo la cabeza con resolución, escudriñé el rostro de la muchachilla como si fuera otra persona. Sentada de nuevo al frente, la niña seguía asiendo el billete de su pasaje de tercera clase en su puño cerrado, con las mismas mejillas raspadas, sumergidas en la bufanda de lana color amarillo rojizo…

En ese momento, logré olvidarme, aunque fuera de manera efímera, tanto de mi fatiga y hastío como de esta vida incomprensible, vulgar y tediosa, por primera vez en muchos años.

LOS ENGRANAJES

I. Impermeable

Desde un balneario veraniego situado a cierta distancia, cargando con mi maleta, tomé un auto hasta la estación de la línea Tokaido, en camino hacia la fiesta de bodas de un conocido. A cada lado del camino que recorría el auto había casi solamente pinos. Era dudoso que llegara a tiempo para alcanzar el tren que iba a Tokio. En el auto iba conmigo un peluquero. Era tan regordete como un durazno y lucía una barba corta. Como estaba preocupado por la hora, hablé con él de manera intermitente.

—Es raro. He oído que la casa de Fulano está embrujada incluso durante el día.

—Incluso durante el día.

Mirando por la ventanilla las distantes colinas de pinos bañadas por el sol de la tarde, procuré satisfacerlo con respuestas ocasionales.

—Pero no con buen tiempo, sin embargo. Me dijeron que el fantasma aparece casi siempre en días lluviosos.

—Me sorprende que solo aparezca para mojarse los días de lluvia.

—¡No es broma, se lo aseguro!… Y dicen que el fantasma se presenta con un impermeable.

Con un bocinazo, el auto se detuvo en la estación. Me despedí del peluquero y entré. Como había imaginado, el tren había partido hacía apenas unos minutos. En un banco de la sala de espera, un hombre de impermeable miraba hacia el exterior con expresión ausente. Recordé la historia que acababa de escuchar. Pero la descarté, esbozando una leve sonrisa, y decidí ir a un café situado frente a la estación para esperar el próximo tren.

Era un café que apenas si merecía ese nombre. Me senté a una mesa del rincón y ordené una taza de cocoa. El hule encerado que cubría la mesa era una cuadrícula de delgadas líneas azules sobre fondo blanco. Pero en los bordes estaba deshilachado y sucio. Bebí la cocoa, que olía a sustancia animal, y observé a mi alrededor el café vacío. En la pared sucia había muchas tiras de papel pegadas, con el menú: "un bol de arroz con pollo y huevo", "chuletas", etcétera.

"Huevos frescos. Chuletas."

Las tiras de papel me hicieron advertir que me encontraba en el campo que rodeaba a la línea Tokaido. Aquí las locomotoras eléctricas pasaban en medio de sembradíos de coles y de trigo…

Casi atardecía cuando abordé el tren siguiente. Usualmente viajaba en segunda, pero decidí que sería más simple ir en tercera.

El tren estaba bastante atestado. Frente a mí y detrás había niñas de la escuela primaria que regresaban de una excursión a Oiso o algún sitio por el estilo. Mientras encendía un cigarrillo miré con detenimiento al grupo de estudiantes. Estaban de ánimo alegre. Y no paraban de parlotear, dirigiéndose a todos los pasajeros.

—Eh, señor Cameraman, ¿cómo es una escena de amor?

"El señor Cameraman", sentado frente a mí, que parecía participar de la excursión, logró eludir el tema. Pero una muchacha de catorce o quince años siguió disparándole una pregunta tras otra. Al advertir que tenía la nariz congestionada no pude evitar una sonrisa. Después había una niña de doce o trece años sentada en el regazo de una joven maestra; con una mano le rodeaba el cuello y con la otra le acariciaba la mejilla. Mientras charlaba con alguien se volvió hacia la maestra para decirle:

—Usted es bella, maestra. Tiene bonitos ojos, ¿sabe?

Me parecieron más adultas que niñas. Es decir, salvo porque mascaban cáscaras de manzanas y desenvolvían un caramelo tras otro… Pero una, que tenía aspecto de contarse entre las mayores, debe de haber pisado inadvertidamente el pie de un pasajero al pasar, y dijo, próxima a mí:

—Lo lamento muchísimo.

Solo ella, más precoz que las demás, parecía más joven. Con el cigarrillo en la boca, no pude evitar sentirme ridículo por haber hallado alguna contradicción en eso.

El tren, con todas las luces encendidas, llegó finalmente a una estación de cierto suburbio sin que yo lo advirtiera. Me apeé y me encontré en el andén donde soplaba un viento frío, después crucé por un paso elevado y decidí esperar el tren local. Entonces vi al señor T., un hombre de empresa. Hablamos sobre la depresión, etc., mientras esperábamos. Naturalmente, el señor T. estaba mucho más familiarizado que yo con esa clase de problemas. Pero lucía un anillo con una turquesa que no tenía nada que ver con la depresión.

—Veo que tiene un tesoro allí.

—¿Esto? Tuve que comprárselo a un amigo que había estado trabajando en Harbin. Ahora las cosas se pusieron duras para él. Ya no está en la cooperativa.

Afortunadamente nuestro tren no iba muy lleno. Nos sentamos juntos y hablamos de diversos temas. El señor T. acababa de volver esa primavera de la oficina de su empresa en París. Así que hubo cierta tendencia a hablar de París. Historias sobre madame Caillaux, platos de cangrejo, el viaje al exterior de cierto príncipe…

—En Francia las cosas no están tan mal como creemos. Los franceses por naturaleza no son dados a pagar sus impuestos, y eso suele desembocar en despidos en el gabinete…

—Pero el franco ha caído en picada.

—Eso dicen los diarios. Pero cuando uno está en Francia se da cuenta de que consideran a Japón un país de inundaciones y terremotos, que son otras fuentes de problemas.

Justo en ese momento un hombre con impermeable ocupó el asiento frente a nosotros. Empecé a sentirme un poco raro y estuve a punto de contarle al señor T. la historia de fantasmas que me habían relatado unas horas antes. Pero él, inclinando la empuñadura de su bastón hacia la izquierda, y sin mover la cabeza, susurró:

—¿Ve ese mujer de allá? La del chal gris…

—¿La del peinado occidental?

—Sí, la que lleva el furoshiki bajo el brazo. Estaba en Karuizawa este verano. Muy emperifollada al estilo occidental.

Ahora se la veía bastante estropeada. Le eché un vistazo mientras hablaba con el señor T. En su rostro ceñudo había algo un poco demencial. Y de su furoshiki asomaba una esponja que parecía un leopardo.

—En Karuizawa lo pasaba en grande bailando con un joven norteamericano. Lo que se podría llamar muy moderna…

Para el momento en que T. y yo nos despedimos, el hombre de impermeable había desaparecido sin que yo me diera cuenta. Desde la estación, aún cargando la maleta, fui caminando hasta un hotel. La calle estaba flanqueada por enormes edificios. Mientras caminaba de pronto pensé en bosques de pinos. Y también había algo extraño en mi campo visual. ¿Algo extraño? Había engranajes semitransparentes que giraban sin cesar. Ya había tenido experiencias similares. Los engranajes crecieron hasta bloquear cualquier otra visión, pero solo durante un momento, y después desaparecieron y se instaló una terrible jaqueca…

era siempre lo mismo. El oculista al que consulté por esa cegadora visión me había dicho muchas veces que fumara menos. Pero yo había empezado a ver los engranajes antes de los veinte años, cuando todavía no había empezado a fumar. Sintiendo que la cosa empezaba nuevamente, probé el ojo izquierdo tapándome el derecho. El ojo izquierdo estaba bien, como había previsto. Pero detrás del ojo derecho, cerrado, seguían girando innumerables engranajes. Al tener obstruida la visión de los edificios de la derecha, continué mi camino con dificultad.

Cuando llegué a la entrada del hotel los engranajes habían desaparecido. Pero no el dolor de cabeza. Dejé en el guardarropa el abrigo y el sombrero y reservé una habitación. Después telefoneé al editor de una revista y discutí temas de dinero.

La cena de la fiesta de bodas parecía haber empezado. Me senté en el extremo de una mesa y empecé a comer, provisto de cuchillo y tenedor. El novio y la novia y alrededor de cincuenta comensales más, sentados a la mesa principal en forma de U, parecían muy alegres. Pero yo empecé a sentirme más y más deprimido bajo las brillantes luces. Tratando de eliminar mi sensación me puse a charlar con el invitado más próximo. Era un anciano con melena de león. Además, era un famoso erudito dedicado a los clásicos chinos, cuyo nombre me resultaba familiar. Así que inconscientemente nuestra conversación derivó hacia los clásicos.

—¿Los kylin son, en suma, una especie de unicornios? Y ho el fénix…

Parloteando mecánicamente, de a poco creció en mí el deseo de ser destructivo, y no solo alegué que Yao y Shun eran figuras ficticias, sino que afirmé que el autor de las Crónicas de Lu era de la dinastía Han. En este punto el erudito no pudo seguir reprimiendo su disgusto y, volviéndome la espalda, interrumpió mi charla con un gruñido más o menos como el de un tigre.

—Si Yao y Shun no hubieran existido, Confucio sería un mentiroso. Y los santos no pueden ser mentirosos.

Con eso acabó la charla. Otra vez me encontré jugueteando con el cuchillo y el tenedor sobre la carne que tenía en el plato. Entonces descubrí una diminuta criatura que se retorcía en un borde de la carne. Me trajo a la memoria la palabra inglesa worm, gusano. Seguramente, como kylin y ho, también aludía a una bestia legendaria. Apoyé el cuchillo y el tenedor y observé, en cambio, el champán que me habían servido en la copa.

Cuando por fin acabó la cena, totalmente dispuesto a encerrarme en la habitación que había reservado, caminé por los pasillos vacíos. Me hicieron sentir más en una prisión que en un hotel. Pero afortunadamente, sin que me hubiera dado cuenta, mi dolor de cabeza casi había desaparecido.

Además de la maleta, habían dejado en la habitación mi abrigo y mi sombrero. Mi abrigo, colgado de la pared, se parecía mucho a mí, allí de pie, y de inmediato lo arrojé dentro del armario del rincón. Después, sentado ante el tocador, miré con resolución mi cara en el espejo. Se marcaban los huesos debajo de la piel. El gusano volvía a aparecer.

Abrí la puerta y volví al pasillo y caminé sin saber en qué esquina girar. Entonces, en una esquina camino al vestíbulo una lámpara alta con pantalla verde se reflejaba con claridad en una puerta vidriada. De alguna manera, eso tranquilizó mi mente. Me senté en una silla junto a ella y empecé a pensar sobre varias cosas. Pero eso duró apenas cinco minutos. Entonces advertí en el respaldo del sofá, junto a mí, colgado flojamente, un impermeable.

"Y encima ésta es la época más fría."

Mientras mi mente divagaba en esa vena, regresé por el pasillo. En la habitación de los camareros no había nadie a la vista. Pero un fragmento de la conversación que mantenían llegó a mis oídos mientras pasaba por delante. Era en inglés:

—Está bien —en respuesta a algo.

"¿Está bien?" Traté de imaginar a qué podría referirse. "¿Está bien?" "¿Está bien?" ¿Qué diablos podía estar bien?

Por supuesto, mi cuarto estaba en silencio. Pero el solo hecho de abrir la puerta y entrar, por curioso que parezca, me daba miedo. Después de cierta vacilación finalmente me aventuré a transponer la puerta. Luego, cuidando de no mirar el espejo, me senté ante la mesa. La silla tenía brazos, y tapizado como de cuero de lagarto de color azul. Abrí mi maleta, extraje un bloc de notas y traté de retomar cierto relato. Pero la pluma y la tinta estaban inmovilizadas por el fuego eterno. Y cuando finalmente se movieron, solo aparecieron estas palabras: está bien… está bien… está bien, señor… está bien…

De pronto un timbrazo del teléfono que estaba junto a la cama. Alarmado me incorporé y llevándome el aparato al oído respondí.

—¿Quién es?

—Soy yo. Yo…

Era la hija de mi hermana mayor.

—¿Qué ocurre?

—Sí, ha ocurrido algo terrible. Entonces… como ocurrió algo terrible, también acabo de llamar a la tía.

—¿Algo terrible?

—Sí. Por favor, ven rápido. Rápido.

Y la comunicación se cortó del otro lado. Colgué el auricular y mecánicamente oprimí el timbre para llamar al servicio. Pero advertí que me temblaba la mano. El muchacho demoró en venir. Con más dolor que impaciencia, volví a tocar el timbre una y otra vez, dándome cuenta del significado de las palabras "está bien", cuya intención había estado tratando de abrirse paso hasta mí.

El esposo de mi hermana mayor había sido atropellado, y había muerto, esa tarde en el campo, no muy lejos de Tokio. Además, sin ninguna relación en absoluto con el clima, llevaba puesto un impermeable. Todavía sigo escribiendo el mismo relato en esta habitación de hotel. No hay nadie en el pasillo, afuera. Pero a través de la puerta llega, de tanto en tanto, el sonido de un batir de alas. Alguien debe de tener un pájaro.

II. Venganza

Me desperté alrededor de las ocho y media en ese cuarto de hotel. Pero al levantarme de la cama descubrí, extrañamente, que una de mis pantuflas había desaparecido. Era exactamente la clase de cosa que solía sumirme en el miedo, la angustia, etc., durante el último par de años. Y me recordó también a cierto príncipe de la mitología griega que usaba una sandalia ajena. Toqué el timbre para llamar al botones y le pedí que buscara la pantufla perdida. Registró toda la habitación con una expresión burlona en el rostro.

—La encontré, aquí está. Estaba en el baño.

—¿Cómo llegó hasta allí?

—Tal vez haya sido un ratón.

Cuando el botones se fue bebí una taza de café, sin leche, y me dispuse a terminar mi relato. Una ventana cuadrada, con marco de toba, daba a un jardín nevado. Siempre que dejaba de escribir, echaba una mirada ausente a la nieve. Bajo el fragante arbusto de adelfa que empezaba a florecer, la nieve se veía sucia por el humo y el hollín de la ciudad. El espectáculo me apenaba. Fumé un cigarrillo, pensando miles de cosas, y la pluma no se posaba sobre el papel. Pensé en mi esposa, en mis hijos, y más que nada, en el esposo de mi hermana mayor…

Antes de suicidarse, estaba bajo sospecha de haber cometido un incendio deliberado. En realidad, era inevitable que así fuera. Antes de que su casa se incendiara totalmente, la había asegurado por el doble de su valor. Aun así, aunque era culpable de perjurio, estaba en libertad condicional. No era su suicidio, sin embargo, lo que me angustiaba, sino el hecho de que nunca podía volver a Tokio sin ver un incendio. Una vez había visto un incendio en las colinas desde el tren, y otra vez desde un auto (yo iba con mi esposa y mis hijos) cerca de Tokiwabashi. Naturalmente, tuve la premonición de un incendio antes de que su casa verdaderamente se incendiara.

—Podría declararse un incendio en casa este año.

—No digas esas cosas… si alguna vez hubiera un incendio, eso nos causaría un montón de problemas. El seguro no alcanza y…

Así hablamos. Pero no se había producido ningún incendio y, tratando de librarme de la idea, volví a empuñar la pluma. No se me ocurría ni una sola línea. Finalmente, abandonando la mesa, me tendí en la cama y empecé a leer Polikoushka de Tolstoi. El héroe de esa novela es una compleja personalidad en la que se mezclan la vanidad, la morbosidad y la ambición. Y con unos pocos cambios menores, la tragicomedia de su vida podría pasar como una caricatura de mi propia vida. Particularmente sentí en esa tragicomedia la burla del destino, y eso hizo que empezara a sentirme rarísimo. Al cabo de apenas una hora salté de la cama y arrojé el libro contra las cortinas de la ventana de la habitación.

—¡Maldición!

Y un gran ratón salió corriendo en diagonal desde detrás de la cortina en dirección al baño. De un salto estuve en el baño y abrí la puerta de par en par, buscándolo. Detrás de la blanca bañera no había rastros de él. De pronto me sentí raro, y calzándome rápidamente las pantuflas salí al corredor, pero no había allí ninguna señal de vida.

El pasillo, como siempre, estaba tan oscuro como una prisión. Con la cabeza gacha, subiendo y bajando escaleras casi sin advertirlo, me encontré de repente en la cocina. La habitación estaba más iluminada de lo que se hubiera supuesto. Y en un costado las llamas se elevaban, abundantes, sobre el fogón. Al pasar pude sentir los fríos ojos de los cocineros, tocados con sus gorros blancos, que no me quitaban la vista de encima. De inmediato me sentí arrojado al infierno. "Dios, castígame. Por favor, no te ofendas. Esto será mi ruina." Naturalmente en momentos así era lógico que saliera de mis labios esa plegaria.

Salí del hotel y recorrí con dificultad el camino fangoso por la nieve semiderretida que me conducía a la casa de mi hermana mayor. Todos los árboles del parque que lo flanqueaban mostraban sus hojas y ramas completamente ennegrecidas. Y cada uno de ellos tenía, igual que nosotros, una parte delantera y otra trasera. A mí me resultaba menos desagradable que intimidante. Recordé el alma que se convertía en un árbol en el Infierno de Dante y decidí caminar por la calle que estaba del otro lado de las vías del tranvía, donde los edificios se alineaban en una fila compacta. Pero incluso allí una manzana era demasiado.

—Disculpe que lo detenga.

Era un sujeto de veintidós o veintitrés años con un uniforme con botones dorados. Lo miré fijamente sin decir una palabra y advertí que tenía un lunar en el lado izquierdo de la nariz. Él, quitándose la gorra, me habló con cautela:

—¿No es usted el señor A.?

—Sí.

—Pensé que lo era…

—¿Qué desea?

—Nada. Solo quería saludarlo. Soy admirador suyo, sensei…

Ante eso lo saludé tocando el ala de mi sombrero y empecé a poner distancia entre nosotros tan rápidamente como pude. Sensei. Un sensei… ese título me había empezado a resultar extremadamente desagradable. Había llegado a sentir que había cometido todos los crímenes imaginables. A pesar de eso, ahora me llamaban sensei en cualquier momento. No podía evitar sentir que había en ello algo vergonzoso. ¿Algo? Pero mi materialismo no podía flaquear ante el misticismo. Pocos meses antes yo había escrito en una pequeña revista: "No solo carezco de conciencia artística sino de conciencia en general. Todo lo que tengo es coraje…"

Mi hermana mayor se había refugiado con sus hijos en una casucha de un callejón. Adentro de la casa, con su empapelado pardo, el ambiente era aún más sombrío que afuera.

Calentándonos las manos sobre un hibachi, hablamos de cosas diversas. El esposo de mi hermana, un hombre de contextura robusta, siempre me había parecido instintivamente un inútil, desde que lo conocí. Y había hablado directamente de la inmoralidad de mi obra. Nunca había mantenido con él una charla amistosa, debido a que él despreciaba a alguien que pensara como yo. Hablando con mi hermana me di cuenta de que también él había sido arrojado gradualmente al infierno. Me enteré de que verdaderamente había visto un fantasma en un camarote. Pero, encendiendo un cigarrillo, tuve buen cuidado de mantener la conversación en el tema del dinero.

—De todas maneras, tal como son las cosas, estoy pensando en vender todo lo que pueda.

—Yo he pensado lo mismo. La máquina de escribir puede dejar un poco de dinero.

—Y tenemos algunas pinturas.

—¿Qué te parece vender el retrato de N—san? Pero eso…

Miré al retrato a lápiz, sin marco, que pendía de la pared, y pensé que no debía hacer una broma tan desconsiderada. Me habían dicho que su rostro había quedado destrozado, que el tren lo había reducido a jirones, y que solo había quedado su bigote. De hecho, la historia me había conmocionado. Su retrato estaba dibujado con mucho detalle, pero el bigote no se veía del todo claro. Pensé que podría ser por la luz y estudié el cuadro desde diferentes ángulos.

—¿Qué estás haciendo?

—Nada… solo que alrededor de la boca, en ese cuadro…

Ella se volvió para observar por un momento, pero dijo que no veía nada raro.

—Solo el bigote, curiosamente, se ve un poco fino, ¿no es cierto?

Lo que yo veía no era ilusorio. Pero si no lo era… Decidí que era más prudente separarme de mi hermana antes de que ella empezara a preocuparse por preparar el almuerzo.

—¿Por qué no te quedas un rato más?

—Tal vez mañana… hoy tengo que ir a Aoyama.

—¿Allí? ¿Todavía tienes algún problema físico?

—Estoy tomando somníferos como siempre. Son tantos… Veronal, Muronal, Trional, Numal…

Alrededor de treinta minutos más tarde, entré en un edificio, subí en el ascensor y fui al tercer piso. Allí, traté de abrir empujando la puerta de un restaurante. La puerta no se movía. Sobre ella había un cartel: DÍA DE DESCANSO. Estaba más que fastidiado, pero tras echar un vistazo a las manzanas y bananas exhibidas sobre una mesa, del otro lado de la puerta, decidí volver a salir a la calle. Dos hombres que parecían ser empleados, tropezaron conmigo en la entrada, absortos en su conversación. Justo en ese momento uno de ellos, o eso me pareció, dijo: "Es un tormento".

Me quedé en la calle, esperando un taxi. Estuve un rato allí. Sin embargo, usualmente había un taxi amarillo en los alrededores. (Esos taxis amarillos, por alguna razón, siempre me involucraban en algún accidente.) Al cabo de cierto tiempo, no obstante, apareció un taxi verde, de la buena suerte, y decidí que de todos modos iría al hospital mental próximo al cementerio de Aoyama.

"Tormento… Tántalo… Tártaro… infierno…"

Tántalo yo mismo, de hecho, mirando la fruta a través del vidrio de la puerta. Maldiciendo para mis adentros el Infierno de Dante, observé la espalda del chofer. Y me invadió el sentimiento de que todo es una mentira. La política, el comercio, el arte, la ciencia… todo, ante lo cual yo no era más nada más que el mero camuflaje de una horrible existencia. Empecé a sentirme ahogado y abrí una ventanilla. Pero la sensación no desaparecía.

Finalmente el taxi verde llegó a Jingu—mae. Allí había un callejón que conducía al hospital psiquiátrico. Pero justo ese día, por algún motivo, no pude encontrarlo. Después de pedirle al taxista que diera un par de vueltas a la manzana para localizarlo, y que volviera siguiendo las vías del tranvía, abandoné y decidí bajarme del auto.

Por fin encontré el camino y me encontré saltando de derecha a izquierda en un camino lleno de charcos de fango. Entonces, sin advertirlo, debí de haber girado erróneamente, porque me encontré en la sala funeraria de Aoyama. Era un edificio en el que no había entrado desde el funeral de Natsume sensei, unos diez años atrás. Diez años atrás yo no era muy feliz. Pero al menos estaba en paz. Advertí la grava decorativa más allá de la entrada y, recordando el árbol de bashô del refugio de Sôseki, no pude evitar sentir que mi vida había terminado. Y tampoco pude evitar sentir que algo me había llevado de regreso a ese lugar después de diez años de ausencia.

Después de salir del hospital psiquiátrico, tomé otro taxi y decidí regresar al hotel en el que había estado antes. Pero, al bajar del taxi a la entrada del hotel, me encontré un hombre de impermeable que discutía por alguna razón con un camarero. ¿Un camarero? No. No era un camarero sino un hombre de uniforme verde, que estaba a cargo de los taxis. La idea de entrar en el hotel me resultó ominosa y rápidamente giré sobre mis talones.

Cuando llegué a Guinza, ya casi anochecía. Los negocios ubicados a ambos lados de la calle, la densa muchedumbre, todo se combinaba para deprimirme aún más. Lo que más me trastornó es que en la calle todo el mundo caminaba despreocupadamente, con indiferencia, como si fuera ajeno al pecado. Seguí caminando hacia el norte en la confusión entre el crepúsculo y las luces eléctricas. Luego mis ojos se sintieron atraídos por una librería con revistas y libros apilados. Entré y curioseé en los anaqueles con aire ausente. Había un libro, Mitos griegos, que decidí hojear. Mitos griegos, con su cubierta amarilla, parecía escrito para niños. Pero un renglón que leí accidentalmente me perturbó.

"Ni siquiera el poderoso Zeus puede vencer al Dios de la Venganza…"

Salí del local y me mezclé con la multitud. Podía sentir al Dios de la Venganza cerniéndose sobre mis hombros y empecé a vagar sin rumbo, desquiciado.

III. Noche

En uno de los anaqueles de la planta alta de Maruzen encontré Cuento de Strindberg, y leí unas páginas mientras me encontraba allí. Describe experiencias semejantes a las mías. Y tenía cubierta amarilla. Volví a dejarlo y recogí un libro grueso que se había caído por casualidad. ¡Y que veo en él sino una ilustración de engranajes con ojos y narices como si fueran seres humanos! Era una compilación de dibujos hechos por internados en asilos mentales, reunidos por algún alemán. Aun en medio de mi depresión, pude sentir que mi espíritu se alzaba en rebelión y con la desesperación de un adicto al juego seguía abriendo un libro tras otro. Por extraño que resulte, casi todos los libros tenían un algún aguijón oculto en sus letras o en sus ilustraciones. ¿Todos los libros? Hasta en Madame Bovary, que había leído muchas veces antes, sentí que al final yo era el burgués monsieur Bovary.

En la planta alta de Maruzen, casi al anochecer, parecía no haber otro cliente más que yo. Eché un vistazo a un anaquel que tenía el cartel de Religión y extraje un libro de cubierta verde. En el índice, un capítulo estaba titulado: "Los cuatro enemigos mortales: la sospecha, el miedo, la vanidad y la sensualidad". Con esas palabras, de inmediato mí espíritu volvió a rebelarse. Esos enemigos eran solo otros nombres de la sensibilidad y la inteligencia. Era insoportable sentir que lo tradicional era tan deprimente como lo moderno. El libro que tenía en mis manos me hizo recordar el seudónimo que había usado alguna vez, Juryo Yoshi. Era el nombre del joven de Chuang—tsé que había olvidado el muchacho de Juryo que había intentado imitar el paso de uno de Kantan y que terminó arrastrándose para llegar a su casa. Ahora debo de ser

Juryo Yoshi para todo el mundo. Y, cuando todavía no había sido relegado al infierno, había usado ese nombre… Yo, con un anaquel entero de libros a mi espalda, traté de despojarme de todo engreimiento y me dirigí hacia una muestra de pósters que había a un costado. Allí, en uno de los pósters, un caballero que parecía ser san Jorge daba muerte con su lanza a un dragón alado. En la parte superior de la escena, el rostro ceñudo del caballero, a medias oculto por el casco, se parecía a uno de mis enemigos. También recordé las pinturas de Toryu en el Kanbishi y, sin recorrer la muestra, bajé por la ancha escalera.

Caminando por Nihonbashi, en la oscuridad, seguí pensando en la palabra toryu. También era el nombre de mi pincel, estoy seguro. El hombre que me lo había dado era cierto empresario. Había fracasado en una variedad de negocios y finalmente acabó en la ruina. Me encontré mirando el cielo y pensando qué pequeña es la Tierra entre todas las estrellas… y cuánto más pequeño era yo. Pero el cielo, que había estado despejado todo el día, se había encapotado sin que yo lo advirtiera. De inmediato sentí que las cosas habían tomado un giro hostil contra mí y decidí buscar asilo en un café.

“Asilo” es precisamente el término adecuado para describirlo. De alguna manera sentí algo tranquilizador en el matiz rosado de las paredes y me relajé en una mesa. Afortunadamente solo había unos pocos clientes. Bebí una taza de cocoa y me dispuse a fumar un cigarrillo, como siempre. El humo ascendió en un delgado hilo azul contra la pared rosada. La armoniosa mezcla de los colores suaves me resultó agradable. Pero al cabo de un rato descubrí un retrato de Napoleón en la pared de la izquierda y volví a inquietarme. Cuando Napoleón era solo un estudiante, había escrito en la última página de su cuaderno de geografía: “Santa Elena, una pequeña isla”. Podría haber sido, como se dice, solamente una coincidencia. Pero era algo que más tarde debe de haberle producido a Napoleón un escalofrío…

Observando a Napoleón, pensé en mi propia obra. E irrumpieron en mi mente ciertas frases de Vida de un loco. (Especialmente las palabras “La vida es más infernal que el infierno mismo”.) Y también el destino del héroe de El biombo del infierno… un pintor llamado Yoshihide. Después… fumando miré alrededor, tratando de escapar de esos recuerdos. Me había refugiado allí hacía apenas cinco minutos. El lugar ya había experimentado un cambio radical. Lo que me resultaba más incómodo era que las sillas y las mesas de imitación caoba no armonizaban con las paredes rosadas. Temiendo caer en una agonía imperceptible para los demás, traté de salir del café arrojando rápidamente una moneda plateada.

—Señor, son cinco centavos…

Había dejado cinco en vez de veinte.

Mientras caminaba solo por la calle, sintiéndome humillado, recordé de pronto mi casa en el pinar remoto. No era la casa de mis padres adoptivos, situada en los suburbios, sino una casa que yo mismo había alquilado para mi familia, en la que yo era amo y señor unos diez años antes. Pero por alguna razón, sin pensarlo, había vuelto a acordarme de ellos. En el mismo momento empecé a convertirme en un esclavo, un tirano, un egoísta impotente…

Cuando llegué otra vez al hotel, eran casi las diez. Había estado caminando tanto tiempo que no tuve fuerza de ir a mi habitación y en cambio me senté en una silla frente a la chimenea donde ardía un enorme leño. Empecé a pensar en la obra de largo aliento que había estado planeando. Era un largo relato en el que los héroes serían personas comunes desde la era Meiji hasta la Suiko, en una secuencia de más de treinta cuentos cronológicos. Volaron algunas chispas, y recordé la estatua de bronce que estaba delante del Palacio Imperial. La estatua tenía casco y armadura, y estaba montada en un corcel, como si fuera la Lealtad misma pero su enemigo era…

—¡Una mentira!

Una vez más volví instantáneamente del pasado remoto al presente inmediato. Afortunadamente, el hombre que se me acercó era un escultor de cierta edad. Llevaba un abrigo de terciopelo y lucía una barba corta. Me incorporé y estreché la mano que me ofrecía. (No era un hábito en mí. Simplemente imité su costumbre, porque él había pasado la mitad de su vida en París y Berlín.) Sin embargo, curiosamente, su mano era tan viscosa como la piel de un reptil.

—¿Se aloja aquí?

—Sí…

—¿Para trabajar?

—Sí, también estoy trabajando.

Me miró directamente. Sentí que me examinaba con ojos de detective.

—¿Qué le parece si viene a mi habitación a conversar un poco?

Hablé agresivamente. (Uno de mis malos hábitos era asumir de inmediato una actitud desafiante, aunque en realidad no tenía coraje.) Él sonrió y me respondió preguntando:

—¿Dónde está su habitación?

Caminando lado a lado a través de extranjeros que hablaban suavemente, como si fuéramos buenos amigos, nos dirigimos a mi habitación. Allí él se sentó con el espejo a sus espaldas. Y empezó a hablar de muchas cosas. ¿Muchas cosas? En realidad, casi todas eran historias de mujeres. Sin duda, yo era uno de los condenados al infierno por los pecados que había cometido. Así que las historias viciosas me angustiaban aún más. Por un momento me sentí como un puritano y empecé a despreciar a esas mujeres.

—Mire por ejemplo los labios de S—ko—san. Por haber besado a tantos hombres, ella…

Cerré la boca de repente y miré su espalda en el espejo. Tenía una venda amarilla pegada justo debajo de la oreja.

—¿Por haber besado a tantos hombres?

—Parece ser una de ésas.

Sonrió y asintió. Sentí que estaba todo el tiempo dedicado al intento de espiar y revelar mi secreto. Pero nuestra conversación todavía siguió girando en torno de las mujeres. Me sentí más incómodo por mi falta de valor que por odiarlo, y solo pude deprimirme aún más.

Cuando finalmente se fue, me eché y empecé a leer Anya—Koro. Cada una de las luchas espirituales a las que está sometido su héroe me resultaba conmovedora. Sentí que era un estúpido comparado con él, y me puse a llorar sin darme cuenta. Al mismo tiempo, las lágrimas me calmaron. Pero no por mucho tiempo. Mi ojo derecho empezó a ver otra vez esos engranajes semitransparentes. El número de los engranajes, que no dejaban de girar sin pausa, fue aumentando gradualmente. Temiendo una jaqueca, dejé el libro en la almohada, ingerí ocho miligramos de Veronal y decidí que intentaría descansar bien esa noche, fuera como fuese.

Pero en mi sueño, estaba mirando una piscina. Muchos niños y niñas nadaban en ella, o se zambullían. Me interné en el pinar, dejando atrás la piscina. Entonces alguien me habló a mis espaldas: "Padre". Me volví por un momento y vi a mi esposa de pie junto a la piscina. Y sentí un intenso pesar.

—Padre, ¿una toalla?

—No la necesito. Vigila a los niños.

Seguí caminando. Pero el suelo por el que caminaba se había convertido en un andén sin que lo advirtiera. Parecía una estación rural, el andén estaba rodeado por un largo seto. Un estudiante de la universidad, llamado H., y una anciana, también estaban allí. Me vieron y se dirigieron a mí por turno.

—Un enorme incendio, ¿verdad?

—Yo también logré escapar.

Me pareció que había visto antes a la anciana. Y sentí júbilo al hablar con ella. Entonces llegó silenciosamente un tren, soltando bocanadas de humo. Subí solo al tren y caminé en medio de camas separadas por colgaduras de tela blanca. Vi una mujer desnuda muy semejante a un cadáver que yacía en una cama frente a mí. Debe de haber sido el cadáver de la hija de algún loco… «el dios de mi venganza»…

En cuanto me desperté salté de la cama, a pesar mío. La luz eléctrica inundaba la habitación de una luz tan brillante como antes. Pero de alguna parte venían sonidos de aleteos, de ratas que roían. Abrí la puerta, salí al pasillo y rápidamente me dirigí hacia la chimenea. Me senté y clavé la vista en el débil resplandor de las ascuas. Un muchacho de uniforme blanco vino a atizar el fuego.

—¿Qué hora es?

—Alrededor de las tres y media, señor.

En un extremo del vestíbulo una mujer, que parecía norteamericana, estaba entretenida leyendo un libro, sola. Incluso desde la distancia a la que me encontraba era claro que llevaba puesto un vestido verde. De alguna manera eso me hizo sentir alivio y decidí esperar tranquilamente que amaneciera. Como un anciano que espera con calma la muerte después del largo sufrimiento de una enfermedad…

IV. ¿Todavía?

Finalmente terminé mi cuento en la habitación del hotel y decidí enviarlo a una revista. En realidad, el dinero que obtendría con él era menos del necesario para cubrir la cuenta del hotel por una semana de alojamiento. Pero estaba satisfecho de haber hecho el trabajo y decidí visitar una librería de Ginza como tónico espiritual.

En el asfalto, bajo el sol invernal, había muchos pedazos de papel. Parecían rosas, exactamente. En cierto modo me sentía de buen ánimo y entré en la librería. Estaba más pulcra y ordenada que de costumbre. Una joven de lentes discutía algo con un empleado, y la charla no llegó a crisparme los nervios. Sin embargo, recordando las rosas de papel arrojadas en la calle, decidí comprar los Diálogos de Anatole France y las Cartas completas de Prosper Mérimée.

Con los dos libros bajo el brazo, fui a un café. Preferí esperar a que me trajeran una taza de café a una mesa situada en el extremo de la sala. Del otro lado estaba sentada una pareja que parecían madre e hijo. El hijo era más joven que yo, pero una copia exacta de mí. Y conversaban como si fueran amantes, íntimamente. Al observarlos empecé a sentir que el hijo era consciente de que le proporcionaba a su madre también cierta satisfacción sexual. Era una clase de relación que yo conocía por experiencia propia. Además, era un ejemplo de esa tozudez y determinación que convierte el mundo en un infierno. Pero temía volver a ser presa de mis angustias y empecé a leer las Cartas completas de Prosper Mérimée, aprovechando que ya me habían servido el café. En las cartas se revelaba la misma mordacidad aforística que se leía en sus novelas. Sus oraciones acorazaron mis sentimientos, dándoles un filo de acero. (Uno de mis puntos débiles es que esa clase de giros influyen rápidamente en mí.) Muy pronto acabé mi taza y, sintiéndome distendido y despreocupado, abandoné el café.

En la calle miré todos los escaparates, uno por uno. Un taller de marcos exhibía un retrato de Beethoven. Era la imagen de un genio, con el cabello erizado. No pude evitar que me pareciera ridículo…

En ese momento vi a un amigo de la época del colegio secundario. Ahora convertido en profesor universitario de química aplicada, cargaba una enorme maleta colmada, y tenía un ojo enrojecido y congestionado.

—¿Qué te pasa en el ojo?

—¿Esto? Es solo una conjuntivitis.

Entonces, por un sentimiento de afinidad, recordé que catorce o quince años atrás, yo había padecido la misma enfermedad. Pero no dije nada. Él me palmeó el hombro y empezó a hablar de amigos comunes. La charla lo indujo a llevarme a un café.

—Hace mucho que no nos vemos. Tal vez desde la ceremonia que se hizo por el monumento de Shushunsui.

Eso me dijo, sentado del otro lado de la mesa de mármol, después de encender un cigarro.

—Sí. Ese Shushun…

No sé por qué, pero no pude pronunciar correctamente la palabra Shushunsui. El hecho de que fuera japonés me hacía sentir aún más incómodo. Pero él siguió parloteando sobre mil cosas sin reparar en mi dificultad. Sobre el novelista K., sobre un bulldog que se había comprado, sobre el gas venenoso de lucita…

—Parece que no estás escribiendo mucho. Sin embargo, leí tu Registro de muerte… ¿Es una obra autobiográfica?

—Sí, es autobiográfica.

—Es bastante morbosa. ¿Estás bien ahora?

—Debo estar medicado siempre, como sabes.

—Yo también estoy sufriendo de insomnio.

—¿Qué quieres decir con "también"?

—Bueno, oí que tú también padeces de insomnio… ¿verdad? Es peligroso, ya sabes…

Había algo así como una sonrisa revelada en el ojo izquierdo aquejado de conjuntivitis. Antes de responder percibí que tendría dificultad para pronunciar la sílaba final de la palabra insomnio.

—Es natural en el hijo de un loco.

Menos de diez minutos después ya estaba otra vez caminando en la calle. Los pedazos de papel sobre el asfalto no llegaban a parecerse del todo a los rostros de los hombres. Entonces una mujer con el pelo a la garçon se acercó a mí en dirección opuesta. A la distancia se la veía bella. Pero cuando se aproximó no solo vi sus arrugas sino también su fealdad. Y parecía embarazada. A pesar mío le di la espalda y doblé una esquina metiéndome en una ancha calle lateral. Pero hacía ya un tiempo había empezado a tener dolores hemorroidales. Era un dolor que solo podía aliviarse con un baño de asiento.

Un baño de asiento… también Beethoven solía hacerse baños de asiento.

De inmediato el olor del azufre que se usaba en los baños asaltó mi nariz. Naturalmente, en la calle no había azufre por ninguna parte. Recordé otra vez las rosas de papel y seguí caminando con paso tan seguro como pude.

Una hora más tarde, nuevamente encerrado en mi cuarto, me senté ante la mesa y empecé otro cuento. Para mi sorpresa, la pluma se deslizaba con fluidez sobre el papel. Pero al cabo de unas pocas horas se detuvo, como por obra de algo invisible a mis ojos. Me sentí obligado a incorporarme y a ponerme a caminar por el cuarto de arriba abajo. La sensación expansiva que experimentaba era absolutamente inusual. Con una suerte de salvaje júbilo, sentí que no tenía padres ni esposa ni hijos; todo lo que tenía era la vida que fluía de mi pluma.

Pero al cabo de cuatro o cinco minutos me llamaron por teléfono. Atendía muchas veces, pero el teléfono solo repetía unas palabras ambiguas. En cualquier caso sonaba como todo. Finalmente abandoné el teléfono y volví a mi caminata por el cuarto. Pero la palabra todo me pesaba extrañamente.

"Todo… topo…"

Topo es mogura en japonés. La asociación tampoco era feliz para mí. Y al cabo de segundos empecé a debatirme con topo, ciego, muerto… la mort. La mort, la muerte, en francés, me inquietó. Así como la muerte había caído sobre el esposo de mi hermana, ahora parecía acecharme a mí. Pero aun en mi inquietud encontré algo gracioso. Y me encontré sonriendo como un tonto. ¿Qué era lo que me hacía gracia? No lo sabía con certeza. Me detuve ante el espejo, algo que no había hecho durante un tiempo, y me enfrenté con mi reflejo. Naturalmente había una sonrisa en mi cara. Mientras la observaba, recordé el álter ego. Por fortuna mi álter ego —el Doppelgänger alemán— nunca se había parecido mucho a mí. Pero la esposa de K., que se había convertido en una estrella de cine norteamericana, había visto a mi álter ego en el corredor del Teatro Imperial. (Recuerdo mi incomodidad cuando de repente la señora K. me dijo: "Lamento no haberlo saludado el otro día".) Después, un ex traductor, que tenía una sola pierna, también vio a mi álter ego en una tabaquería de Ginza. La muerte podría caer sobre mi álter ego en vez de caer sobre mí. Aunque me ocurriera a mí… Me alejé del espejo y volví a la mesa frente a la ventana. Se podía ver un césped deslucido y una piscina a través del marco cuadrado de toba. Mirando el jardín recordé unos cuadernos y unas obras teatrales inconclusas que había quemado en un pinar distante. Tomando la pluma, empecé a escribir otra vez el nuevo cuento.

V. Shakko

La luz del sol empezó a atormentarme. Como un topo, mantuve las cortinas corridas y, con la luz eléctrica encendida, seguí dándole duro a mi cuento. Después, agotado, abrí la Historia de la literatura inglesa de Taine y leí sobre la vida de los poetas. Todos habían sido desdichados. Hasta los gigantes de la época isabelina… hasta Ben Jonson, el más distinguido erudito de su tiempo, solía estar tan atormentado por la ansiedad que había empezado a ver ejércitos cartagineses y romanos enzarzados en combate sobre el dedo gordo de su pie. No pude evitar sentir placer, un placer algo maligno, al leer sobre esas desventuras.

A la noche, con un intenso viento del este (para mí de buen augurio), salí por el sótano a la calle y decidí visitar a un anciano que conocía. Trabajaba solo como cuidador en el ático de una empresa de biblias y dedicaba casi todo su tiempo a la lectura y la oración. Calentándonos las manos sobre un hibachi hablamos de temas diversos bajo un crucifijo que pendía de la pared. ¿Por qué mi madre se volvió loca? ¿Por qué mi padre fracasó en los negocios? ¿Por qué yo estaba siendo castigado? Él estaba familiarizado con esos temas misteriosos y con una extraña sonrisa solemne solía hablarme con facilidad y extensamente. Y a veces, en sus frases concisas, atrapaba la vida en toda su naturaleza caricaturesca. No podía evitar admirar al eremita en su ático. Pero al hablar con él descubrí que tenía ciertas propensiones…

—La hija del jardinero es adorable, de buen carácter, y tan tierna conmigo.

—¿Cuántos años tiene?

—Cumple dieciocho este año.

Es posible que fuera un sentimiento paternal. Pero no era difícil advertir cierta pasión en sus ojos. Y las manzanas que me ofreció sin advertirlo dejaban traslucir, en sus cáscaras amarillentas, unos unicornios. (Con frecuencia encontraba criaturas míticas en las vetas de la madera y en las rajaduras de las tazas de café.) Los unicornios eran, sin duda, Kylin (los unicornios chinos). Recordé que un crítico hostil me había calificado una vez de "prodigio (kirinji) de la década de 1910", y de repente sentí que ese ático con su crucifijo tampoco era un lugar seguro.

—¿Cómo has estado últimamente?

—Tenso, como siempre.

—Las drogas no te curarán. ¿Por qué no te haces cristiano?

—Si hasta yo pudiera…

—No hay nada difícil en ello. Simplemente, si crees en Dios, en Cristo el Hijo de Dios, y en los milagros que hizo Cristo…

—Creo en los demonios…

—Entonces, ¿por qué no en Dios? Si crees en las sombras, no entiendo cómo haces para no creer también en la luz.

—Pero hay una oscuridad donde no llega ninguna luz.

—¿Sombras sin luz?

No pude responder nada. Él también caminaba en la oscuridad. Pero mientras hubiera sombras, él creía que también había luz. Ése era el único punto en el que teníamos una diferencia lógica. Pero para mí era un abismo infranqueable…

—Pero verdaderamente existe la luz. Tenemos milagros que lo prueban… Hasta en nuestros días se producen milagros.

—Los milagros son obra de los demonios…

—¿De dónde salen tus demonios? —Estuve tentado de contarle mis experiencias del último par de años. Sin embargo, temía que les contara a mi esposa y a mis hijos, y que volvieran a mandarme al manicomio como le había ocurrido a mi madre.

—¿Qué es eso que tienes allí?

El anciano regordete giró para ver los viejos anaqueles e hizo una mueca semejante a la de Pan.

—Es una colección de Dostoyevski. ¿Leíste Crimen y castigo?

Naturalmente yo había tenido predilección por Dostoyevski unos diez años atrás y había leído cuatro o cinco libros suyos. Pero conmovido porque él hubiera dicho casualmente Crimen y castigo, le pedí el libro prestado y decidí regresar al hotel. La calle, deslumbrante por la luz eléctrica y tan llena de gente, me resultó opresiva. En ese punto me habría resultado insoportable encontrarme con algún conocido. Traté de avanzar por las calles laterales más oscuras, sigiloso como un ladrón.

Al poco rato, sin embargo, empecé a sentir dolor de estómago. Solo un vaso de whisky podía curarme de ese mal. Encontré un bar y traté de abrirme paso para entrar. En el atestado bar había un humo denso, y algunos jóvenes, que parecían artistas, bebían sake juntos. En el medio de todo eso había también una muchacha que rasgueaba una mandolina con toda gravedad. De inmediato me sentí inseguro y retrocedí sin haber siquiera transpuesto la puerta. Descubrí que mi sombra oscilaba sin razón de derecha a izquierda. Y la luz que brillaba sobre mí, extrañamente, era roja. Me detuve. Pero mi sombra siguió oscilando de un lado a otro como antes. Me volví tímidamente y finalmente advertí un farol con vidrios de color que pendía del alero del bar. El farol se meneaba lentamente, movido por el fuerte viento…

A continuación entré en un restaurante instalado en un sótano. Me acerqué a la barra y pedí un whisky.

Vertí el whisky en un vaso de soda y lo sorbí en silencio. A mi lado había dos hombres de alrededor de treinta años, que parecían periodistas, hablando en voz baja. Hablaban en francés. Les di la espalda, pero sentí sus ojos sobre mí. De hecho, sus miradas me afectaron como una corriente eléctrica. Conocían mi nombre, era indudable, y estaban hablando de mí.

—Bien… très mauvais… pourquoi?

—Pourquoi?… le diable est mort!

—Oui, oui… d'enfer…

Arrojé una moneda plateada sobre el mostrador (el único dinero que me quedaba encima) y decidí salir de ese sótano.

En la calle, la brisa nocturna que soplaba fortaleció mi ánimo y el dolor de estómago cedió. Recordé a Raskolnikov y sentí el deseo de arrepentirme de todo. Pero no solo para mí, sino también para mi familia, eso habría significado una tragedia. Y era cuestionable si mi deseo era verdadero o no. Si por lo menos mis nervios fueran tan fuertes como los de los hombres comunes… pero necesitaba ir a alguna parte para que eso ocurriera. A Madrid, a Río o a Samarkanda…

Justo en ese momento un pequeño cartel blanco en el alero de un negocio me inquietó. Era el sello de una marca, unas alas pintadas sobre un neumático de auto. Me recordó a Ícaro con sus alas artificiales. Su intento de volar alto, sus alas derretidas por el calor del sol, su final, ahogado en el mar. A Madrid, a Río o a Samarkanda… ¿cómo podía evitar reírme de un sueño tan necio? Al mismo tiempo, no pude evitar pensar en Orestes, perseguido por los dioses de la venganza.

Caminé por una calle oscura, junto a un canal. Entonces recordé la casa de mis padres adoptivos, en los suburbios. Por supuesto, deben de estar esperando mi regreso. Probablemente mis hijos también… pero cuando regresara… no podía evitar temer que hubiera allí alguna fuerza que me retuviera, naturalmente. El chapoteo del agua del canal alzó un bote de juncos a mi lado. En el fondo del barquito brillaba una débil luz. También allí debe de haber una familia, hombres y mujeres viviendo juntos. Odiándose y sin embargo amándose lo suficiente… pero alenté a mi mente a continuar la lucha y decidí volver al hotel, sintiendo el whisky en mi interior.

De regreso ante la mesa, retomé la lectura de las Cartas de Mérimée. Silenciosamente eso empezó a revivirme. Pero cuando descubrí que en sus últimos años Mérimée se había convertido al protestantismo, de pronto sentí que se ocultaba tras una máscara. Él tanteaba en la oscuridad, igual que nosotros. ¿En la oscuridad?… Anya—Koro empezó a cobrar proporciones temibles para mí. Recurrí a los Diálogos de Anatole France para olvidar mi depresión. Pero este Pan de los tiempos modernos también cargaba una cruz…

Más o menos una hora más tarde el botones me trajo una tanda de cartas. Uno de ellas era de una librería de Leipzig que me pedía un ensayo sobre "Las mujeres modernas en Japón". ¿Por qué me buscan a mí para ese artículo? Había un post scríptum (en inglés) manuscrito: "Junto con el artículo apreciaríamos recibir un retrato de mujer… pero en blanco y negro como en las pinturas japonesas". Las palabras me recordaron el whisky Black & White, y rompí la carta en mil pedazos. Abrí otro sobre al azar, y examiné el papel de carta amarillo. Era de un joven, alguien a quien yo no conocía. Pero al cabo de unas pocas líneas, las palabras "Su Biombo del infierno..." me irritaron. La tercera que abrí era de mi sobrino. Después de una profunda inspiración, me zambullí en la lectura de problemas familiares, etc. Pero incluso esa carta me deprimió al llegar al final.

"Te envío un ejemplar de la segunda edición de la Antología de Shakko..."

¡Shakko! Sentía que alguien se estaba burlando de mí y busqué amparo fuera de la habitación. No había nadie en el pasillo. Apoyé una mano en la pared para sostenerme y recorrí el camino hasta el vestíbulo. Busqué una silla y decidí encender un cigarrillo. Por algún motivo, era un Airship. (Solo había fumado Star desde mi llegada al hotel.) Las alas artificiales volvieron a aparecer ante mis ojos. Decidí llamar otra vez al botones y pedirle que me comprara dos paquetes de Star. Pero, si era verdad lo que me dijo, desafortunadamente no les quedaban Star.

—Pero tenemos Airship, señor...

Meneé la cabeza y miré el gran vestíbulo que me rodeaba. En un extremo había algunos extranjeros charlando en una mesa. Uno de ellos, una mujer de vestido rojo, parecía mirarme mientras hablaba con los otros en un susurro.

—Señora Townshead...

Algo que trascendía mi poder de visión llegó hasta mí a pesar del susurro. El nombre de la señora Townshead, por supuesto, era desconocido para mí. Aun cuando fuera el nombre de la mujer que estaba allí... Me incorporé y, medio loco de miedo, decidí regresar a la habitación.

Cuando estuve allí pensé en llamar a cierto hospital psiquiátrico. Pero ir a ese lugar significaba la muerte para mí. Después de muchas vacilaciones me puse a leer Crimen y castigo para distraerme. Sin embargo, la página en la que abrí el libro era de Los hermanos Karamazov. Suponiendo que me había equivocado de volumen, miré la cubierta. Crimen y castigo... el libro debía ser Crimen y castigo. En el error de encuadernación, en el hecho de que había abierto el libro en esta página mal intercalada, sentí el accionar del dedo del destino y seguí leyendo con sentimiento de inevitabilidad. Pero antes de terminar siquiera la página advertí que todo mi cuerpo empezaba a temblar. Era un fragmento en el que Iván era atormentado por la inquisición del diablo. Iván, Strindberg, de Maupassant, yo mismo, en esa habitación.

Solo el sueño podía salvarme de ese estado. Sin que me hubiera dado cuenta, las drogas se me habían terminado. No podía soportar el tormento si no dormía. Con valor nacido de la desesperación, me hice traer una taza de café y decidí seguir escribiendo frenéticamente. Dos, cinco, siete, diez páginas… el manuscrito creció a toda velocidad. Llené el relato de criaturas sobrenaturales. Una de ellas me describía. Pero el agotamiento acabó por extenuar mi mente. Me aparté de la mesa y me tendí en la cama. Debo de haber dormido entre cuarenta y cincuenta minutos. Sentí que alguien susurraba en mi oído, despertándome y haciendo que me pusiera de pie, las palabras:

—Le diable est mort.

Del otro lado de la ventana de toba estaba a punto de romper el día. De pie junto a la puerta, miré la habitación vacía. En el cristal de la ventana advertí una pequeña escena del mar más allá de un pinar amarillento. Me acerqué a la ventana con cierta timidez, para advertir que la escena había sido evocada por el pasto marchito y la piscina del jardín. Pero la imagen había despertado en mi mente una especie de nostalgia de mi casa.

Decidí que me iría a casa después de haber llamado a una de las editoriales de revistas y haberme asegurado alguna fuente de ingresos, a las nueve de la mañana. Libros, papeles, objetos personales, volvieron a guardarse en la maleta, sobre la mesa.

VI. Avión

Tomé un auto desde una estación de la línea Tokaido hasta un balneario veraniego situado a cierta distancia. Por alguna razón, a pesar del tiempo helado, el chofer llevaba puesto un impermeable. Sintiendo que había algo muy extraño en esa coincidencia, traté, dentro de lo posible, de mirar todo el tiempo por la ventanilla para no verlo. Un poco más allá del lugar donde crecían unos pinos pequeños, probablemente por un antiguo sendero, vi que avanzaba una procesión fúnebre. En la procesión no parecía haber faroles blancos ni de santuario. Pero delante y detrás del ataúd se mecían silenciosamente flores artificiales plateadas y doradas…

Cuando por fin llegué a casa, pasé algunos días muy tranquilos, gracias a mi esposa e hijos y a los opiáceos. La planta alta ofrecía una modesta vista del mar más allá de los pinares. En la mesa de la planta alta, escuchando el arrullo de las palomas, decidí trabajar solamente durante las mañanas. Además de las palomas y los cuervos, los gorriones también se posaban en la galería. Era una alegría para mí. "Una urraca entra en la sala"… pluma en mano, cada vez que venían los pájaros, también venían a mí las palabras.

Una tarde cálida y nublada fui a comprar tinta. La única tinta que les quedaba era sepia. La tinta sepia me resultaba más desagradable que cualquier otra. Tuve que salir del negocio y caminé, solo, por la concurrida calle. Un extranjero corto de vista, de unos cuarenta años, se paseaba muy ufano. Era sueco y sufría de paranoia y vivía en las cercanías. Y se llamaba Strindberg. Cuando pasé a su lado, la proximidad me pesó físicamente.

La calle solo tenía unas pocas cuadras de largo. Pero al recorrerla un perro, negro de un lado, pasó junto a mí cuatro veces. Doblando en una esquina, recordé el whisky Black & White. Y recordé también que el pañuelo de Strindberg era blanco y negro. No podía ser una coincidencia. Y si no lo era… Me sentí como si solo mi cabeza hubiera estado caminando, y me detuve un momento. Detrás de una cerca de alambre, junto a la calle, habían arrojado un cuenco de vidrio con todos los colores del arco iris. En la base había un dibujo, como un ala estampada. Muchos gorriones volaron desde la copa de los pinos. Pero cuando se acercaron al cuenco, cada uno de ellos, como de común acuerdo, volvió a elevarse a los cielos con el resto…

Fui a la casa de los padres de mi esposa y me senté en el jardín en una silla de ratán. En un gallinero cercado con alambre, en un rincón del jardín, daban vueltas numerosas Leghorn blancas, en silencio. A mis pies estaba echado un perro negro. Tratando de responder una pregunta que nadie podía captar, yo parecía conversar tranquilamente con la madre y el hermano menor de mi esposa.

—Muy tranquilo aquí.

—En cualquier caso, mucho más tranquilo que Tokio.

—¿A veces también hay agitación aquí?

—Como sabes, esto también es parte del mundo.

Y al decir esas palabras, la madre de mi esposa se rió. Verdad, ese balneario veraniego era parte del mundo. Durante el año anterior yo había llegado a enterarme de la cantidad de crímenes y tragedias que tenían lugar. Un médico que había tratado de matar lentamente a un paciente con veneno, una anciana que incendió la casa de una pareja adoptiva, un abogado que trató de despojar a su hermana menor de la herencia… mirar sus casas era para mí ver el infierno de la vida.

—Hay un loco en esta ciudad, ¿no es cierto?

—Tal vez te refieres a H. No es loco. Se ha convertido en un idiota.

—Lo que llaman demencia precoz. Siempre me hace sentir extraño. No sé por qué estaba arrodillado ante la imagen de Kannon con cabeza de caballo.

—Te hace sentir extraño… Deberías ser más fuerte…

—Tú eres más fuerte que yo, sin embargo…

El hermano menor de mi esposa, sin afeitarse, porque acababa de levantarse de la cama después de una enfermedad, hizo esta acotación, indeciso como siempre.

—Soy débil, pero fuerte en cierto modo…

—Bien, lo lamento.

Mirando a esa suegra mía, no pude evitar esbozar una amarga sonrisa. El hermano de mi esposa, sonriendo también mientras miraba los pinares que se extendían más allá de la cerca, siguió parloteando distraídamente. (El joven hermano convaleciente me parecía a veces un espíritu que había escapado de su cuerpo.)

—Soy tan poco mundano y sin embargo al mismo tiempo anhelo tanto el contacto humano…

—A veces eres un buen hombre, a veces uno malo.

—No, es algo muy diferente de lo bueno o lo malo.

—Como un niño que vive dentro de un adulto.

—No exactamente. No puedo expresarlo con claridad… Tal vez algo más semejante a los dos polos de la electricidad. En cualquier caso, me ocurren al mismo tiempo dos cosas diferentes.

Lo que me sobresaltó fue el rugido de un avión. A pesar mío, alcé la vista para encontrar un avión que parecía que volaba tan bajo, como para rozar las copas de los pinos. Era un monoplano inusual con las alas pintadas de amarillo. También los pollos y el perro se sobresaltaron y se lanzaron a correr en todas direcciones. El perro se ocultó bajo el porche, ladrando.

—¿No se caerá ese avión?

—Jamás… ¿Sabes de alguna enfermedad de los aviones?

Encendiendo un cigarro meneé la cabeza en vez de decir "no".

—Como la gente que anda en esos aviones respira todo el tiempo el aire de la atmósfera superior, se dice que gradualmente se vuelve incapaz de vivir en el aire de aquí abajo…

Caminando entre los pinos cuyas ramas no se movieron ni una sola vez después de que me fui de la casa de la madre de mi esposa, descubrí lentamente que estaba deprimido. ¿Por qué ese avión siguió ese trayecto, justo por encima de mi cabeza, y no cualquier otro? ¿Por qué solo tenían cigarrillos Airship en aquel hotel? Me debatí con esas diversas preguntas y caminé por calles que elegí porque no había en ellas ningún signo de vida.

El mar estaba gris y encapotado más allá de una duna baja. En la costa arenosa se erguía el armazón de un columpio sin columpio. Al verlo inmediatamente recordaba una horca. Y algunos cuervos se posaron en él. Todos me miraron, pero no amagaron siquiera con lanzarse a volar. Y un cuervo, en el centro, alzó su pico al cielo y graznó cuatro veces.

Avanzando a lo largo del borde de la playa, con su hierba marchita, decidí seguir por un camino junto al que se erguían muchas casas de campo. Se suponía que a la derecha se encontraba una casa de madera de dos plantas, de estilo occidental, construida entre altos pinos. (Un buen amigo mío la llamaba "La morada de la primavera".) Pero al pasar por el lugar vi tan solo una bañera sobre una base de cemento. Un incendio, se me ocurrió de inmediato mientras seguía adelante rápidamente, tratando de no mirar. Un hombre en bicicleta se acercaba derecho hacia mí. Llevaba una gorra de caza marrón oscuro, la mirada extrañamente fija y estaba agachado sobre el manubrio. Inesperadamente vi en su cara la cara del esposo de mi hermana mayor y decidí alejarme del camino antes de que llegara hasta mí. Pero en el medio del sendero yacía, de espaldas, el cadáver de un topo.

Que algo estuviera dirigido a mí empezó a hacerme sentir más inquieto con cada paso. Gradualmente, los engranajes semitransparentes bloquearon mi visión. Temiendo que estuviera próximo mi momento final, seguí caminando, manteniendo rígido el cuello. A medida que el número de engranajes crecía, también empezaron a girar. Al mismo tiempo, el pinar que estaba a mi derecha empezó a verse como a través de vidrio astillado, con ramas silenciosamente entrelazadas. Sentí que mi corazón latía con violencia y traté muchas veces de detener mi avance por la senda. Pero ni siquiera resultaba sencillo detenerse, como si alguien me empujara desde atrás…

Al cabo de unos treinta minutos estaba en la planta alta de mi casa, descansando la espalda y padeciendo una aguda jaqueca, con los ojos fuertemente cerrados. Entonces empezó a aparecer detrás de mis párpados un ala de plumas plateadas superpuestas como escamas. Se reflejaba claramente en mi retina. Abriendo los ojos, miré el techo y, tras confirmar que no había allí nada semejante, decidí volver a cerrar los ojos. Pero el ala plateada por cierto regresó en esa oscuridad, tal como antes. Entonces recordé que también había un ala en la tapa del radiador del taxi que había tomado el otro día…

Alguien subió la escalera con rapidez y después bajó apresuradamente, con mucho estrépito. Alarmado al advertir que sería mi esposa, me incorporé de inmediato y bajé a la sala oscura en la que desembocaba la escalera. Mi esposa, que parecía sin aliento, estaba temblando visiblemente.

—¿Qué ocurre?

—No, nada…

Finalmente levantó el rostro y esbozó una sonrisa forzada mientras hablaba.

—Nada… simplemente se me ocurrió, padre, que estabas por morir…

Fue la experiencia más aterradora de mi vida… ya no tengo fuerzas para seguir escribiendo. Es inexpresablemente doloroso vivir en este estado mental. ¿No hay nadie que venga y me estrangule en silencio mientas duermo?

OSAMU DAZAI

EL ÁRBOL DE CEREZO Y EL SILBIDO MÁGICO

Hay algo de lo que siempre me acuerdo cada vez que llega la época del año en la que las flores de cerezo caen y empiezan a brotar sus hojas. Ocurrió hace treinta y cinco años, cuando mi padre estaba todavía vivo. Toda mi familia, no, espera, mi madre ya había fallecido: había sido siete años atrás, cuando yo tenía trece, así que por entonces estábamos solamente los tres. Mi padre, mi hermana y yo. Cuando yo tenía dieciocho años y mi hermana dieciséis, mi padre fue destinado como vicedirector de una escuela a la prefectura de Shimane, así que nos fuimos los tres a vivir a una ciudad a orillas del mar del Japón. Una que tenía un castillo y, por entonces, unos veinte mil habitantes. Como no encontramos ninguna casa en alquiler que nos viniese bien, tuvimos que conformarnos con una caseta de dos habitaciones que había en el recinto de un templo budista de la zona. Se trataba de un templo solitario que se encontraba muy cerca de las montañas que había a las afueras de la ciudad. Estuvimos viviendo allí unos seis años, hasta que destinaron a mi padre a una escuela en Matsue.

Me casé cuando ya vivíamos en Matsue, en el otoño en que cumplí veinticuatro años. Lo cierto es que me casé bastante tarde para lo que se estilaba en aquella época. Como mi madre murió cuando éramos pequeñas y mi padre se pasaba todo el día estudiando y no tenía ni idea de cómo hacer las tareas del hogar, era yo quien me encargaba de todo. Por eso, aunque tuve algunas proposiciones de matrimonio, no quise casarme por no irme a vivir con otra familia y tener que abandonar la mía. Si al menos mi hermana hubiese sido fuerte, me lo habría tomado con más tranquilidad, pero, según estaban las cosas, decidí posponer todos mis planes de matrimonio indefinidamente.

Mi hermana y yo no nos parecíamos en nada. Ella era muy guapa e inteligente. Tenía el pelo muy largo y era muy atractiva, pero no gozaba de buena salud, era débil. Dos años después de habernos ido a vivir a aquella ciudad del castillo, en la primavera de mis veinte años, mi hermana falleció. Tenía tan solo dieciocho años. Eso ocurrió hace treinta y cinco. Resultó que mi hermana llevaba un tiempo bastante enferma. Nadie, ni siquiera ella, había reparado en ello. Padecía de tuberculosis en los riñones, una enfermedad cruel. Cuando se la diagnosticaron, ya tenía los dos riñones muy infectados. El médico le dijo a mi padre que no sobreviviría más de cien días. Me contaron que no había nada que se pudiese hacer para salvarla. Pasó un mes, y luego un par de meses más. Tan solo podíamos observar cómo mi hermana se iba marchitando. Mientras tanto, el día número cien se acercaba inexorablemente. Decidimos ocultarle la información del médico para no preocuparla más de lo necesario. Aunque tenía que guardar cama durante todo el día, estaba bastante bien de ánimo. Solía cantar muy alegremente, gastaba bromas de vez en cuando y me pedía toda clase de caprichos. Me llenaba de tristeza saber que, independientemente de todo lo que hiciésemos, en treinta o cuarenta días moriría sin remedio. Cada noche, al irme a dormir, sentía como si me pinchasen por todo el cuerpo con agujas de coser. No podía soportarlo más. Marzo, abril, mayo… Sí, ocurrió a mediados de mayo. Jamás se me olvidará aquel día mientras viva.

Los campos y las montañas estaban en pleno esplendor y hacía tanto calor que constantemente me entraban ganas de desnudarme y de lanzarme a correr por los campos, acariciada por el viento. Aquel verdor tan intenso me producía como chispas en los ojos. Un día caminaba sola, cabizbaja, con una mano metida en mi obi, abstraída en mis reflexiones. Lo único que acudía a mi mente eran pensamientos funestos y a cada paso que daba me sentía más y más agobiada.

Domm, domm… Un sonido horroroso comenzó a escucharse a lo lejos, débil, pero muy, muy grave, como si alguien estuviera tocando un tambor inmenso desde lo más profundo del infierno. Parecía que proviniese del centro de la tierra o de lo más alto del cielo. No tenía ni idea de qué podría significar aquel sonido tan macabro. Pensé que me estaba volviendo loca. Me quedé totalmente bloqueada, incapaz de moverme. Lancé un grito. Simplemente no podía seguir de pie. Me senté en la hierba y empecé a llorar angustiada.

Más tarde me enteré de que aquel terrible sonido no era sino el eco de la batalla del mar del Japón. Se trataba de los cañonazos de los buques de guerra comandados por el almirante Tōgō, que destruyeron a la Flota Rusa del Báltico. Creo que fue por aquella época. Durante todo el día, en la ciudad costera donde vivíamos se estuvo escuchando de fondo el espeluznante sonido de los cañones que tronaban sin cesar en la distancia. Imagino que el resto de la gente de la ciudad también debió de sentir mucho miedo, igual que yo, pero lo cierto era que durante todo el día no tuve ni idea de lo que estaba ocurriendo. Pensaba tanto en mi hermana que casi perdí la cabeza, estaba convencida de que aquel siniestro sonido provenía de un tambor que tocaba en el infierno y pasé un rato que se me hizo eterno llorando en el campo. Cuando empezó a anochecer, me levanté por fin y volví caminando al templo con aire distraído. Me parecía estar muerta.

—Hermana… —dijo ella llamándome cuando entré en casa.

Desde hacía varios días ya estaba totalmente demacrada y sin fuerzas. Teníamos la ligera impresión de que ella era consciente de que no iba a vivir mucho más. Ya no me pedía caprichos como solía hacer de vez en cuando, así que verla en ese estado me dolía más que nunca.

—Hermana, ¿cuándo ha llegado esta carta?

Me alarmé y noté cómo empalidecía. «¿Cuándo ha llegado?», me preguntó con inocencia. Recobré el ánimo como pude y le contesté:

—Hace un rato, cuando estabas durmiendo. Como dormías con una sonrisa en los labios, te la dejé junto a la almohada con cuidado de no despertarte. No te has dado cuenta, ¿verdad?

—No, no me había dado cuenta —me contestó con una blanca sonrisa que iluminaba la penumbra de la habitación al anochecer—. Acabo de leerla. Qué curioso, es de alguien que no conozco…

¿Cómo que no lo conocía? Yo sabía quién era el remitente, un hombre llamado M. T. Bueno, en realidad nunca lo había visto, pero sabía quién era. Cinco o seis días antes, cuando estaba ordenando la cómoda de mi hermana, encontré un montón de cartas atadas con un lazo verde escondidas en el fondo de un cajón. Sabía que no era lo correcto, pero desaté el lazo y las leí. Eran unas treinta cartas, todas ellas de un tal M. T. En los sobres no aparecía su nombre, pero sí en la carta. Los remitentes eran siempre nombres femeninos, de amigas de mi hermana que nosotros conocíamos, por lo que mi padre y yo jamás sospechamos que se estuviese escribiendo con un chico.

M.T. debía de ser una persona extremadamente cuidadosa. Habría preguntado a mi hermana los nombres de todas sus amigas y por eso, cada vez que le escribía, utilizaba un nombre distinto. Me sorprendí de lo astutos que pueden llegar a ser los jóvenes cuando están enamorados. ¿Y si mi padre se hubiese enterado? Con lo estricto que era me dio tanto miedo pensar en que pudiera haberlo descubierto que me entró un escalofrío. Pero, leyéndolas en orden cronológico, empecé a sentirme mucho mejor. Incluso había partes tan graciosas que de vez en cuando se me escapaba una sonrisa. Y así, aunque fuera a través de otra persona, pude sentir las emociones de aquel mundo que hasta entonces a mí me había estado vedado.

Yo acababa de cumplir veinte años y, como todas las mujeres, me veía aquejada por problemas que sabía que no le podía contar a nadie. Sin embargo, leyendo aquellas cartas, sentí como si todos se hubieran esfumado en mi interior. Recuerdo que leí las treinta y tantas cartas, una detrás de otra, muy rápido pero muy concentrada. Cuando por fin llegué a la última, fechada el otoño del año anterior, recuerdo que me levanté como impulsada por un resorte. Experimenté algo similar a lo que se debe de sentir cuando te alcanza un rayo. Me quedé petrificada, tanto que casi me caí de espaldas. En aquella última carta descubrí con horror que la relación de mi hermana con ese chico no había sido solo sentimental, sino que estaba mucho más avanzada, de manera sucia. En un rapto de ira quemé todas las cartas. Al parecer, todo indicaba que M. T. era una especie de poeta pobre que vivía en la ciudad. Nada más enterarse de que mi hermana había caído enferma, fue tan cobarde que la abandonó. «Vamos a olvidarnos de lo nuestro», le decía sin ningún tipo de escrúpulos en la última carta, sin dar muestra siquiera de una pizca de arrepentimiento por sus palabras. Tras aquello no le volvió a escribir. «Soy la única que lo sabe, nadie debe de enterarse. Tengo que callármelo de por vida para que mi hermana pueda morir siendo una virgen pura a ojos de los demás». Decidí guardarme aquel dolor en el pecho, no compartirlo con nadie más. Aun así, no fue fácil. Desde que leí aquellas cartas, no podía evitar sentir más pena todavía por la situación de mi pobre hermana. Me venían a la mente imágenes extrañas que me partían el corazón y que me llenaban de amargura. Fue algo muy triste, y también extremadamente desagradable. Un tipo de dolor que no se puede entender si una no es una mujer tan joven como nosotras éramos entonces. Por un momento, me sentí como si estuviese en el infierno, como si fuera yo, y no mi hermana, la que estuviera sufriendo todas aquellas afrentas.

Reconozco que durante aquellos días creí que acabaría volviéndome loca.

—Mira, léela —me dijo—. Y cuéntame qué dice. —Lo cierto es que en aquel momento llegué a odiar su indecencia.

—¿De verdad? ¿No te importa que la lea? —le pregunté en voz baja.

Cogí la carta con las manos temblorosas. Me temblaban tanto que por poco pierdo la compostura. Sin haberla abierto, ya sabía lo que contenía la carta. Pero tenía que leerla disimulando, como si no supiese nada. La leí en voz alta, casi sin mirarla. Se podía leer lo siguiente:

«Hoy te escribo para pedirte perdón. La razón por la que no te he vuelto a escribir hasta hoy ha sido básicamente por mi falta de confianza en mí mismo. Soy pobre, y me temo que algo inútil también, y por más vueltas que le doy he descubierto que no tengo ninguna forma de poder ayudarte en tu situación. Últimamente me he sentido muy decepcionado conmigo mismo. Sobre todo porque no he podido hacer nada más que demostrarte mi amor con palabras. Palabras que siempre han sido totalmente sinceras. No ha habido un solo día en el que no haya pensado en ti, incluso por las noches te veo en sueños. Aun así, no he sido capaz de encontrar la manera de darte ningún tipo de apoyo. Fue por eso que decidí pedirte que lo dejáramos, por todo el dolor que sentía. Conforme tu salud empeoraba, mi amor por ti se hacía más profundo y me resultaba más difícil acercarme a ti. Espero que entiendas lo que hice. No pienses que todo esto no son más que excusas. De ninguna manera lo son. En un principio, pensé que era la manera correcta de acarrear con la responsabilidad que todo esto conlleva. Pero estaba equivocado. Fue un error. Un error tremendo. Te pido perdón de todo corazón. Quise que me vieses como alguien perfecto, y eso no hacía más que frustrarme. Me siento impotente y triste ante la idea de no poder hacer nada más por ti, por lo que, al menos, intento regalarte estas palabras llenas de sinceridad. Esa sería la manera correcta de llevar una vida modesta y hermosa. Es la conclusión a la que he llegado después de todo lo que ha pasado. Lo menos que se puede hacer es dar lo mejor de uno mismo, independientemente de lo difícil que se presente la situación. Aunque sean gestos pequeños que a primera vista puedan parecer intrascendentes. Por eso, pienso que sería importante que te diese al menos una flor de diente de león. Eso sería lo que haría un hombre de verdad, no un sinvergüenza como yo. No pienso huir más de ti. Te amo. De hoy en adelante, te escribiré un poema a diario. Además, iré a tu casa cada día y te silbaré una canción distinta desde fuera del muro para que puedas escucharla. Espérame mañana a las seis de la tarde. Empezaré silbando la melodía de Gunkan māchi. Se me da bien silbar, ya verás. Es lo menos que puedo hacer por ti en estos momentos. Pero no te rías. Bueno, sí. Ríete. Quiero que te alegres y que estés feliz. Seguro que Dios nos está cuidando a los dos desde algún lugar. Estoy seguro. Tú y yo somos sus favoritos. Espero que algún día podamos casarnos y celebrar una bonita ceremonia.

Esperando estuve
a que floreciesen
las flores de melocotón.

Este año por fin lo hicieron.
Me dijeron que blancas serían,
pero rojas resultaron ser.

Quiero que sepas que estoy estudiando mucho. Todo saldrá bien. Hasta mañana.

M.T.»

—Hermana. Lo sé todo —murmuró ella—. Me la escribiste tú, ¿verdad? Gracias. Eres muy buena.

Quise romper la carta en mil pedazos y arrancarme el cabello de la vergüenza que me entró al escucharla. ¿Existe forma en el mundo de expresar cómo me sentía en aquel momento? Temblaba tanto que no podía estar de pie ni tampoco sentada. Sí, fui yo quien escribió aquella maldita carta. No era capaz de seguir viendo sufrir a mi hermana. Tenía pensado escribirle todos los días, imitando la caligrafía de M. T. Me esforzaría al máximo para escribirle un poema a diario e incluso saldría a silbarle cada tarde a las seis desde el muro de la casa. Así hasta el día que muriese.

¡Qué vergüenza! Llegué incluso a escribirle aquel ridículo poema. Estaba tan desesperada que no supe qué responderle.

—No te preocupes, hermana. No pasa nada —me dijo sonriendo ella, con absoluta serenidad—. Has visto las cartas que estaban atadas con el lazo verde, ¿verdad? Son todas de mentira. Como me sentía tan sola, empecé a escribirme a mí misma. Empecé hace dos otoños. No te rías de mí, por favor. La adolescencia es una etapa muy complicada. Fue algo de lo que me di cuenta al caer enferma. ¡Qué tonta había sido escribiéndome a mí misma! ¡Qué ridícula! ¡Qué miserable! Me lamentaba por no haber conocido a ningún hombre de verdad. Quería que alguien me abrazase con fuerza. ¿Sabes qué? Jamás he tenido novio. Ni siquiera he sido capaz de hablar nunca con ningún hombre desconocido. Tú tampoco, ¿verdad? Hemos estado las dos tan equivocadas todo este tiempo… Hemos sido demasiado buenas. ¡Ah, no quiero morirme! ¡Mis manos, mis dedos, mi cabello! ¡Qué será de ellos! ¡No! ¡No quiero morirme!

Sus palabras me llenaron el corazón de una mezcla de tristeza, dicha y vergüenza. No sabía qué hacer. Apreté mi mejilla contra la suya, que estaba hundida, y la abracé tiernamente mientras las lágrimas me anegaban los ojos. Justo entonces, se escuchó. Fue un sonido muy leve, pero fácil de reconocer. Se trataba de la melodía de Gunkan māchi. Mi hermana también se dio cuenta y aguzó el oído. Me fijé y resultó que eran las seis de la tarde. Nos dio tanto miedo que nos abrazamos, inmóviles, escuchando las dos aquel silbido enigmático que se oía tras el árbol de cerezo de hojas verdes que crecía en nuestro jardín.

En aquel momento supe que Dios existía. Estaba segura de que existía. Mi hermana murió tres días más tarde. El médico se extrañó, ya que había fallecido demasiado pronto, de manera súbita. Pero a mí no me sorprendió. Todo fue voluntad de Dios.

Ahora… Ahora ya han pasado muchísimos años y ya no soy tan inocente como lo era entonces. Es algo de lo que me avergüenzo, pero poco a poco me he ido haciendo más escéptica. Hay veces en las que llego a pensar que fue mi padre el que silbó aquella melodía. Quizá nos escuchó desde la habitación de al lado al llegar del trabajo, sintió lástima, y se propuso realizar la mejor interpretación de su vida. Hay veces en las que pienso que fue así, pero bueno, puede que quizá tampoco fuese eso lo que ocurrió exactamente. Si al menos estuviese vivo, podría preguntárselo, pero hace ya quince años que murió. Nada, dejémoslo. Fue obra de Dios y punto.

Me gustaría quedarme tranquila creyendo en que fue aquello lo que ocurrió, pero cada año que transcurre me voy haciendo más escéptica y voy perdiendo la inocencia de aquellos lejanos días de mi juventud. La verdad es que es algo que no me agrada, pero qué se le va a hacer.

LA MONTAÑA KACHI—KACHI

El conejo de la historia de La montaña Kachi—kachi es una jovencita, y el tanuki que saborea la miserable derrota, un tipo feo enamorado de ella. Creo que esta es una verdad imponente sobre la que no cabe la más mínima duda. Se nos dice que se trata de un suceso acaecido en la región de Koshu, en las márgenes del lago Kawaguchi, uno de los llamados «cinco lagos del Fuji», en lo que serían las montañas a la espalda del actual pueblo de Funatsu. La gente de Koshu es de sentimientos agrestes. Y quizá sea por eso que esta historia, comparada con otros cuentos tradicionales, presente un aspecto más rudo.

Para empezar, se mire como se mire, ya desde el arranque, la historia resulta extremadamente dura. Algo como una «sopa de vieja», pero ¡qué terrible! No puede tomarse ni como chiste ni como ocurrencia ingeniosa. También el tanuki, ¡vaya una diablura sin ninguna gracia que ha cometido! Y cuando llegamos al párrafo en que aparecen los huesos desperdigados de la vieja bajo el repecho de madera, se alcanza el punto extremo de la crueldad, y ya podemos decir que, como lectura para niños, y lamentándolo mucho, debería encontrar el triste destino de ver prohibida su venta.

Por eso, en los libros ilustrados actuales donde se incluye La montaña Kachi—kachi, con gran lucidez se ha escamoteado la historia original para explicarnos en su lugar que el tanuki se ha dado a la fuga causando heridas a la vieja. Con tal recurso, bueno, sí, se ha evitado que prohíban la venta, y eso está muy bien, pero, por contra, como castigo al tanuki por una diablura tan simple, el martirio que le inflige el conejo, por más que se piense, resulta demasiado insidioso. No se trata de un duelo en que se abata al contrario limpiamente, de un rápido golpe. Se le mata en vida, se le tortura y tortura y, finalmente, se le mete en una barca de barro y gluglú. Este no es el modo de proceder propio del bushido japonés. En cambio, si el tanuki realmente hubiera cometido una treta tan sucia como la de la sopa de vieja, puede que no quede más remedio que admitir que se merecía una tortura tan reiterada en venganza por ello.

Sin embargo, teniendo en cuenta la influencia que pudiera causar en el corazón de los niños y el que pueda ver prohibida su venta, aunque se ha cambiado de manera que el tanuki simplemente hiere a la vieja y se da a la fuga, como castigo, en cambio, este continúa recibiendo por parte del conejo toda esa sarta de humillaciones y sufrimientos, llevándole hasta esa extremadamente miserable muerte por ahogamiento, todo lo cual parece un poco injusto. Puesto que originalmente era este un tanuki que, sin culpa ni delito alguno, se limitaba a disfrutar alegremente de la vida en la montaña, cuando se vio atrapado por el anciano y enfrentado al irremediable destino de convertirse en sopa de tanuki. Pese a ello no se resignó y pensó desesperadamente en la manera de encontrar una ruta de fuga, se retorció angustiado y, como último recurso, engañó a la abuela, salvando su vida por un pelo.

Y aun en el caso de las versiones de los libros ilustrados actuales, en las que, en su fuga, el tanuki causa arañazos a la abuela, en ese momento el animal está desesperado por huir y un resultado tal se debe a un acto de defensa propia realizado de manera refleja e inconsciente, por lo que es posible que no hubiese premeditación al herir a esta abuela y, por tanto, no ha cometido un delito tan grave como para guardarle semejante odio.

Mi hija de cinco años se parece físicamente a mí, y eso ya es bastante malo, pero, además, por desgracia también se parece a su padre en la forma de pensar, por lo que se le ocurren ideas extrañas. Cuando terminé de leerle este cuento de La montaña Kachi—kachi en el refugio antiaéreo, su inesperado comentario fue: «Pobrecito tanuki, ¿verdad?».

Aunque en realidad «pobrecito» es una palabra que esta hija mía ha aprendido hace poco, y vea lo que vea, repite «pobrecito», notándose a la legua su oculta intención de ser elogiada por su demasiado tolerante madre. Así que tampoco resulta un comentario especialmente sorprendente. O también es posible que, como esta niña fue llevada por su padre al cercano zoológico de Inokashira, cuando se quedó mirando la jaula donde un grupito de tanukis correteaba sin parar, sacase la conclusión de que son unos animalitos encantadores y, por eso, sin pararse a pensar el motivo, también se pusiera de parte del tanuki de la historia de la montaña Kachi—kachi. En cualquier caso, el comentario de nuestra compasiva niña no debe tenerse muy en cuenta. El fundamento de sus ideas es poco sólido. El motivo de su compasión, impreciso. En definitiva, ni siquiera merece la pena hacer de ello un problema. Sin embargo, el escuchar ese comentario extremadamente irresponsable de la niña, me sugirió algo. Esta niña, sin saber nada, se limitó a soltar sin pensar la palabra que había aprendido recientemente, pero, gracias a ello, el padre pensó:

«Ahora que lo dice, el contraataque del conejo es demasiado atroz». Pero la cuestión es que, en el caso de estos niños pequeños, bueno, puedes decirles esto y aquello, y disfrazar un poco las cosas, pero los niños más mayores, a los que ya han enseñado la visión del bushido sobre la franqueza, la rectitud y demás, ¿no pensarán que el castigo que inflige este conejo, por decirlo claramente, es «demasiado sucio»? Aquí está el problema, se preocupaba este estúpido padre frunciendo el ceño.

Si, como en nuestros libros de cuentos actuales, el tanuki simplemente le hubiera causado unos arañazos a la abuela, la trama según la cual encuentra tan cruel destino —porque el conejo le engaña malévolamente, quemándole la espalda, luego frotándole pasta de guindilla sobre la parte quemada y, por si fuera poco, subiéndole a una barca de barro para matarle—, necesariamente provocará enseguida las sospechas de los niños que ya van a la Escuela Nacional. Pero incluso en el caso de que el tanuki hubiera planeado algo tan imperdonable como hacer una sopa con la vieja, ¿por qué no enfrentarse con él cara a cara, dando a conocer su nombre e intenciones, limpiamente y sin trucos, y castigarle con un tajo de sable? Alegar que el conejo carece de fuerza y demás en este caso no sirve de excusa. El duelo para vengar la afrenta siempre debe ser limpio y sin trucos. Los dioses se ponen del lado del justo.

Aunque quepa la posibilidad de no ganar, hay que atacar de frente al grito de «¡castigo divino!». Si hubiera una diferencia de fuerzas demasiado grande, entonces tocaría acudir a un lugar como el monte Kurama y sumirse en una estoica preparación al estilo de los místicos, hasta que el espíritu de uno domine el arte de la espada.

Desde antiguo, los personajes respetables del Japón han venido, más o menos, haciendo esto. Fueran cuales fueran las circunstancias, actuar mediante planes retorcidos, y encima matar al contrario haciéndole sufrir reiteradamente, es algo que todavía no hemos visto en ninguna historia japonesa de duelo por afrentas. Eso precisamente es lo que, se mire como se mire, no está bien de la historia de La montaña Kachi—kachi. En una palabra, no es una actitud varonil, pensarán niños y adultos, porque, en definitiva, cualquiera que se sienta atraído por la noción de justicia, ¿no debería sentirse algo incómodo al respecto?

Pero podéis estar tranquilos. Se me ha ocurrido algo acerca de esto. Y me he dado cuenta de que es perfectamente natural que la actitud del conejo carezca de virilidad.

Puesto que este conejo no es un hombre. De esto no hay duda. Este conejo es una chica virgen de dieciséis años. Todavía no sabe utilizar su atractivo erótico, pero es bella. Además, generalmente no hay en todo el género humano persona más cruel que este tipo de mujer. Dentro de la mitología griega aparecen muchas diosas, pero, de ellas, si dejamos aparte a Venus, la diosa virgen Artemisa es representada, al parecer, como la más atractiva de todas ellas. Como el lector sabrá, Artemisa, en cuya frente brilla un cuarto de luna blanquiazul, es la diosa de la Luna. De movimientos rápidos y sentimientos inamovibles, es, en fin, y dicho en pocas palabras, la versión femenina del dios Apolo. Además, las terribles bestias del mundo terreno son todas vasallos de esta diosa. Sin embargo, su aspecto no es ni mucho menos el de una mujer grandullona, basta y fuerte como una roca. Por el contrario, es pequeña, esbelta; sus manos y pies, delicados y encantadores; y su rostro, tan hermoso que estremece. Sin embargo, a diferencia de Venus, no presenta una marcada femineidad, y también sus pechos son pequeños. Si hay alguien que no le gusta, lo trata con crueldad sin darle importancia. De hecho, al hombre que la espiaba cuando estaba bañándose, lo empapó de un manotazo y lo convirtió al instante en ciervo. Solamente por echarle una furtiva ojeada cuando se estaba bañando, se enfadó hasta este punto. No quiero ni pensar lo que hubiera hecho si llegan a acariciarle una mano. Si un hombre se enamora de una mujer así, es evidente que recibirá una lastimosa y enorme humillación. Y sin embargo los hombres, y mucho más cuanto más necios sean, se enamoran muy fácilmente de este tipo de mujeres peligrosas. Y el resultado, por lo general, es también previsible.

Y quien lo dude, hará bien en ver lo que le sucedió a este pobre tanuki. Desde hace tiempo, el tanuki intentaba transmitir indirectamente su sentimiento de amor hacia esta chica conejo cortada por el patrón de Artemisa. Una vez que hemos decidido que el conejo de esta historia era una chica tipo Artemisa, tanto si el delito del tanuki hubiese sido cocer a la abuela, como si se hubiera limitado a causarle unos simples arañazos, el que su castigo fuera retorcido y malévolo, y que, lógicamente, no le fuese aplicado con virilidad, es algo ante lo que no queda sino asentir con un suspiro. Si, además, este tanuki enamorado de una coneja tipo Artemisa, tal y como manda el estereotipo, resulta ser un sujeto no muy bien parecido, incluso para tratarse de un tanuki, y un gran simplón atontolinado que se limita a comer con bastos modales, podemos imaginar el trágico desenlace de los acontecimientos.

El tanuki fue atrapado por el anciano y estuvo a punto de verse convertido en sopa de tanuki, pero quería ver otra vez a aquella coneja, así que tras mucho patalear y conseguir por fin escapar a la montaña, iba de aquí para allá buscándola mientras farfullaba, hasta que por fin la encontró.

—¡Alégrate! He salvado la vida por un pelo. Aprovechando que el abuelo se ausentó, le he dado su merecido a la abuela y he conseguido escapar. Y es que soy un tipo al que acompaña la suerte —se ufanaba con cara de satisfacción, contando cómo había conseguido romper el peligroso cerco que le amenazaba mientras escupía saliva a diestro y siniestro.

La coneja dio un brinco hacia atrás para evitar la saliva y le escuchó con cara desdeñosa.

—No hay ningún motivo especial por el que tenga que alegrarme. ¡Y qué cochino eres, escupiendo saliva al hablar! Además, esos dos abuelos eran mis amigos, ¿no lo sabías?

—¡Ay, vaya! —dijo el tanuki atónito—. No lo sabía, perdóname. Si lo hubiera sabido, con mucho gusto me hubiera convertido en sopa de tanuki o lo que hiciera falta —añadió con abatimiento.

—Ahora ya es tarde para decir eso. ¡A buenas horas! ¿Acaso no sabías que yo iba de vez en cuando a jugar a ese jardín y desde la casa me echaban deliciosas judías o alguna otra cosa de comer? Y aun así, todavía sueltas la mentira de que no tenías ni idea. Eres odioso. Te has convertido en mi enemigo —le anunció despiadadamente.

En este momento, ya bullía en el interior de la coneja el deseo de vengarse de alguna manera del tanuki. La furia de una virgen es terrible. Y si encima va dirigida contra un tipo feo, torpe y estúpido, entonces ya es implacable.

—Perdóname. De verdad que no lo sabía. No estoy mintiendo. Créeme, por favor.

—Lloriqueaba e imploraba con un tono desagradablemente insistente, y se ponía a estirar el cuello inclinando la cabeza, cuando descubrió al lado una bellota caída, que se apresuró a recoger y engullir, tras lo cual echó una rápida mirada en derredor con cara de «¿no hay más?». Prosiguió—: De verdad que, cuando te enfadas conmigo, me entran ganas de morirme.

—¿Qué estás diciendo? Pero ¡si solo piensas en comer! —continuó desdeñosa la coneja, mientras se giraba rápidamente de costado—. Además de lujurioso, eres de lo más guarro que he visto comiendo.

—No me lo tengas en cuenta… Es que tengo hambre —continuaba implorando mientras daba más vueltas en derredor buscando más bellotas—. Si por lo menos comprendieras cómo sufre ahora mi corazón.

—Te digo que no te me acerques. ¿No ves que apestas? ¡Vete más para allá! Te has comido un lagarto, ¿verdad? Lo sé porque me lo han contado. Y también, ¡ja, ja, ja!, ¡qué gracia!, me han dicho que te has comido una mierda.

—Eso es ridículo —sonrió débilmente el pesaroso tanuki, aunque, por algún motivo, pareció incapaz de negarlo con energía, y añadió también sin fuerza—: No habrás creído eso, ¿eh? —mientras se limitaba a torcer el gesto.

—No te hagas el fino, que no te creo. Que ese olor que sueltas no es simplemente mal olor —continuó atacando implacable la coneja, sin inmutarse. De pronto, como si pensara en otra cosa totalmente distinta, se le ocurrió alguna idea maravillosa y, brillándole los ojos, se volvió hacia el tanuki con cara de estar conteniendo la risa—.

Bueno, entonces, por esta sola vez, te perdono. Eh, ¿pero no te he dicho que no te me acerques? Está visto que no se puede una descuidar. ¿Qué tal si te limpias las babas?

¿No ves que tienes toda la barbilla pringosa? Tranquilízate y escucha con atención.

Por esta vez, y de manera excepcional, te perdono, pero con una condición. Ese pobre abuelo ahora debe de estar terriblemente deprimido y sin fuerzas para salir a la montaña a por leña, así que nosotros dos iremos a cortar leña para él.

—¿Juntos? ¿Tú también vendrás conmigo? —preguntó el tanuki con sus turbios ojillos brillando de felicidad.

—¿Te disgusta?

—Pero ¿cómo va a disgustarme? Vayamos hoy mismo, ahora mismo —le ronqueaba la voz de puro contento.

—Vayamos mañana, mañana a primera hora, ¿eh? Hoy debes de estar cansado y, además, seguro que tienes hambre —dijo extrañamente amable.

—¡Muchísimas gracias! Mañana prepararé algo para llevar de comida y trabajaré sin parar hasta reunir kilos y kilos de leña. Después los llevaré a casa del abuelo. Y entonces, me perdonarás sin falta, ¿verdad? Te llevarás bien conmigo, ¿verdad?

—¡Qué pesado eres! Dependerá de los resultados que muestres en ese momento.

Entonces, a lo mejor decidiré hacer buenas migas contigo.

—Ji, ji, ji —se rio el tanuki con lascivia—: Vaya forma tan antipática de hablar.

Así que quieres hacerme trabajar, maldita sea. Me siento, me siento… —empezó a decir, cuando se acercó una gran araña, que se apresuró a devorar de un rápido lengüetazo—: Me siento tan feliz que me gustaría llorar como lloran los hombres. —Y sorbiendo la nariz, lloró ruidosa y falsamente.

La mañana de verano era clara y de un frescor agradable. La superficie del lago Kawaguchi estaba cubierta de una ligera neblina, que se extendía blancuzca bajo sus ojos. En lo alto de la montaña, el tanuki y la coneja, rodeados también de niebla matinal, cortaban leña afanosamente. El aspecto del tanuki mientras trabajaba, más que el de alguien que se afana con plena dedicación, era el lamentable de quien está medio enloquecido.

—Uff, uff —resoplaba exageradamente, blandiendo a diestro y siniestro la hoz para cortar ramas, y soltaba esporádicos quejidos de «ay, qué dolor, ay, qué dolor», con la intención evidente de hacerse escuchar por ella. Iba de un lado para otro como loco, obsesionado por mostrarle a la coneja sus esfuerzos y sufrimientos. Así se revolvía terriblemente, hasta que, como es lógico, con un «ya no puedo más» escrito en su fatigado rostro, arrojó la hoz y dijo—: Mira esto, qué te parece. Me han salido ampollas en las manos. ¡Ah, me hormiguean las manos! Tengo sed. Y también hambre. Y es que vaya un trabajo tan enorme. ¿Qué tal si descansamos un poco?

Vamos a abrir el almuerzo, ¿eh? Je, je, je.

Se rio de manera rara, como para disimular su vergüenza, y abrió una gran caja de bento con los alimentos que había traído. Hincó el hocico en esa caja grande como una lata de petróleo y empezó a masticar ruidosamente y a babear mientras engullía su contenido. Ahí, en el comer, sí que demostró dedicación plena e ininterrumpida.

La coneja, paralizada por la sorpresa, miraba con rostro atónito y, dejando de cortar ramas, echó una ojeada al interior de la caja, y… «¡ah!», lanzó un grito de sorpresa tapándose los ojos con ambas manos. No sé qué podría ser, pero por lo visto, en esa caja de almuerzo había algo terriblemente desagradable. Sin embargo, hoy la coneja parecía tener un plan secreto, así que no le soltó ninguna frase despectiva al tanuki, como hubiera sido lo habitual, sino que continuó sin decir palabra, limitándose a exhibir una aviesa sonrisa que no iba más allá de sus labios. Tras lo cual, volvió rápidamente a cortar ramas y, poniendo cara de no darse cuenta, ignoró las inmundicias que hacía el tanuki llevado de su buen humor. Se había llevado un buen susto al ver el contenido de la comida del tanuki pero, encogiéndose de hombros con impotencia, regresó a su trabajo de cortar leña. Por su parte, el tanuki, al verse hoy tratado con tanta magnanimidad por la coneja, no cabía en sí de gozo, y pensaba:

«Vaya, parece que esta chica, al ver mi varonil forma de cortar leña, por fin se siente atraída por mí. Si es que no hay mujer que se resista a mi atractivo de hombre bien plantado. ¡Ah, qué bien he comido! Me está entrando sueño. Qué demonios, vamos a echar una siestecita». Relajando su postura y actuando a capricho, se quedó dormido emitiendo fuertes ronquidos. Mientras dormía, debía de tener algún necio sueño, pues decía cosas como: «¡Las pócimas para enamorar no sirven para nada, no funcionan!», y tonterías por el estilo, sin sentido alguno; hasta que se despertó ya casi al mediodía.

—Has dormido un buen rato, ¿eh? —le dijo la coneja con el mismo tono amable de antes—: Yo también he reunido un buen haz de leña, así que echémonoslo a la espalda y vayamos a dejárselo al anciano en el jardín.

—Ah, sí, claro. Eso es —contestó el tejón con un gran bostezo y restregándose los brazos—: Vaya un hambre que me ha entrado. Con este hambre, no podía seguir mucho tiempo dormido. Es que soy muy sensible. —Y poniendo cara de gran resolución, añadió—: Bueno, venga, voy a reunir yo también rápidamente toda la leña que he cortado y bajemos la montaña. La caja de almuerzo ya está vacía, así que terminemos este trabajo cuanto antes para poder dedicarnos a buscar comida.

Ambos se echaron a la espalda los haces que habían cortado y comenzaron a bajar la montaña.

—Vete tú delante. En este lugar hay serpientes y me da miedo —pidió la coneja.

—¿Serpientes? No hay nada que temer de las serpientes. En cuanto le eche el ojo encima a alguna, la atrapo y... —se interrumpió cuando estaba a punto de decir «me la como», pero se reprimió y añadió—: la atrapo y la mato. No tengas miedo, y camina detrás de mí.

—Desde luego, en momentos como este, ¡qué tranquilidad contar con un hombre en quien confiar!

—No me adules —contestó con modestia—. ¡Qué zalamera estás hoy! Casi me da miedo. ¿No será que quieres llevarme a casa del anciano para que me hagan sopa de tanuki, eh? Ja, ja, ja, a otra cosa no sé, pero a eso sí que no estoy dispuesto.

—Pero qué... Pues si andas con esas sospechas, ya no te lo pido. Iré yo sola y ya está.

—No, no, no es eso. Voy contigo. No le tengo miedo a las serpientes, ni a ninguna otra cosa en el mundo, pero es que precisamente ese abuelo... no puedo evitar que me caiga mal. ¡Qué odioso eso de querer hacer sopa de tanuki! De entrada, ¡qué cosa tan basta! Y como mínimo, no creo que ni siquiera tenga buen sabor. Yo llevaré mi haz de leña hasta el almezo que está antes de entrar al jardín de ese abuelo, lo dejaré allí, y luego hazme el favor de llevarlo tú adentro. He pensado que es mejor que me despida allí. Con solo ver la cara de ese abuelo, me entra una indescriptible sensación de desagrado. ¿Eh? ¿Qué es eso? Vaya un ruido más raro. ¿Qué será? ¿No lo oyes tú también? Suena como un kachi—kachi.

—¿Y no es eso lo normal? Por eso esta es la montaña Kachi—kachi.

—¿La montaña Kachi—kachi? ¿Esta?

—Sí. ¿No lo sabías?

—No, no lo sabía. Hasta hoy no había escuchado nunca que esta montaña se llamara así. Pero vaya un nombre tan raro. ¿No me estarás mintiendo?

—Pero hombre, ¿acaso no tienen nombre todas las montañas? Aquel es el monte Fuji, aquel el monte Nagao, aquel el Omuro. ¿No tienen un nombre todos? Pues por eso, esta montaña se llama Kachi—kachi. ¿Ves? Se oye ese sonido de kachi—kachi.

—Sí, lo oigo. Pero ¡qué extraño…! Hasta ahora ni una sola vez había escuchado semejante sonido aquí. Nací en esta montaña, y ya son treinta y pico los años que en ella vivo, pero esta…

—¿Cómo? ¿Pero ya eres tan viejo? Y eso que el otro día me dijiste que tenías diecisiete años, ¡qué espantoso! Con esa cara llena de arrugas y la espalda un poco curvada, ya me parecía a mí extraño lo de diecisiete, pero no creí que te estuvieras quitando veinte años. O sea que ya estás cerca de los cuarenta; vaya, un buen montón de años, ¿eh?

—No, no, diecisiete, diecisiete, son diecisiete. Esta forma que tengo de andar un poco encorvado, no es de ningún modo por culpa de la edad. Es que como tengo hambre, me sale esa postura de manera natural. Treinta y pico son los años de mi hermano mayor. Como él siempre lo anda repitiendo, he terminado por soltar lo mismo sin darme cuenta. Vamos, que se me ha pegado de él. Es solo eso, querida.

Estaba tan nervioso buscando excusas, que se le escapó la palabra «querida».

—¿Ah, sí? —contestó la coneja con frialdad—. Pues es la primera vez que oigo que tienes un hermano mayor. ¿No me dijiste una vez algo así como «me siento muy solo, siempre ando en solitario, no tengo padres ni hermanos, me pregunto si tú podrías comprender una soledad como la mía»? Entonces, ¿qué querías decir con aquello?

—Sí, eso es —ya ni el mismo tanuki entendía lo que estaba diciendo—. Es que desde luego este mundo es muy complicado, no se puede explicar con un sí o un no. Tengo y no tengo hermano.

—Pero todo eso no tiene ningún sentido —se cansó la coneja—, ni pies ni cabeza.

—Sí, verás, en realidad tengo un hermano mayor. Es duro decir esto, pero es un borracho y un maleante. Me avergüenza mucho y no puedo presentárselo a nadie.

Desde que nací hace treinta y pico años, no, no, quiero decir mi hermano, desde que mi hermano nació hace treinta y pico años, no para de causarme problemas.

—¿No crees que eso también suena un poco extraño? ¿Cómo es posible que le causen problemas durante treinta y pico años a alguien de diecisiete?

El tanuki ya optó por hacer como si no escuchara:

—En este mundo hay muchas cosas que no se pueden explicar con una frase.

Ahora mismo, para mí, él ya no cuenta nada, y es como si no existiera. Le he repudiado. ¿Eh? Pero qué raro, huele a quemado. ¿Tú no notas nada?

—No.

—¿Tú crees? —El tanuki, como siempre comía cosas malolientes, no tenía mucha confianza en su olfato. Giraba su cuello desconcertado—. ¿Será por preocuparme demasiado? ¿Pero qué es esto? ¿No oyes un ruido de pachi—pachi boo—boo, como si se estuviera quemando algo?

—Pues claro que sí. Esta es la montaña Boo—boo de Pachi—pachi.

—¡Mentirosa! Pero si acabas de decir hace nada que esta era la montaña Kachi—kachi.

—Sí, pero en una misma montaña, dependiendo del lugar, los nombres pueden ser diferentes. También a media altura del Fuji hay una montaña llamada Fuji Menor; y el monte Omuro o el Nagao, ¿no están ambos unidos al monte Fuji? ¿Es que no lo sabías?

—No, no lo sabía. Me pregunto si será así, porque ese nombre de la montaña Boo—boo de Pachi—pachi en mis treinta y pico años… Quiero decir, según cuenta mi hermano mayor, esto no es más que una colina. Pero ¡eh, qué calor hace de pronto!

¿Será que va a haber un terremoto? No sé qué pasa hoy, que todo me da mala espina.

¡Aaah, qué calor tan terrible! ¡¡¡Aaaaaah!!! ¡Que me quemo, qué horror, me abraso!

¡Socorro, la leña está ardiendo! ¡¡¡Me abraso!!!

Al día siguiente, el tanuki estaba en el fondo de su madriguera, gimoteando:

—¡Aaah, qué dolor! Finalmente, puede que también a mí me haya llegado la hora de morir. Pensándolo bien, no hay hombre más desgraciado que yo. Porque nací un tanto bien parecido, las mujeres, por contra, se cohíben y no se me acercan. Por lo visto, es una desventaja ser un hombre educado y elegante. A lo mejor se piensan que a mí no me gustan las mujeres. ¿Pero qué creéis? No soy ni mucho menos un santo.

¡Claro que me gustan las mujeres! Y sin embargo, parece que ellas creen que soy un idealista que busca una mujer perfecta y ni siquiera intentan seducirme. Llegados a este punto, me dan ganas de echar a correr como un loco diciendo a gritos: «¡Me gustan las mujeres!». ¡Ay, pero cómo me duele! ¡Cómo me duele! Me parece que estas quemaduras no se van a curar fácilmente. Me entran punzadas de dolor. Ahora que por fin me alegraba de haber escapado del guiso de tanuki, he caído en la trampa de la incomprensible montaña Boo—boo, que ha terminado con mi suerte. Esa montaña es una montaña de lo más mezquina. Qué cosa tan terrible, hacer arder la leña con ese boo—boo. En treinta y pico años… —Se interrumpió mirando en derredor—. Bueno, y por qué ocultarlo, este año cumplo los treinta y siete. Sí, sí, ¿y qué pasa?

En cuanto pasen otros tres años, ya tendré cuarenta, como es evidente. Es una conclusión perfectamente natural, ¿acaso no basta con verme? ¡Ay, pero qué dolor!

Sin embargo, el caso es que en mis treinta y siete años de vida, me he criado y jugueteado en esa colina, y ni una sola vez me ocurrió una cosa tan extraña y terrible como esta. Que si la montaña Kachi—kachi, que si la montaña Boo—boo, hasta el nombre le viene extrañamente bien. ¡Qué inexplicable es todo!

Así reflexionaba una y otra vez, golpeándose la cabeza. En ese momento, escuchó la voz de un vendedor ambulante pregonando sus mercancías, que le llegaba desde el exterior de la madriguera.

—¡Traigo pomada de Senkin! ¡Para sus quemaduras, heridas, para la piel renegrida!

El tanuki, más que por las quemaduras o las heridas, se sintió atraído por lo de la piel renegrida.

—¡Eh, eh, pomada de Senkin!

—Al momento. ¿Desde dónde me llama?

—Aquí, dentro de la madriguera. ¿También sirve para aclarar la piel demasiado oscura?

—Pues claro. Y en un solo día.

—Ajajá —se alegró el tanuki, saliendo a rastras de la madriguera—. ¿¡Eh, pero si eres la coneja!?

—Bueno, sin duda soy un conejo, pero soy macho, y vendedor de medicamentos.

En realidad, llevo treinta y pico años recorriendo esta zona con mis productos.

—Pfuuu… —suspiró el tejón agitando la cabeza—. Sí que hay parecidos entre los conejos. ¿Treinta y pico años? Vaya, ¿usted también?

Bueno, dejemos de hablar del paso del tiempo. No tiene maldito interés. ¿No resulta pesado? Bueno, pues por eso

—farfullaba dando vueltas al asunto para disimular—. Por cierto, ¿no me podrá dar un poco de esa medicina? Resulta que tengo algunas molestias y preocupaciones.

—¡Oh, pero qué quemaduras tan terribles! Esto no se puede dejar así. Si no se cuidan, va usted a morir.

—No, si lo que tengo son ganas de morirme de una vez. Más bien, lo que me preocupa es, ¿cómo decirlo?, mi aspecto…

—Pero ¿qué está usted diciendo? Si está justo en el filo entre la vida y la muerte.

La espalda es lo que tiene peor, ¿verdad? ¿Pero se puede saber qué le ha pasado a usted?

—Pues verá… —empezó el tanuki, torciendo el gesto—, nada más poner los pies en esa montaña de nombre estúpido de Boo—boo de Pachi—pachi, bueno, sucedió algo espantoso, me llevé un gran susto…

El conejo, sin poder contenerse, soltó una risita. El tanuki no supo por qué se reía el conejo, pero, arrastrado, se rio él también:

—Cierto, ¿verdad? No hay cosa más tonta y absurda que esta. Le voy a dar un consejo: evite en particular esa montaña a toda costa. Al principio se pasa por una montaña llamada Kachi—kachi, que luego lleva a esa otra de Boo—boo de Pachi—pachi, y ahí está el gran peligro. Suceden cosas espantosas. En fin, que es mejor no pasar más allá de la montaña Kachi—kachi y despedirse en ese momento del lugar. Si uno comete el error de penetrar en la Boo—boo, al final, ya ve, se acaba como yo. ¡Ay, qué dolor, qué dolor! ¿Comprende usted? Se lo advierto de veras. Usted, que parece que todavía es joven, escuche las palabras de alguien entrado en años como yo. Bueno, no tan entrado en años; pero, de todas formas, no se lo tome como una tontería, y acepte con respeto este consejo de amigo, por favor. Mire que le está hablando alguien que ya ha pasado por ello. ¡Ay, ay, pero cómo duele!

—Muchas gracias. Tendré cuidado. Bueno, entonces, ¿qué hacemos con el medicamento? Como agradecimiento por el atento consejo que acaba de darme, no le cobraré nada por el producto. Déjeme que le aplique la pomada sobre las quemaduras de la espalda. Ha tenido lugar la feliz coincidencia de que yo pasara por aquí precisamente en este momento, porque, si no, es posible que dentro de poco estuviera usted muerto. Debe de ser algún tipo de predestinación. Algo que nos ha unido.

—Sí, es posible que estuviéramos destinados a encontrarnos. —Y gimiendo en voz baja, el tanuki prosiguió—: Bueno, si es gratis, dejaremos que nos lo unten.

Últimamente estoy empobrecido, y es que el enamorarse de las mujeres cuesta dinero, por desgracia. De paso, ¿no podría echarme una gota de esa pomada también en la palma de mi mano?

—¿Para qué? —preguntó el conejo con rostro intranquilo.

—No, ja, ja, para nada. Solo es que me gustaría echarle una ojeada. Me preguntaba qué color tendría.

—El color es como el de cualquier otra pomada. ¿Está bien así? —Y echó una pizca en la palma de la mano que extendía el tanuki.

Rápido como una centella, el tanuki estuvo a punto de untarse la cara con la gota de pomada, pero el conejo, sorprendido, consiguió apartarle la mano, no fuese a ser que por algo así se descubriera el verdadero contenido del medicamento.

—¡Eh, no debe usted hacer eso! Para untar en la cara es una pomada un poco fuerte. Ni hablar.

—¡No, suélteme! —se revolvía el tanuki insistiendo sin amilanarse—. Se lo pido por favor, suélteme el brazo. No puede usted comprender mis sentimientos. Por culpa de este rostro renegrido, desde que nací hace treinta y pico años, la vida tan gris que he tenido que llevar… No podría usted comprenderlo. Suélteme, suélteme el brazo.

Se lo pido por favor, deje que me lo aplique en la cara.

El tanuki terminó por apartar de una patada al conejo, y con una celeridad que se escapaba al ojo, se embadurnó la cara con la pomada.

—Como mínimo, creo que mi cara, la forma de la nariz y los ojos, no está ni mucho menos nada mal. Pero andaba desalentado solo por culpa de esta piel tan oscura. Ahora ya no habrá problema. ¡Ah! Pero qué terrible es esto. Siento un picor imparable. ¡Qué pomada tan fuerte! Claro que si no fuera un medicamento tan fuerte como este, creo que no sería eficaz para remediar la negrura de mi rostro. ¡Ah, qué terrible! Pero hay que tener aguante. Maldita sea, la próxima vez que esa tía se encuentre conmigo, se quedará fascinada, embelesada ante mi rostro… ju, ju, ju… Y no quiero saber nada si luego sufre de amor por mí. Que no me hago responsable, ¿eh? ¡Ah, qué escozor! Este medicamento sí que funciona. Venga, pues ya puestos, en la espalda o donde sea. Úntemelo usted por todo el cuerpo. Total, no me importa morir. Con tal de que mi piel se vuelva más blanca, ¡qué importa morir! Vamos, vamos, úntemelo. No se cohíba usted y embadúrneme generosamente todo el cuerpo, por favor.

Se había vuelto un espectáculo dolorosamente patético.

Sin embargo, la crueldad de una virgen consciente de su belleza no conoce límite.

Casi igual a la del diablo. Se levantó con toda su sangre fría y se puso a cubrir toda la piel quemada del tanuki con gruesas capas de aquella pomada de guindillas. Al momento, el tanuki se revolcaba, levantándose y cayendo una y otra vez.

—Hum… Esto no es nada. Este medicamento es verdaderamente eficaz. ¡Ah… qué terrible! Denme agua, por favor. Pero ¿dónde estoy? ¿Es el infierno? Perdón, por favor. No recuerdo haber hecho nada por lo que merezca ir al infierno. Solamente porque no quería convertirme en sopa de tanuki, acabé con aquella abuela. No tengo ninguna culpa. Desde que nací hace treinta y pico años, por culpa de mi piel renegrida, ni una sola vez he gustado a las mujeres. Y además, por culpa de mi gula… ¡ah, no sé la de veces que me he visto en situaciones incómodas! Nadie me comprende. Soy un solitario. Soy una buena persona. Creo que mi cara no está nada mal.

Sufría tanto, que soltaba sin parar lastimosas frases inconexas, hasta que la cosa terminó en que perdió el conocimiento y cayó en redondo.

Sin embargo, la desgracia del tanuki no acabó aquí. Incluso yo, que soy el autor, no puedo evitar suspirar mientras escribo. Con toda probabilidad, no creo que encontremos en toda la Historia del Japón apenas personaje alguno que haya tenido una parte final de su vida tan inexorablemente dirigida a la desgracia. Tras conseguir escapar de la sopa de tanuki a que estaba destinado, sin apenas darle tiempo para alegrarse, en la montaña Boo—boo sufre grandes quemaduras sin causa aparente y, salvando la vida por un pelo, consigue llegar arrastrándose a duras penas hasta su madriguera, donde se halla gimoteando con el gesto torcido, para encontrar que esta vez le embadurnan todas las heridas con pasta de guindillas, por lo cual pierde la consciencia de tanto sufrir; y, por último, como colofón, le suben a una barca de barro para que se hunda en el fondo del lago Kawaguchi. Realmente, no hay ni el menor lado bueno. Sin duda, esta también puede ser considerada como una historia de desgracia acaecida por culpa de una mujer, pero, aun así, dentro de ese género de perdición por una mujer, resulta demasiado áspera. No hay ni un solo momento de buen gusto.

El tanuki pasó tres días en su escondrijo con un hálito tan débil como el de un insecto, medio vivo medio muerto, errando, ahora sí, en la frontera entre la luz y las tinieblas, hasta que al cuarto día, acosado por un hambre salvaje, consiguió apoyarse en un bastón y salir medio a rastras de la madriguera, farfullando esto y aquello por lo bajo, mientras buscaba aquí y allá algo de comer, andando con un aspecto tan lastimoso que no admite comparación. Sin embargo, como en el fondo era de constitución fuerte, antes de que pasaran diez días ya se había recuperado por completo. Y si su gula había vuelto por sus fueros con las mismas ganas que antes, su apetito sexual también había rebrotado un poco; así que, aunque debería haberse quedado quietecito, le dio por ir de nuevo a la morada de la coneja, como si nada hubiese pasado.

—He venido a estar un rato contigo, ju, ju —se rio vergonzoso y lascivo.

—¡¿Eh?! —se sorprendió la coneja con evidente cara de terrible desagrado. Un sentimiento tipo: «Pero ¿cómo, eres tú?»; o mejor dicho, aún peor, algo del estilo: «¿Pero por qué vienes otra vez?» o «¡Pero qué cara más dura tienes!». No, no, todavía peor. Algo como «¡Ah, qué insoportable!» o «Ha llegado el gafe». Pero no, no, todavía peor que eso. «¡Asqueroso!, ¡apestoso!, ¡muérete!». Algo en esta línea de desagrado extremo era lo que en ese momento se reflejó a las claras en el rostro de la coneja. Sin embargo, el tipo de visitante a quien nadie desea invitar, es un sujeto que no se da cuenta ni de lejos del sentimiento de disgusto del dueño del lugar que visita.

Realmente, se trata de una psicología incomprensible. Vosotros, queridos lectores, haréis bien también en andaros con cuidado. Cuando el ir de visita a una casa supone, por algún motivo, un gran esfuerzo o una incomodidad, y aun así, aunque con desgana, se decide ir, sorprendentemente, la gente de esa casa se alegra de vuestra visita desde el fondo de su corazón. Por contra, cuando vais pensando «¡Ah, qué agradable es aquella casa, me siento casi como si estuviera en la mía, o incluso todavía mejor, es el único refugio donde olvidar las penas, no hay cosa más agradable que el ir de visita a aquella casa!», etc., por lo general, los habitantes de dicho hogar se sienten indeciblemente molestos. Os ven como una presencia sucia, os temen y están deseando que os marchéis cuanto antes. Seguramente, el hecho de desear un refugio en casa ajena para olvidar las penas es ya una prueba de estupidez, pero, de todas maneras, en lo que se refiere a las visitas, resulta sorprendente lo equivocado que suele llegar a estar el visitante. Creo que, si no tenemos un motivo concreto que nos lleve allí, por muy próxima que sea la relación con un determinado hogar, es mejor no acudir con demasiada frecuencia. Quien dude de este aviso del autor, hará bien en ver lo que le sucede al tanuki. Ahora mismo está clarísimo que el tanuki está cometiendo un espantoso error de apreciación. No ha interpretado bien ese «¡¿Eh?!» y la cara de disgusto de la coneja. Para el tanuki, ese grito de «¡¿Eh?!» ha sido solo de sorpresa ante su inesperada visita, con un tono de regocijo añadido, un gritito inocente propio de una virgen, emitido de forma inconsciente, un estremecimiento de alegría. Y la expresión de la coneja frunciendo el ceño la malinterpreta, de nuevo, como una muestra indudable del sufrimiento que sentía por lo que le sucedió el otro día en la tragedia del monte Boo—boo.

—Gracias —expresó su reconocimiento aun cuando ella no le había dirigido ninguna muestra de preocupación—. No tienes por qué inquietarte, ya estoy bien.

Dios siempre me protege. Soy un tipo con suerte. Esa montaña de Boo—boo me importa menos que el pedo de un kappa. Por cierto que la carne de kappa debe de saber bastante bien. Tengo que hacer lo que sea para probarla un día de estos. Bueno, ese es un tema aparte. Pero vaya un susto el del otro día. Y qué manera tan tremenda de arder, la de ese fuego. ¿Qué tal te fue a ti? No parece que tengas ninguna herida.

Menuda suerte haber podido escapar sin daños en medio de todo aquel fuego.

—No salí del todo indemne, no creas —respondió cínica y fríamente la coneja—. Pero tú, ¡vaya un comportamiento tan odioso que tuviste! ¿Pues no me dejaste sola en medio de aquel fuego y te escapaste a todo correr? Me cocía en medio de todo aquel humo y por poco no me muero. Te odié de veras. Está claro que, en momentos como ese, es cuando aparece la verdadera naturaleza de cada uno, ¿no crees? Esta vez ya he visto claramente cuál es la tuya.

—Lo siento. Perdóname, por favor. En realidad, yo también terminé muy mal, con unas quemaduras terribles. Después de todo, quizá ni Dios ni nadie esté protegiéndome, porque no dejan de ocurrirme desgracias, una tras otra. No creas que en ningún momento dejé de preocuparme por lo que hubiera podido pasarte a ti, pero cuando sentí que de pronto comenzaba a arderme la espalda, no tuve tiempo ni de ir a salvarte, ni de nada. ¿Pero no lo comprendes? De ninguna manera soy un hombre desleal. Unas quemaduras así son algo que no se puede tomar a la ligera. Y luego está lo de la pomada esa de Senkin o Senki o como se llame, que hay que evitar. Ese sí que es un medicamento odioso. Por no servir, ni siquiera sirve para aclarar la piel oscura.

—¿La piel oscura?

—¿Eh, qué? Ah, nada, un medicamento oscuro y espeso, demasiado fuerte, vaya.

Un sujeto muy parecido a ti, pequeño, un tipejo raro, me dijo que no me cobraba el medicamento. Entonces me dejé llevar y pensé que no hay que dejar de probarlo todo en esta vida, así que consentí que me untara su pomada. Sin embargo, se mire como se mire, aquello no era un simple medicamento. Es mejor que tú andes también con cuidado, no bajes la guardia un momento, porque sentí como si por lo más alto de mi cabeza estuviera pasando un tornado chirriante y de pronto me desplomé inconsciente.

—Puaf —replicó despectiva la coneja—. ¿Y no te está bien empleado? Has tenido tu castigo por ser tan tacaño. Como viste que era gratis, entonces te decidiste a probar el medicamento. No sé cómo pudiste hacer algo tan vulgar, y encima contármelo sin avergonzarte.

—¡Qué cosas tan terribles dices! —dijo el tanuki en voz baja. Pero, aparte de eso, no pareció sentir ninguna otra cosa en especial, sino que simplemente continuó como arrobado por el calorcito de la felicidad de estar junto a alguien que le gustaba; y así, como lo más natural del mundo, tomó asiento en aquel lugar. Con sus ojos brumosos como los de un pez muerto, miró en derredor, atrapó un pequeño insecto y lo engulló diciendo—: Pero con todo, soy un hombre afortunado. Por muchas desgracias con que me tope, siempre consigo salir con vida. A lo mejor, sí que me protege Dios. Me alegro mucho de que tú también terminaras a salvo y ahora que yo también estoy repuesto de mis quemaduras como si nada, podemos estar otra vez así los dos hablando tranquilamente. ¡Ah, me siento exactamente como en un sueño!

La coneja tenía desde el principio unas ganas enormes de que se marchase de una vez. Sentía un desagrado tal, que se quería morir. Tenía que encontrar, como fuese, la forma de que el tipo se marchase por fin de su hogar, así que se le ocurrió de nuevo un plan diabólico.

—Oye, ¿tú sabías que en este lago Kawaguchi nadan hasta rebosar unas tencas deliciosas?

—No, no lo sabía. ¿De verdad? —Los ojillos del tanuki brillaron de inmediato—.

Cuando yo tenía tres años, mi madre me trajo una tenca que había atrapado para que me la comiese. ¡Estaba buenísima! Yo no es que sea torpe, no, nada de eso, pero no consigo atrapar las tencas ni ningún otro animal que esté en el agua, así que, aunque sé que están muy ricas, han pasado desde entonces treinta y pico años y… Que no, que no… ja, ja, ja… Otra vez se me ha pegado la muletilla de mi hermano. Es que a mi hermano también le gustaban las tencas.

—Ah, ya, claro —le siguió la corriente la coneja, con la cabeza en otra cosa—. Yo, por mi parte, no es que tenga ganas de comer tenca, pero ya que a ti te gustan tanto, estoy dispuesta a acompañarte ahora para atrapar alguna.

—¿De verdad? —El tanuki no cabía en sí de gozo—. Pero es que esas dichosas tencas son muy rápidas. Una vez que intenté coger una, estuve a punto de convertirme en un fiambre ahogado —dijo, confesando excepcionalmente uno de sus fracasos pasados—. ¿Será que tú has pensado alguna buena manera de hacerlo?

—Si se utiliza una red, no tiene ninguna dificultad. Cerca de la costa del islote de Uga últimamente se concentran muchas tencas de gran tamaño. Vayamos allí, ¿eh? ¿Tú sabes remar?

—Hum… —empezó con un leve suspiro—: Bueno, sí, remar, puedo remar. Si me pongo a ello, no es nada —mintió con dificultad.

—¿Así que puedes remar? —contestó la coneja simulando creerle, aunque sabía que le había soltado una trola para presumir—. Entonces es perfecto. Tengo un barquito pequeño, pero es tan tan pequeño, que no podemos subir los dos. Además está hecho de maderas muy finas y de forma muy chapucera, por lo que entra agua por todos los sitios y es peligroso. A mí no me importa lo que me pase, pero no quiero que te pase nada a ti, así que vamos a construir tu barca juntos ahora, uniendo nuestras fuerzas. Como una barca de madera como la mía es peligrosa, vamos a hacer la tuya más resistente, amasando barro.

—No sé cómo agradecértelo. Voy a echarme a llorar. Por favor, déjame que llore.

¿Por qué será que enseguida me entran ganas de llorar? —Y mientras lloraba falsamente, añadió aprovechando la ocasión—: Y ya puestos, ¿por qué no me construyes tú sola esa barca tan resistente? Por favor, te lo suplico. —Y tras una petición tan descarada, añadió—: Quedaré en deuda contigo por esto. Mientras construyes esa barca tan resistente para mí, yo prepararé el almuerzo. Estoy seguro de que podría llegar a ser un estupendo encargado de intendencia.

—Seguro que sí —continuó la coneja simulando creer esa arbitraria opinión del tanuki, asintiendo dócilmente. Ante lo cual el tanuki se sonrió pensando cuán inocente era la gente de este mundo.

En este mismo instante se decidió la trágica suerte del tanuki. Que en el interior de esa persona que siempre cree todas las trolas que uno dice, con frecuencia puedan albergarse terribles y diabólicos planes, era algo que desconocía el necio y despistado tanuki. De buen humor, andaba por ahí sonriente.

Salieron juntos hacia la ribera del lago. Sobre la blanquecina superficie del Kawaguchi no había ni una ola. La coneja se aprestó a amasar barro y a emplearse a fondo en construir eso que llamaba una barca resistente, mientras que el tanuki repetía «siento las molestias», «siento las molestias», y correteaba y daba saltitos por los alrededores preocupado únicamente por encontrar alimentos para su merienda.

Para cuando el viento del atardecer empezó a soplar suavemente y la superficie del lago se cubrió de pequeñas olas, la barquichuela de barro relucía con el color del acero e iniciaba su singladura.

—Bueno, no está nada mal —comentó alborozado el tanuki mientras subía en primer lugar a la barca aquella caja de almuerzo grande como una lata de petróleo—.

Hay que reconocer que eres una chica muy mañosa, ¿eh? Y es que vaya una barca más bonita que has conseguido hacer en un santiamén. Una técnica prodigiosa —la elogió de una manera que sonaba increíblemente falsa.

Y secretamente, el tanuki pensó: «Si consigo casarme con esta mujer tan habilidosa, a lo mejor puedo llevar una existencia de diversión y lujo mientras vivo de su trabajo, etc.». Y así, además del atractivo sexual, comenzó a acosarle otro tipo de deseo, que le hizo reafirmarse en su intención de pegarse como fuera a esta mujer y no separarse nunca de ella.

Con gran decisión, se subió a la barca.

—Seguro que a ti también se te da de maravilla remar, ¿verdad? Por supuesto que yo, algo como remar en una barca, vaya, no es que no sepa, claro que no, ni mucho menos, pero hoy me gustaría comprobar el buen hacer de mi esposa en la faena —soltó con un descaro cada vez más desagradable—. En mis tiempos, me llamaban cosas como el rey del remo o el maestro del remo, pero he pensado que hoy me gustaría ir tranquilamente tumbado y ver cómo lo haces tú. A mí no me molesta, así que une con una cuerda la proa de mi barca a la popa de la tuya, por favor. Si morimos, que sea juntos, no me gustaría que me dejases solo.

Y tras decir estas desagradables palabras que sonaban a mal agüero, se tumbó extenuado en el fondo de su barca de barro.

Por su parte la coneja, al oír que el tanuki le pedía unir las dos barcas, se sobresaltó pensando si este estúpido no estaría sospechando algo. Pero tras estudiar disimuladamente su rostro, vio que no había por qué preocuparse, pues el tanuki se las prometía muy felices sonriendo libidinoso y se notaba que ya había comenzado su andadura por el mundo de los sueños. «Despiértame cuando consigas alguna tenca. Y es que hay que ver qué ricas que están. Ya tengo treinta y siete años». Y todo tipo de sandeces murmuradas medio en sueños. La coneja sonreía despectiva, y tras atar la barca de barro del tanuki a la suya, comenzó a golpear con un chapoteo la superficie del agua con el remo. Las dos barcas fueron alejándose sin dificultad de la orilla.

El pinar del islote de Uga bañado por el crepúsculo parecía un incendio. Aquí, el autor va a permitirse presumir de sabihondo con la anécdota del pinar que aparece en las cajas de tabaco Shikishima, que es un diseño realizado a partir del pinar de esta isla. Puesto que es algo que escuché de una persona de fiar, no creo que el lector tampoco pierda nada creyéndome. Claro que, como en nuestros días el tabaco Shikishima ya ha desaparecido, esta es una anécdota por la que los jóvenes lectores no mostrarán el menor interés. Me he dedicado a presumir de saber cosas sin ninguna importancia. Y es que dárselas de listo, al final, siempre acaba en un resultado tan tonto como este. Bueno, solamente los lectores que hayan nacido hace más de treinta y tantos años se acordarán difusamente con un «ah, ¿aquellos pinos?», al igual que el recuerdo de los juegos de geishas o cosas similares y poner cara de aburrimiento será, posiblemente, a lo más que llegarán.

Pues bien, la coneja se quedó arrobada contemplando esta visión al atardecer del islote de Uga, y susurró:

—¡Oh, qué paisaje tan hermoso!

Esto es realmente muy curioso. Se puede pensar que a alguien malvado en extremo, cuando está a punto de cometer un crimen cruel, no le sobra la disposición de ánimo necesaria para quedarse arrebatado ante la belleza de un paisaje, pero esta hermosa virgen de dieciséis años entrecerraba los ojos admirando la vista del islote al atardecer. En verdad que entre la Inocencia y el Mal no hay mayor separación que el grosor de una hoja de papel. Esos hombres a los que se les cae la baba ante una chica caprichosa que no conoce los sufrimientos de la vida, con unas maneras tan presuntuosas que dan ganas de vomitar, y que exclaman por ello: «¡Ah, la pureza de la juventud!», harán bien en tener mucho cuidado. Lo que esos hombres llaman «la pureza de la juventud» y demás, a menudo, como sucede con el caso de esta coneja, guarda en su seno un impulso de matar junto a un tipo de placentera embriaguez, conviviendo ambas pulsiones de la manera más natural, en un baile sensual y desacompasado donde no se distinguen bien unos sentimientos de otros. Es como la espuma de la cerveza, que no permite ver el peligro que hay debajo. Una situación donde se ocultan las sensaciones a flor de piel mediante la moral, y a eso se le llama idiocia o maldad. En esas películas americanas que no hace mucho estaban de moda en el mundo entero, salían por doquier machos y hembras jóvenes con este tipo de «pureza», pululando de aquí para allá como impulsados por un resorte, sin saber qué hacer con esos sentidos que les hormiguean a flor de piel. No es por retorcer las cosas buscando culpables, pero daría para pensar si el origen de esa expresión de «pureza de la juventud», no habría que buscarlo precisamente en los Estados Unidos. Esas cosas del tipo de «¡qué divertido es esquiar, venga, vamos!»; para luego, por otro lado, cometer sin el menor reparo un crimen estúpido. Si no es idiocia, entonces es maldad pura. O quizá lo que llamamos el Mal sea, en su origen, la Estupidez.

Pequeñita, esbelta, con manos y pies delicados, comparable a aquella Artemisa, diosa de la Luna, nuestra conejita virgen de dieciséis años también, por desgracia, ha pasado de golpe de ser un personaje muy interesante a convertirse en algo vulgar.

¿Así que se trata de simple idiocia? Ante eso ya no se puede hacer nada, ¿no?

—¡Aaah! —surgió una extraña voz a los pies de la coneja.

Nuestro querido hombre, que era de todo menos puro y que tenía ya treinta y siete años, estaba chillando como un principito tanuki:

—¡Agua! ¡Está entrando agua! ¡Estoy en peligro!

—Vaya un escándalo que armas. Si solo es una barca de barro. Claro que terminará por hundirse. ¿No lo sabías?

—No lo entiendo. Me resulta incomprensible. No tiene lógica. Algo así es imposible. No puedo creer que tú… no, no puede ser cierto, que tú quieras que yo… es algo propio de un demonio. No, no entiendo absolutamente nada. ¿Pero tú no eras mi esposa? ¡Ah, que se hunde! De todo lo que veo, como mínimo tengo la certeza de que esto se está hundiendo. Para ser una broma, es demasiado pesada. Esto es prácticamente un acto de violencia. ¡Ah, que se hunde! Eh, ¿cómo me vas a compensar de esto? ¿No ves que se va a echar a perder la caja de la merienda? En esta caja hay unos macarrones con lombrices espolvoreados con mierda de comadreja. ¿No es una pena? ¡Glup! ¡Ah, ya he empezado a tragar agua! ¡Eh, te lo ruego! Déjate de una vez de bromas pesadas. ¡Eh, eh, pero no cortes esa cuerda! Si hay que morir, que sea juntos. Los esposos vuelven a casarse tras la reencarnación, están amarrados por un destino que, aunque se intente, no puede cortarse… ¡Ah, no, la has cortado! ¡Sálvame, por favor! No sé nadar. Lo confieso. De joven podía nadar un poco, pero con treinta y siete años, los tejones tenemos endurecidas las articulaciones aquí y allá, y ya no hay manera de que podamos nadar. Lo confieso.

Tengo treinta y siete años. La verdad es que te llevo demasiados años. ¡Tienes que tratar con cariño a la gente mayor! ¡No olvides el debido respeto a los ancianos!

¡Glup! Ah, eres una buena chica, ¿eh? Así que, como eres una buena chica, alárgame por favor ese remo que tienes en la mano para que pueda agarrarme a él… Ay, ay, ay, ¿pero qué haces? ¿No ves que eso duele? Cómo se te ocurre golpearme la cabeza con ese remo… Conque esas tenemos, ¿eh? Muy bien, entendido. Así que quieres matarme, ¿eh? He comprendido.

El tanuki, al llegar a las puertas de la muerte, por primera vez se dio cuenta de las intenciones diabólicas de la coneja, pero entonces ya era demasiado tarde.

«Pokan, pokan», sonaba implacable el remo al llover sobre su cabeza. El tanuki se hundía y volvía a salir a flote sobre la superficie del lago, que relucía rojiza a la luz del atardecer, y gemía:

—¡Ay, ay, ay, qué dolor! ¡Qué espantosa eres! ¿Qué mal te he hecho yo a ti? ¿Es un delito el enamorarse?

Se hundió de golpe, y ya no volvió a salir.

La coneja se enjugó el rostro. Y dijo:

—¡Ay, qué sudor tan horrible!

Y bien, ¿pretende ser esto una especie de advertencia contra la lujuria? ¿O será una historia en clave humorística para proponernos el amable consejo de «ni te acerques a una preciosa virgen de dieciséis años»? Aunque también es posible que, ya que por mucho que alguien nos guste, ir a visitarlo continuamente hasta ponerse pesado puede hacernos finalmente tan odiados que incluso podamos encontrar el horrible destino de ser asesinados, estemos ante una especie de tratado didáctico sobre la cortesía y los buenos modales, que quiere enseñarnos a observar la moderación.

O también, más que una visión moral sobre el Bien y el Mal, quizá se quiera dar a entender, bajo la forma de una historia cómica, que en este mundo la gente es capaz de llegar a maldecir, castigar, premiar o dominar a otros simplemente por una diferencia de percepción en los gustos.

Pero no, no, sin apresurarse a sacar ese tipo de conclusiones propias de los críticos literarios, ¿no basta con tener en cuenta las últimas palabras del tanuki cuando estaba a punto de morir?

A saber: «¿Es un delito el enamorarse?».

No creo que exagere si digo que, desde tiempos remotos, el tema principal de las historias tristes en la literatura mundial pende en torno a esta sola frase. En toda mujer anida oculta esta despiadada coneja y en todo hombre siempre chapotea a punto de ahogarse este buen tanuki. Esto es una verdad clara y meridiana, como atestigua también el inexorable historial de experiencias de este autor a lo largo de treinta y pico años. Y, seguramente, el tuyo también, querido lector.

Punto y final.

ELGORRIÓN DE LA LENGUA CORTADA

Me planteé estos Cuentos de cabecera como un humilde solaz que pudiera ofrecer para el escaso tiempo libre de aquellos que están luchando con todas sus fuerzas para sacar al país de la difícil situación en que se encuentra. Una especie de sencillo juguete que pudiera servir para el caso, y por eso, aunque últimamente sufro leves ataques de fiebre que me debilitan, me dedico a avanzar en su escritura poco a poco, en los ratos libres que me permiten el trabajo obligatorio al servicio de la patria o cosas como arreglar los desperfectos que el rastro de la guerra deja en mi casa. «El lobanillo desaparecido», «La historia de Urashima», «La montaña Kachi—kachi» y, a continuación, «Momotaro» y «El gorrión de la lengua cortada», con lo cual ya tendría terminado estos Cuentos de cabecera, pensaba yo en mi plan original. Sin embargo, la historia de Momotaro ya se ha esquematizado casi hasta el límite. Su personaje se ha convertido poco menos que en un símbolo del aguerrido joven japonés, por lo que, más que un cuento, ofrece un contenido más próximo al de un poema o un cantar.

Por descontado que para mi historia pensaba en un principio refundir en mi crisol también este «Momotaro» original. En concreto, pensaba dotar a esos ogros de la isla de Onigashima de un odioso carácter maligno adicional. Mi intención era retratarlos como seres tan extremadamente malvados y horribles que no admitiesen comparación, y que no hubiese más remedio que terminar con ellos. Gracias a ello, el sometimiento de los ogros por parte de Momotaro produciría un rugido de aprobación entre los lectores, y el relato de ese combate donde se transpira el peligro que rodea al protagonista, casi haría saltar el sudor de las manos crispadas de todo lector, andaba planeando yo. Cuando un escritor se pone a contar los planes de aquella obra que no ha escrito, por lo general fanfarronea ingenuamente de esta manera. Que te digo que luego eso no es tan fácil de escribir. Bueno, bueno, en todo caso, haz el favor de escucharme. Es que he cogido carrerilla y me hace ilusión contarlo. Así que, por favor, escucha sin burlarte de mí.

De todas las criaturas perversas de la mitología griega, la más maligna y horrible debe de ser, sin duda, aquella Medusa con infinidad de serpientes en la cabeza. Con el entrecejo arrugado por una profunda desconfianza, sus pequeños ojos grises en los que arde un vil impulso asesino, unas mejillas pálidas temblando con furia amenazadora, y unos labios finos y ennegrecidos, torcidos en un rictus de odio y desprecio. Y todos y cada uno de sus largos cabellos son serpientes venenosas de vientre rojo. Cuando se ven frente a un enemigo, esta multitud de serpientes venenosas arquean a un tiempo sus cuellos en posición de ataque emitiendo un siseo escalofriante. Se dice que todo aquel que echara una simple mirada a esta Medusa, le invadía una indescriptible sensación de desagrado, se le helaba el corazón, y todo el cuerpo se le quedaba frío como la piedra. Más que terror, repugnancia. Más que al cuerpo, un daño al espíritu. Una criatura perversa como esta es el tipo más odioso de todos, esa clase de seres a los que no hay más remedio que someter cuanto antes.

Comparados con esta criatura, los seres del mundo sobrenatural japonés resultan sencillos, e incluso adorables. Los fantasmones como ese monje cabezón de los templos antiguos llamado dainyudo, o el karakasa, paraguas de estilo oriental con su única pierna, se limitan a bailotear inocentemente para los valerosos borrachines en sus no menos valerosas veladas a la hora de los fantasmas, y matar así su aburrimiento. Del mismo modo, los demonios de la isla de Onigashima no tienen de impresionante más que el tamaño, y hasta el mono de esta historia les tira de la nariz y con un… ¡aah!, caen dando una voltereta y se rinden. No hay ni una pizca de terrorífico en todo ello. Incluso se puede pensar que se trata de seres de carácter bondadoso. Con algo así el esfuerzo se desinfla, a pesar de las molestias tomadas en presentárnoslo como un relato donde los demonios se llevan su merecido. Aquí la historia exige que entren en escena unos seres tan terribles o más que aquella maléfica y desagradable Medusa.

De lo contrario, no conseguiremos que al lector le suden las manos crispadas por la emoción. Por otra parte, si el Momotaro protagonista es demasiado fuerte, el lector puede llegar a sentir lástima de los demonios, con lo que la historia pierde la tensión que conlleva el estar rodeado de hirvientes peligros. ¿Acaso incluso un héroe semiinmortal como Sigfrido no tenía un punto débil un poco más abajo de su hombro? Y también en el caso de un héroe japonés como Benkei se dice que tenía un punto débil. Así, en cualquier caso, un héroe perfecto y absolutamente imbatible es algo que no va bien a la hora de elaborar una historia. Y además, sucede que, quizá porque yo mismo no tengo mucha fuerza, creo conocer más o menos la psicología de los débiles, mientras que, aunque lo intente, la psicología de los fuertes no la conozco al detalle. Y, especialmente, porque todavía no me he encontrado ni una vez con alguien tan absolutamente poderoso como para resultar invencible, y ni siquiera he oído a nadie hablar de alguien así.

Tengo que decir que soy un autor de imaginación tan pobre que me veo incapaz de escribir ni una línea, ni una palabra, sobre algo que, aunque sea en pequeña medida, no haya experimentado por mí mismo. Por ello, a la hora de abordar este cuento de Momotaro, me resultaba de todo punto imposible poner en escena un personaje como nunca he visto, tan fuerte y valeroso que resultara invencible. Mi Momotaro, por tanto, habría sido alguien que desde pequeño era un llorica, de constitución débil, vergonzoso; en una palabra, un hombre que no vale para nada. Pero que sin embargo, al topar con estos odiosos demonios, viles y canallescos, que destruyen el alma humana y la hunden hasta el fondo en el infierno de la desesperación eterna, del escalofrío y del resentimiento, aunque sus fuerzas sean débiles, no puede quedar impertérrito, así que se pone en pie resueltamente y, con los bollos de mijo atados al cinto, parte hacia la guarida de los ogros, o alguna otra descripción parecida. Y en cuanto a ese perro, mono y perdiz que lo acompañan como vasallos, de ningún modo serían un trío de ayudantes modélicos, sino que todos tendrían algún tipo de fastidiosa manía, se pelearían de vez en cuando entre ellos, y probablemente en mi escrito se acercarían más bien al tipo de relación que encontramos en las historias de Saiyuki (Narración del viaje al Oeste) entre el mono Goku, el porcino Hakkai y el kappa Gojo.

Sin embargo, cuando terminé de escribir «La montaña Kachi—kachi» y por fin me dispuse a acometer mi particular «Momotaro», de pronto me asaltó una tremenda languidez. Al menos, aunque solo sea este cuento de Momotaro, dejémoslo en su sencilla forma original, pensé. Esto ya ha dejado de ser un cuento. Es un poema que desde los tiempos antiguos, de generación en generación, ha sido recitado en nuestro país a cada japonés. Por muchas incongruencias que haya en su historia, no importa. A estas alturas, retorcer el espíritu llano y generoso de este poema es una ofensa a todo el Japón. Puesto que Momotaro lleva consigo la enseña de ser el hombre número uno de todo el Japón, este escritor que, ya no es que no conozca al número uno del Japón, sino tampoco al dos o al tres, no puede ser capaz de escribir sobre este agradable hombre número uno del Japón. Cuando pensé en aquella enseña de «Momotaro, el hombre número uno del Japón», me decidí a desechar limpiamente mi plan de escribir mi particular versión de Momotaro.

Así que cambié de idea y resolví que, con la redacción de la historia del gorrión de la lengua cortada, en principio daría por terminado mi Cuentos de cabecera. En este «El gorrión de la lengua cortada», igual que en los anteriores «El lobanillo desaparecido», «La historia de

Urashima» y «La montaña Kachi—kachi», no aparece nadie que pueda ser calificado como «el número uno del Japón», por lo que mi responsabilidad también es leve, y conseguí escribir con libertad. Pero cuando le llega el turno al número uno del Japón, por más que se mire, y aunque se trate de un suponer, cuando en este honorable país se habla del número uno, por mucho que uno diga que se trata solo de unos Cuentos de cabecera, no está permitido escribir tonterías. Si al ver eso, los extranjeros dijesen cosas como «pues vaya con el número uno del Japón», ¡qué vergüenza pasaríamos! Por eso, aun a riesgo de ponerme pesado, me gustaría insistir en este punto. Los dos viejos de «El lobanillo desaparecido», el propio Urashima o el tanuki de «La montaña Kachi—kachi» no son, ni de lejos, el número uno del Japón, ¿estamos?; solamente Momotaro es el número uno del Japón, ¿estamos?; y yo no he escrito la historia de Momotaro, ¿estamos? Si delante de ti aparece alguna vez el número uno del Japón, es posible que tus ojos se cieguen de por vida ante tamaño resplandor. Y bien, ¿has comprendido? Los personajes de mis Cuentos de cabecera no son ni el número uno, ni el dos, ni el tres del Japón, y tampoco son lo que se llama «personajes representativos» de nada.

Simplemente han sido creados mediante la pobre imaginación y las estúpidas experiencias de este autor llamado Dazai, y son todos personajes extremadamente mediocres. Ponerse enseguida a elaborar una teoría sobre la seriedad o informalidad de los japoneses a partir de estos personajes, terminaría en algo similar a intentar desenterrar la verdad oculta con rostro triunfante mientras nos alejamos de la cuestión. Yo quiero dar buen trato a los japoneses. Es algo que no haría falta decir pero, por eso mismo, he evitado retratar a ese número uno del Japón que es Momotaro, y por eso he explicado hasta la saciedad que el resto de personajes de los otros cuentos no son ni de lejos el número uno. Creo que los lectores, por su parte, expresarán su total acuerdo con esta decisión mía.

Pues bien, el protagonista de este «gorrión de la lengua cortada» no solo no es el número uno del Japón, sino que, por el contrario, quizá pueda ser llamado el más inútil de todo el país. Para empezar, su cuerpo es débil. Por lo visto, un hombre de cuerpo débil es considerado por la gente como algo de menos valor aún que un caballo con las patas dañadas. Siempre tosiendo sin fuerza, con un rostro enfermizo, cuando se levanta por las mañanas da unos golpecitos de plumero a las ventanas correderas, barre un poco el polvo, y ya cae agotado. Después, el resto del día lo pasa junto a la mesita baja, tumbándose y levantándose, deambulando por la habitación y, tras terminar de cenar, enseguida extiende el futón sobre el suelo y se queda dormido.

Este hombre lleva ya con esta vida lamentable diecitantos años ininterrumpidos.

Todavía no ha cumplido los cuarenta, pese a lo cual hace ya tiempo que firma como «el anciano», y también ha dado orden en su casa de que se le llame «abuelo». Quizá deberíamos llamarlo un ermitaño o anacoreta. Sin embargo, aquellos que viven retirados del mundo, pueden permitirse dicha actitud porque tienen algo de dinero, aunque sea un poco, pues, si tuvieran que subsistir cada día sin un céntimo, por mucho que quisieran apartarse del mundo, es el mundo quien les perseguiría a ellos, y no habría posibilidad de retiro alguno. La situación de este «abuelo» es que ahora vive en este sencillo hogar que ha formado, pero si rebuscamos en sus orígenes, es el tercer hijo de un hombre rico que, traicionando las esperanzas de sus padres, nunca ejerció ninguna profesión concreta, dedicándose a trabajar la tierra cuando hacía buen tiempo y a leer en casa cuando llovía, dejando pasar la vida abstraído, hasta que terminó por enfermar con frecuencia.

Últimamente tanto sus padres como sus parientes habían empezado ya a referirse a él como «ese cretino debilucho tan fastidioso», y le enviaban todos los meses una pequeña asignación para que pudiera sobrevivir. Y por eso mismo le era posible llevar esta vida de ermitaño. Así que por mucho que hablemos de un hogar sencillo, la verdad es que no vivía nada mal, y ese tipo de personas que no viven mal son precisamente las que menos utilidad tienen para el prójimo. Cierto que era de constitución débil, pero no estaba tan enfermo como para tener que pasar todo el día en cama, por lo que no debería existir motivo alguno para mostrar desinterés por el trabajo. Sin embargo, este «abuelo» no hace absolutamente nada. Al parecer, leer libros en gran cantidad es lo único a lo que se dedica y, según los termina, quizá se le olvidan, porque tampoco es que le cuente a nadie lo que ha leído. Simplemente anda todo el día abstraído, como en las nubes. Si ya solamente por esto merecería para la gente una estimación cercana al cero, por si fuera poco este «abuelo» no tiene hijos. Ya hace más de diez años que se casó, pero todavía no tiene sucesores. Con esto, ya se puede decir que no cumple absolutamente ningún deber como miembro de la sociedad. Con un marido tan soso, despierta cierto interés el saber qué tipo de mujer será esa esposa que ha podido aguantar nada menos que diecitantos años conviviendo con él. Sin embargo, aquel que escudriñe entre el seto que rodea a esta humilde morada, soltará un «pues vaya, así que era esto» de decepción. En realidad es una mujer indeciblemente insípida. Es de piel oscura, ojos saltones, manos grandes y arrugadas, y cuando camina por el jardín con la espalda un poco encorvada y los brazos colgando hacia delante, incluso se podría pensar si no será mayor que el «abuelo». Sin embargo, dice que este es su año fatídico, pues cumple treinta y tres. Originalmente, esta mujer se hallaba empleada como sirvienta en el hogar natal del «abuelo», pero luego se le encargó que cuidase de este enfermizo «abuelo» y, con el tiempo, pasó de alguna manera a ocuparse de él de por vida. Carece de estudios.

—Vamos, quítate toda la ropa interior y ponla aquí. Voy a lavarla —ordena perentoriamente.

—La próxima vez… —contesta en voz baja el «abuelo» con el codo clavado en la mesa y la mandíbula sobre la palma de la mano.

El «abuelo» siempre habla en voz terriblemente baja. Por si fuera poco, la parte final de la frase se estanca en el interior de la boca para transformarse en algo que no se identifica sino como un «aah» o «uuh». Incluso esta «abuela», que lleva diecitantos años junto a él, no puede captar lo que dice el «abuelo». Qué decir, pues, del resto de la gente. Puesto que se trata de alguien que ha decidido retirarse del mundo, puede que dé igual que los demás entiendan o no lo que dice. Pero si además no ejerce ningún empleo fijo, y aunque se empape de conocimientos leyendo no tiene el menor viso de escribir o de dar charlas acerca de ello, y aunque hayan pasado ya más de diecitantos años desde su matrimonio no ha concebido un solo hijo, y encima, además de todo eso, incluso cuando se trata de una conversación rutinaria, reduce el número de palabras pronunciadas con claridad y deja que la parte final de la frase se pierda dentro de la boca como si estuviera medio dormido, con qué palabras podríamos describir su abulia, con qué palabras. En resumen, que creemos que no existen palabras capaces de describir su desgana.

—Dámelo todo de una vez. ¿No ves que la parte del cuello brilla con manchas de grasa?

—La próxima vez… —murmura, y, como siempre, se pierde el resto en el interior de la boca.

—¿Eh? ¿Cómo dices? Háblame de manera que se entienda.

—La próxima vez —repite todavía acodado y con la barbilla apoyada en la mano, mirando fijamente y sin expresión a la «abuela», y pronunciando esta vez con un poco más de nitidez—: Hoy hace frío.

—Pues claro, como que ya es invierno. Así es que hace frío hoy, y lo hará también mañana y pasado —dijo en un tono como si estuviera regañando a un niño —. Entre el que está ahí en esa postura en casa junto al fuego y el que está junto al pozo lavando la ropa, ¿sabes cuál pasa más frío?

—No lo sé —replicó con una suave sonrisa—. Es que tú estás acostumbrada a estar junto al pozo.

—Ni en broma —dijo la mujer frunciendo el rostro—. Aquí donde me ves, yo no he venido a este mundo solo para encargarme de lavar.

—¿Ah, sí? —contestó con desinterés, dando por terminado el asunto.

—Venga, quítate eso de una vez y dámelo. En el cajón de ese armario tienes toda la ropa interior que quieras para cambiarte.

—Me voy a resfriar.

—Muy bien, como el señor desee —cortó con tono rencoroso la «abuela» retirándose.

Esta casa se halla en la región de Tohoku, en las afueras de la ciudad de Sendai, en la falda del monte Atago, en medio de un bosque de bambúes junto a la rápida corriente del río Hirose. En la zona de Sendai, desde antaño, existe un emblema llamado «Sendai—zasa» donde, quizá porque hubiera muchos gorriones en la zona, aparecen de forma esquematizada dos de estos pájaros. Además, en la obra de teatro La revuelta de las aulagas, el gorrión tiene un papel mucho más importante que el de las grandes estrellas, como creo que sabe ya todo el mundo. Y, por añadidura, cuando el año pasado viajé por la zona de Sendai y visité a un amigo que es de allí, me puso como una muestra del folklore de los cuentos infantiles locales la siguiente canción:

Jaula, jaulita
el gorrión que está en la jaula
cuándo, cuándo saldrá.

Esta canción, sin embargo, no es exclusiva de la región de Sendai, sino que al parecer la cantan los niños de todo el país en sus juegos. Con todo, el hecho de que esta variante limite al gorrión el tipo de pajarito enjaulado, y que el dialecto de Tohoku empleado en la última frase no resulte forzado, son puntos que me hacen pensar que no ha de ser descabellado buscar sus orígenes en una canción popular de la zona de Sendai.

En el bosque de bambúes que rodea el sencillo hogar de nuestro «abuelo», también viven innumerables gorriones, y desde la mañana hasta el atardecer arman un escándalo ensordecedor. Hacia finales de este otoño, una mañana en que el granizo golpeaba con un agradable rumor el bosque de bambúes, el «abuelo» encontró caído sobre la tierra del jardín un gorrión revolviéndose panza arriba porque se había torcido una pata. Recogiéndolo en silencio, se lo llevó junto al fuego del hogar y lo alimentó. Y aunque ahora su pata herida estaba ya curada, el gorrión continuaba jugueteando en la habitación del «abuelo». De vez en cuando, saltaba afuera para ir al jardín, pero enseguida volvía al reborde entarimado y, tras atrapar con el pico la comida que le lanzaba el abuelo, empezaba a defecar.

—Hala, pero ¡qué cochino! —exclamó la «abuela» al verlo, yendo a por él mientras el «abuelo» sacaba en silencio unos pañuelos de papel y se ponía a limpiar afanosamente los excrementos de las tablas. Con el paso de los días, el gorrión demostró haber aprendido a distinguir las personas que le tenían consentido de las que no, y así, cuando estaba en casa la mujer sola, se refugiaba en el jardín o bajo el alero del tejado. Y en cuanto aparecía el «abuelo», echaba a volar enseguida hacia él y, parándose de golpe, se posaba en su cabeza; o bien revoloteaba en torno a su mesita y se ponía a beber con un suave gorgoteo el agua que tenía preparada para disolver su barra de tinta, o se escondía tras el reposapinceles; en definitiva, empezaba a juguetear incordiando al «abuelo» en sus estudios. Empero, el «abuelo» hacía como si no se diera cuenta. A diferencia de aquella gente que gusta de los pájaros, no le había puesto a su propio pájaro un nombre rimbombante, ni le decía cosas como «Rumi, ¿tú también te sientes sola?». Hiciera lo que hiciera el gorrión aquí y allá, él permanecía por completo impasible. Y, de vez en cuando, se iba en silencio a la cocina para coger un puñado de arroz que traía hasta el repecho de madera, donde lo esparcía.

Una vez que la mujer se hubo retirado, el gorrión bajó revoloteando desde el alero y se paró junto al borde de la mesa donde estaba acodado el abuelo. Este, impertérrito, miró en silencio al gorrión. A partir de aquí, comienza poco a poco la tragedia de este pajarito.

Pasado un rato, el «abuelo» soltó un: «Así que eso es, ¿no?». Y después exhaló un profundo suspiro y abrió un libro sobre la mesa. Pasó una página, dos páginas, y a continuación volvió a clavar el codo en la mesa, en perpendicular, y dejó reposar su mentón en la palma de la mano, mirando absorto al frente.

—Y va y dice que no ha nacido para hacer de lavandera. Por lo que se ve, parece que todavía tiene algo de deseo sexual —murmura mientras sonríe suavemente con amargura.

En ese momento, de pronto, el gorrioncito posado en la mesa emite palabras humanas.

—¿Y en tu caso?

—¿Yo? Yo… pues yo, sí, eso es, yo he nacido para decir la verdad.

—Pero si tú nunca dices nada, ¿o no?…

—Es que como en este mundo todos son unos mentirosos, ya no tengo ganas de conversar con nadie. La gente no dice más que mentiras.

Y, lo que es todavía más espantoso, ni siquiera se dan cuenta de sus propias mentiras.

—Esas son las excusas de un perezoso. Al parecer, en cuanto se adquieren estudios, a las personas les entran ganas de hacer cansinas reflexiones grandilocuentes de ese tipo, ¿verdad? ¿Pero no es cierto que no haces absolutamente nada? Hay un proverbio que dice: «No hay que despertar al que duerme». No estás en posición de criticar a los demás.

—Eso también es cierto —contestó sin alterarse el «abuelo»—. Sin embargo es bueno que haya también hombres como yo. Puede que parezca que yo no hago nada, pero en realidad no es del todo así. Hay cosas que solamente puedo hacer yo. No sé si durante el tiempo que viva llegará o no la ocasión de ejercitar mi verdadera valía, pero, sin embargo, si ese momento llega, entonces yo también trabajaré con ahínco. Hasta ese momento, bueno, guardo silencio y me dedico a la lectura.

—No sé yo —dijo el gorrión ladeando la cabeza—. Los acobardados que solo tienen valor cuando están a solas son los primeros en soltar ese tipo de cosas que suenan a desahogo de perdedores. Podríamos decir que es como el señor jubilado en un dominio ya en ruinas, con el cuerpo envejecido y tambaleante, que convierte los sueños de un pasado que no volverá en una esperanza para el futuro, y así se consuela a sí mismo. Es algo que da lástima ver. Una cosa así no sirve ni siquiera como desahogo. Es como las quejas de un degenerado. ¿No ves que no haces una sola cosa positiva?

—Ahora que lo dices, bueno, puede que quizá sea así —concedió finalmente el «abuelo»—. Pero yo, aquí donde me ves, hay algo que estoy dispuesto a llevar a la práctica de manera sobresaliente. Y si me dicen que de qué se trata, pues es el estado anímico de la ausencia de deseo. Fácil de decir, pero difícil de realizar. La vieja de mi mujer, por poner un ejemplo, puesto que lleva ya más de diecitantos años junto a un tipo como yo, bien podría haber renunciado de una vez a todo deseo mundano, pensaba yo, pero me da la sensación de que, por lo visto, no es así. Todavía, a pesar de todo, parece que conserva cierta emoción sexual. Eso me hizo tanta gracia, que no pude evitar el reírme yo solo.

En ese momento, la «abuela» asomó incisiva la cabeza.

—Yo no tengo ninguna emoción sexual, ni nada parecido, ¿eh? ¿Con quién estabas hablando? Hace un rato se oía la voz de alguien, de una mujer joven, ¿no?

Esa visitante, ¿adónde se ha ido?

—¿Una visitante, dices? —El «abuelo», como de costumbre, habla de manera ambigua.

—No disimules, estoy segura de que ahora estabas hablando con alguien. Y además hablando mal de mí, ¿eh? Pero ¿qué es esto? Resulta que cuando te diriges a mí, siempre lo haces con la boca medio cerrada y no se te entiende, con esa manera de hablar como si te costara un gran esfuerzo; y a esa señorita, como si hubieras cambiado por completo, le pones esa voz tan juvenil, y con un tono tremendamente feliz te dedicas a charlar animadamente, ¿no? Eres tú el que todavía tiene emociones sexuales. Tantas, que hasta resultas pegajoso.

—¿Será eso? —contesta abstraído el «abuelo»—. Y sin embargo aquí no hay nadie.

—Haz el favor de no reírte de mí —repuso con cara de auténtico enfado la «abuela», dejándose caer pesadamente sobre el repecho de madera—. ¿Se puede saber qué te piensas que soy yo? Hasta ahora he venido aguantando mucho. Y tú me tratas como a una estúpida todo el tiempo. Claro que yo no soy de buena familia ni tengo estudios, y puede que no te sirva como compañera de conversación, pero esto ya es demasiado. Así y todo, desde que de joven entré a servir en tu casa, he estado encargándome de ti, y por eso, bueno, la cosa ha terminado así, ya que tus padres pensaron «tratándose de ella, que es una mujer disciplinada y esmerada, puede que funcione bien el matrimonio con nuestro hijo» y…

—Todo mentira.

—¿Cómo dices? ¿Dónde está la mentira? ¿Qué mentira he dicho yo? ¿Acaso no fue así? En aquel entonces, ¿no era yo la persona que mejor te entendía? Hubiera sido imposible con cualquiera que no fuese yo. ¿No fue por eso que me convertí en la persona que va a cuidar de ti de por vida? ¿Por qué y de qué manera es esto una mentira? Haz el favor de explicármelo —le acosó mientras se le mudaba el color del rostro.

—Pues es mentira todo. En aquel momento no había en ti nada que pudiéramos llamar emoción sexual. Y eso fue todo.

—¿Se puede saber qué significa eso? Yo, desde luego, no lo entiendo. Haz el favor de no tomarme el pelo. Yo me uní a ti pensando en tu propio bien. No hay ni atracción sexual ni ninguna otra cosa. Y también tú, vaya unas cosas tan soeces que dices, ¿eh? Por encima de todo, no tienes ni la menor idea de lo sola que me siento el día entero por haberme casado con alguien como tú. Deberías dirigirme alguna palabra amable de vez en cuando. Mira a los otros matrimonios. ¿No ves que por muy pobremente que vivan, a la hora de la cena, por ejemplo, conversan agradablemente sobre cosas rutinarias o se ríen? No soy en absoluto una mujer de grandes exigencias.

Si es por ti, soy capaz de aguantar cualquier cosa. Simplemente, con que de vez en cuando me dirigieras alguna palabra amable, ya solo con eso me daría por satisfecha.

—¡Qué cosas tan triviales dices! Medias verdades infladas. Ahora que ya pensaba que de una vez por todas habías abandonado ese tipo de sentimientos, todavía me sueltas una tras otra esas quejas tan monótonas y rutinarias, planeando dar la vuelta a la situación. Pero no te va a funcionar. Todas esas cosas que dices no son más que supercherías. Vas soltando cosas según te sientes en ese momento. Y quien me ha convertido en un hombre que no habla eres tú. Esas conversaciones durante la cena que mencionas, ¿acaso no consisten, por lo general, sino en juzgar a los vecinos?

¿Acaso son algo más que habladurías? Eso también, según ese sentimiento del momento, consiste principalmente en chismorrear sobre los demás. Por lo que a mí respecta, hasta ahora no te he oído ni una sola vez elogiar a alguien. Yo mismo tengo un espíritu débil. Si me dejo arrastrar por ti, enseguida me entran ganas de criticar a los demás. Y a mí, eso me da miedo. Por eso decidí que ya no debía hablar con nadie.

Porque en vuestros ojos no se refleja más que el lado malo de las personas, y no os dais cuenta en absoluto de lo terrible que hay en vosotros mismos. Me da miedo la gente.

—Ya comprendo. Lo que pasa es que ya te has cansado de mí, ¿eh? Esta vieja ya apesta, ¿verdad? A mí no me puedes engañar. ¿Qué ha sido de la visita de antes?

¿Dónde se ha escondido? Estoy segura de que era la voz de una muchacha, ¿no? Si has conseguido una amiguita tan joven, es natural que hablar con una vieja como yo te resulte ahora desagradable. ¿Pero qué es eso de poner cara de que si ausencia de deseo, que si revelación de la verdad? Si en cuanto está delante una mujer joven como esa, enseguida hierves de emoción, te cambia hasta la voz y te pones a parlotear de una manera que da asco.

—Pues si es así, entonces está bien que sea así.

—De eso nada, no está bien. ¿Dónde está esa visita? Si no le presento mis respetos, será muy descortés para la señora invitada. Que aquí donde me ves, soy la señora de esta casa, así que permíteme que la salude. No permitiré que me ningunees de esta manera.

—Aquí está —dijo el «abuelo» señalando con la barbilla al gorrión que jugueteaba encima de la mesa.

¿Eh? Déjate de bromas. ¿Así que los gorriones hablan?

—Hablan. Y dicen cosas muy apropiadas.

—Conque vas a seguir tomándome el pelo de mala manera, ¿eh? Muy bien, como el señor guste —y alargando el brazo de improviso, agarró con fuerza al gorrión que estaba sobre la mesa—; para que no diga esas cosas tan apropiadas, vamos a arrancarle la lengua de cuajo. Se mire como se mire, acostumbras a tratar demasiado bien a este gorrión. Y a mí eso me venía causando un sentimiento de rabia inaguantable. Esta situación viene que ni pintada. Si tú has hecho huir a esa joven visitante, en contrapartida, yo le arrancaré la lengua a este gorrión. Es todo un placer.

Abrió a la fuerza el pico del gorrión que apretaba en su mano, y arrancó de cuajo esa lengüecita, pequeña como un pétalo de flor.

El gorrión escapó hacia lo alto revoloteando.

El «abuelo» contempló en silencio la marcha del gorrión.

Y, desde el día siguiente, el «abuelo» comenzó a explorar el gran bosque de bambúes.

Gorrión de la lengua cortada
¿Dónde está tu casa?
Gorrión de la lengua cortada
¿Dónde está tu casa?

Día tras día, la nieve caía sin parar. Pero aun así, el «abuelo», como si estuviera poseído por algo, andaba buscando hasta en lo más profundo del bosque de bambúes.

Entre la vegetación habría mil o incluso diez mil gorriones. Encontrar, entre todos ellos, al gorrión al que le habían arrancado la lengua, puede pensarse que iba a ser una tarea extremadamente difícil; sin embargo, el «abuelo» estaba imbuido de un entusiasmo anormal que le llevaba a buscar día tras día.

Gorrión de la lengua cortada
¿Dónde está tu casa?
Gorrión de la lengua cortada
¿Dónde está tu casa?

Para el «abuelo», emprender una acción de esta manera tan descontroladamente apasionada era un hecho que, según creía, no le había sucedido ni una sola vez en toda su vida. Parece que algo que se hallaba dormido en el interior de este «abuelo» estaba intentando asomar la cabeza por primera vez, pero qué era ello, este autor (Dazai) tampoco lo sabe. Aquel que, aun estando en su propia casa, se siente a disgusto como si estuviera en casa ajena, e inconscientemente ha encontrado la forma de ser que le resulta más cómoda, busca conservar dicho estado. Si queremos simplificarlo llamándolo amor, no habría nada más que añadir. Sin embargo, posiblemente los sentimientos de este «abuelo» eran mucho más melancólicos que el estado de ánimo o de espíritu que en general se expresa con la palabra amor.

El «abuelo» buscaba ensimismado, como sonámbulo. Era la primera vez desde que nació que mostraba una tenacidad tan prolongada en algo.

> Gorrión de la lengua cortada
> ¿Dónde está tu casa?
> Gorrión de la lengua cortada
> ¿Dónde está tu casa?

Por supuesto que no es que fuese cantando esto mientras caminaba en su búsqueda. Sin embargo, el viento susurraba en sus oídos un tonillo siseante que se le parecía y, sin darse cuenta, terminó por repetirlo para sus adentros, como una estrambótica canción o un rezo. De esta manera, mientras iba paso a paso pisando la nieve caída sobre el bosque de bambúes, el canto brotaba en su interior acompasado con el viento.

Una noche cayó una gran nevada, inusual incluso para esta zona de Sendai, y el día siguiente amaneció soleado y sin una nube, extendiéndose ante la vista un deslumbrante mundo plateado. Esa mañana, el «abuelo» se calzó temprano sus botas de paja y, como de costumbre, salió a deambular por el bosque de bambúes.

> Gorrión de la lengua cortada
> ¿Dónde está tu casa?
> Gorrión de la lengua cortada
> ¿Dónde está tu casa?

De pronto, una gran masa de nieve que había cuajado en lo alto de los bambúes, cayó pesadamente sobre la cabeza del «abuelo» y, quizá porque lo golpeó en algún punto débil, hizo que este se desplomara sin conocimiento sobre la nieve. En la frontera del ensueño, escuchaba unas voces hablando en susurros.

—Pobrecillo. ¿Se habrá muerto después de todo el esfuerzo?

—¡Quiá! No se va a morir. Solamente se ha desvanecido.

—Pero si continúa mucho tiempo tirado así sobre la nieve, va a morirse por congelación.

—Eso sí es cierto. Tenemos que hacer algo. Vaya un problema que se nos ha presentado. Qué bueno habría sido que antes de que la cosa terminara así, esa chica le hubiese salido al encuentro. ¿Pero qué demonios le pasa a esa chica?

—¿Te refieres a Teru?

—Sí, así es. Parece que alguien le jugó una mala pasada y le causó una herida en la boca. ¿No es desde entonces que no se deja ver por aquí?

—Está todo el día en cama. Como le arrancaron la lengua, no puede decir nada, y se limita a llorar y llorar con continuos lagrimones.

—¿Así que era eso? ¿Le han arrancado la lengua? Desde luego, hay tipos que hacen unas diabluras horribles.

—Sí, y además, resulta que fue la esposa de este hombre. No es una mala esposa, pero por lo visto aquel día debía de estar especialmente irritada y, de pronto, arrancó de cuajo la lengua de Teru.

—¿Tú lo viste?

—Sí, me dio un miedo terrible. ¿Verdad que los seres humanos hacen a veces cosas así de crueles sin venir a cuento?

—Seguro que fue por celos. Yo también conozco bien lo que pasa en casa de este hombre, y, por lo que me parece, menosprecia demasiado a su mujer. La gente demasiado cariñosa con su mujer resulta penosa hasta dañar la vista, pero una actitud tan indolente tampoco está bien. Además Teru, por su parte, se aprovechó de esta situación, pues se pasaba demasiado tiempo pegada a este hombre. ¡Bah!, la culpa es de todos. Dejadlo estar.

—¡Vaya! ¿No serás tú el que siente celos? ¿A ti no te gustaba Teru? No intentes ocultarlo. ¿No dijiste una vez suspirando que Teru tenía la voz más hermosa de todo este bosque de bambúes?

—Yo no soy un tipo tan vulgar como para sentir algo como los celos. Pero Teru, como mínimo, tiene una voz mejor que la tuya y es más bonita.

—¡Qué espantoso eres!

—Dejaos de peleas, que no es divertido —cortó otra—. En vez de eso, hay que ver qué podemos hacer con este hombre. Si le dejamos así, se va a morir sin remedio.

El pobre… Tenía tantas ganas de ver a Teru, que día tras día andaba buscándola por todo el bosque de bambúes, y finalmente, ha terminado en tan penoso estado. ¿No es una lástima? Este es un hombre de sentimientos sinceros. Estoy segura.

—¿Cómo? Pero qué tontería. Un hombre de su edad buscando por todas partes a una gorrioncita… Es de una estupidez tal, que uno no sabe qué decir.

—En vez de andar diciendo esas cosas, ¿por qué no le llevamos ante ella? La propia Teru, según parece, quiere verle también. Pero como le han arrancado la lengua y no puede hablar, aunque los demás le hayamos dicho que este hombre le anda buscando, ella sigue en cama en lo profundo del bosque de bambúes sin hacer nada más que derramar lágrimas. Este hombre, cierto que da lástima, pero Teru también está sufriendo. ¿Por qué no unimos nuestras fuerzas para hacer algo por ellos?

—Yo no quiero. Es que no puedo evitar ser del tipo que no siente compasión ante los asuntos amorosos.

—No se trata de asuntos amorosos, no entiendes nada. Escuchadme todos, me gustaría que colaborásemos para que pudieran verse. ¿No veis que este tipo de cosas no son cuestión de razonamientos lógicos?

—Eso es, eso es. Yo sí participaré. Pero qué, no es nada difícil. Hay que pedírselo a un dios. Cuando se quiere hacer todo lo posible por alguien sin recurrir a la lógica, lo mejor es pedírselo a un dios. Mi padre me enseñó eso hace tiempo diciéndome que, en momentos así, lo mejor es un dios, que al parecer nos concede cualquier cosa.

Bueno, esperadme todos aquí durante un tiempo. Porque ahora mismo me voy a rogarle al dios protector del bosque.

El «abuelo» abrió los ojos bruscamente y se encontró en un bello salón con columnas de bambú. Se incorporó y, mirando en derredor, vio deslizarse lentamente la puerta corredera, tras la que apareció una muñeca de algo más de sesenta centímetros de altura.

—Vaya, ¿ya se ha despertado?

—Pues sí —sonrió el «abuelo»—. ¿Qué lugar es este?

—El albergue del gorrión —contestó esa criatura similar a una encantadora muñeca mientras se sentaba educadamente frente al «abuelo» y parpadeaba con sus redondos ojazos.

—Ah, ya. —El «abuelo» asintió con parsimonia—. Y tú, entonces, ¿eres el gorrión de la lengua cortada?

—No, Teru está acostada en la habitación de al lado. Yo soy Suzu, la mejor amiga de Teru.

—Ya veo. Entonces, aquel gorrioncito al que le arrancaron la lengua, ¿se llama Teru?

—Así es. Es una criatura muy dulce y muy buena. Acude rápido a verla. La pobre ya no puede hablar, y se pasa todo el día derramando grandes lágrimas.

—Vayamos a verla. —El «abuelo» se levantó—. ¿Dónde está acostada?

—Yo le guiaré.

Suzu se puso en pie ondeando las mangas de su traje, y salió al corredor exterior que corría junto a las habitaciones. El abuelo avanzaba lentamente, con cuidado de no resbalar en el bambú todavía verde del estrecho corredor.

—Aquí es. Pase, por favor.

Guiado por Suzu, entró en una de las habitaciones interiores. Era una estancia luminosa, desde la que se veía un jardincillo cubierto de hojas de bambú enano que crecían con profusión, y entre las cuales corría ligero un arroyuelo de agua clara y poco profunda.

Teru estaba acostada cubierta por un pequeño futón rojo de seda. Era una muñeca preciosa, de una belleza todavía más elegante que la de Suzu, con el rostro ligeramente pálido. Miró fija y largamente al «abuelo» con sus grandes ojos, y comenzó a derramar una lágrima tras otra en su llanto.

El «abuelo» se sentó junto a la cabecera con las piernas cruzadas y, sin decir nada, miró hacia el arroyo de aguas claras que corría por el jardín. Suzu se retiró discretamente.

No había necesidad de decir nada. El «abuelo» emitió un ligero suspiro. No era un suspiro de tristeza. Por primera vez desde que nació, el «abuelo» experimentaba la paz del espíritu. Esa alegría se transformó en el suave suspiro mediante el que se expresaba.

Suzu trajo delicadamente un jarrito de sake con una copa y un refrigerio para acompañar. Y diciendo «No tenga prisa, por favor», se retiró de nuevo.

El «abuelo» bebió la copa de sake que se había servido y volvió a contemplar el arroyo del jardín. Nuestro «abuelo» no es lo que llaman un bebedor. Con una sola copa, ya está embriagado por el alcohol. Toma los palillos y come tan solo un trozo de brote de bambú del plato que le han puesto. Es maravillosamente delicioso. Sin embargo, nuestro «abuelo» no es un comilón. Y deja los palillos tras haber comido solo eso.

La puerta corredera se abrió y Suzu trajo un nuevo jarrito de sake y otro aperitivo.

Sentándose delante del «abuelo», se ofrece a servirle otra copa:

—¿Un poco más?

—No, ya he tomado bastante. Y qué sake tan bueno. —No lo decía como un cumplido. Salió de sus labios sin pensarlo.

—¿Le ha gustado? Se llama Rocío de Bambú.

—Demasiado bueno.

—¿Eh?

—Demasiado bueno.

Teru, que desde su lecho escuchaba la conversación entre el «abuelo» y Suzu, sonrió levemente.

—Ehh, pero si Teru se está riendo. Seguro que le gustaría decir algo pero…

Teru negó con la cabeza.

—No pasa nada porque no pueda decirlo, ¿verdad? —El «abuelo» se dirigió a Teru por vez primera girándose hacia ella.

Teru parpadeó y, con rostro alegre, asintió dos o tres veces.

—Bueno, yo ya me voy. Vendré otra vez.

Suzu, desconcertada ante este invitado tan displicente, protestó:

—¿Pero ya se va a marchar? Después de andar buscándola por todo el bosque de bambúes y de estar a punto de morir congelado, ahora que por fin se han encontrado y no le ha dirigido aún ni una sola palabra amable de condolencia…

—Si hay algo por lo que no paso, son las palabras amables. —Y, sonriendo con amargura, el «abuelo» se puso en pie.

—Teru, ¿pero a ti no te importa que le deje marchar ya? —preguntó Suzu aturdida.

Teru asintió sonriendo.

—Ya veo que sois tal para cual —se rio también Suzu—. Pues nada, entonces venga usted de nuevo por aquí.

—Vendré —contestó con rostro serio. Cuando iba a salir de la estancia, se paró en seco—. ¿Dónde está este lugar?

—Dentro del bosque de bambúes.

—Humm… Me pregunto si había una casa tan singular en aquel bosque de bambúes.

—Claro que la hay —dijo Suzu, y, cruzando una mirada significativa con Teru, sonrió—. Pero las personas normales no pueden verla. En aquella entrada al bosque de bambúes, si, como pasó esta mañana, se tumba boca abajo en la nieve, le iremos a buscar siempre que quiera.

—Es muy de agradecer —dijo, no por cumplir, sino de manera espontánea, y salió al corredor de bambú verde.

Así, una vez más, guiado por Suzu, volvió a pasar por la salita de té del principio, donde estaban alineados una serie de cestos de mimbre de varios tamaños.

—A pesar de haber venido a visitarnos, siento vergüenza por no haber podido ofrecerle un recibimiento como es debido —dijo Suzu volviendo a emplear un tono formal—. Al menos, como recuerdo de la aldea de los gorriones, elija uno de estos cestos de mimbre, el que más le plazca, y, aunque quizá supondrá una carga en el camino, por favor, llévelo de vuelta a casa.

—No quiero para nada una cosa como esa —murmuró el «abuelo» malhumorado—. ¿Dónde está mi calzado?

—No me ponga en un aprieto. Por favor, llévese uno —insistió Suzu con voz lloriqueante—. Si no, luego Teru se va a enfadar conmigo.

—¡Qué se va a enfadar! Ella no es, ni mucho menos, de las que se enfadan. La conozco. Y a propósito, ¿dónde está mi calzado? Estoy seguro de que llevaba puestas unas sucias botas de paja.

—Las he tirado. Puede usted volver descalzo.

—¡Qué cosa tan atroz!

—Pues entonces, llévese uno cualquiera de estos regalos. Se lo pido de verdad, por favor. —Y juntó sus manitas como señal de ruego.

El «abuelo» sonrió con pesar, y echó una ojeada a los cestos dispuestos en la sala.

—Son todos grandes, demasiado grandes. Odio andar cargado con cosas. ¿No hay algún regalo suficientemente pequeño para que quepa en el bolsillo?

—Pero es que lo que me pide es imposible…

—Pues entonces, me voy. Aunque sea descalzo, no importa. No quiero ir cargado —dijo el «abuelo» y, descalzo, hizo ademán de salir realmente al pasillo de fuera.

—Espere un momento, por favor, un momento. Voy a preguntarle a Teru y ahora vuelvo.

Suzu se fue agitada y a toda prisa hacia las habitaciones del interior y, al poco tiempo, regresó con una espiga de arroz apretada entre los labios.

—Tenga, esto es la horquilla para el pelo de Teru. Por favor, no se olvide de Teru, y vuelva otra vez.

De pronto, volvió en sí. El «abuelo» estaba tumbado boca abajo a la entrada del bosque de bambúes. Pero cómo, ¿ha sido un sueño?, pensó. Sin embargo, en su mano derecha agarraba una espiga de arroz. Una espiga de arroz en pleno invierno es algo muy raro. Y además, exhalaba un maravilloso aroma parecido al de las rosas. El «abuelo» se llevó la espiga a casa con gran cuidado y la puso en el portapinceles de su mesa.

—Vaya… ¿pero qué es eso? —preguntó con tono inquisitivo la «abuela», que estaba en casa haciendo trabajos de costura y descubrió la espiga al instante.

—Una espiga de arroz —contestó en su confuso modo habitual.

—¿Una espiga de arroz? ¿No es algo raro en esta época? ¿Dónde la has cogido?

—No la he cogido —dijo muy bajo el «abuelo», y, abriendo un libro, comenzó a leer en silencio.

—¿No es todo muy raro? De un tiempo a esta parte, andas todos los días dando vueltas por el bosque de bambúes, y vuelves con cara de estar en las nubes; y hoy, por añadidura, no sé por qué, pero vuelves con una cara de extrema felicidad trayendo esa cosa a la que das tanta importancia y que has puesto ahí, en el portapinceles. Me estás ocultando algo, ¿verdad? Si no la has cogido, ¿de dónde ha salido? ¿No crees que podrías explicármelo como es debido?

—Me la han dado en la aldea de los gorriones —dijo con una mueca de fastidio.

Sin embargo, con una contestación así, no se puede satisfacer a alguien tan prosaico como esta «abuela». Por lo tanto, la mujer siguió con su insistente interrogatorio haciendo una pregunta tras otra. Dado que el «abuelo» era incapaz de mentir, no le quedó más remedio que contestar contando su extraordinaria experiencia tal y como había sucedido.

—Pero bueno, ¿me estás diciendo en serio una cosa como esa? —Atónita, la «abuela» terminó por echarse a reír.

El «abuelo» ya no respondió. Se acodó en la mesa y, con la barbilla en la palma de la mano, dirigió la mirada a su libro con aire abstraído.

—¿Crees que me voy a creer toda esa sarta de disparates? Está claro que todo es una mentira. Yo sé lo que pasa. Desde hace un tiempo, sí, eso es, el otro día, ¿recuerdas?, desde que vino aquella chica a visitarte, te has convertido en un hombre completamente distinto. Andas extrañamente intranquilo, y no te dedicas más que a suspirar a cada rato, como si estuvieras hechizado por un amor. Vergonzoso. A tus años. No intentes ocultármelo. Que yo lo sé muy bien. ¿Pero se puede saber dónde vive esa chica? No pretenderás decirme que en medio del bosque, ¿eh? A mí no me engañas. En medio del bosque hay una casita, y ahí dentro vive una preciosa chica que parece una muñeca… Ju, ju, ju… Me sueltas esa engañifa para niños, y pretendes que me la trague… Si eso es verdad, la próxima vez que vayas, trae de vuelta uno de esos cestos de mimbre como regalo y prueba a enseñármelo. ¿A que no puedes?

Como que es una historia inventada. Yo, si me traes a cuestas un gran cesto de mimbre de esa extraordinaria casa, con eso como prueba, no te digo que a lo mejor no vaya a creerte. Pero volver con algo como esa espiga de arroz, y decirme que es la horquilla de esa muñeca… Verdaderamente, no sé cómo has podido decir un disparate tan estúpido. Confiesa lisa y llanamente, como un hombre. Aquí donde me ves, no creo ser una mujer irrazonable. Por algo como una o dos amantes…

—No me gusta ir cargado.

—Ah, así que es por eso. ¿Voy yo entonces en tu lugar? ¿Qué te parece? Basta con que me tumbe boca abajo a la entrada del bosque de bambú, ¿verdad? Pues voy a ir yo. ¿Te parece bien? ¿No te causa ningún problema?

—Por mí, puedes ir.

—Pero qué cara más dura. Está clarísimo que es mentira, y encima va y me dice «puedes ir». Pues entonces voy a probar de verdad a ir. Te parece bien, ¿no? —La «abuela» sonrió con malicia.

—Por lo que se ve, quieres uno de esos cestos de mimbre.

—Sí, claro que sí, claro que sí, ¿no ves que soy una codiciosa sin remedio? Quiero ese regalo. Y por eso ahora mismo voy a salir, y me voy a traer el cesto más grande y más pesado de todos. Jo, jo, jo. Es una estupidez, pero probaremos a ir. Esa cara que pones como si nada fuera contigo es algo que no puedo soportar. Ya verás como te voy a arrancar esa careta de falso santo. Así que si me tumbo boca abajo en la nieve podré ir a la casa de los gorriones, ja, ja, ja. Es toda una estupidez pero, bueno, aun así vamos a proceder según esas palabras, y probaremos a estar allí un rato, ¿eh? Y luego, aunque me digas que todo era mentira, etcétera, etcétera, no te voy a perdonar.

La «abuela», ya embarcada en la empresa, guardó sus utensilios de costura y, saliendo al jardín, fue pisando sobre la nieve hasta entrar en el bosque de bambúes.

Y después, lo que allí pasó, el autor lo desconoce.

Al atardecer, bajo un enorme y pesado cesto de mimbre, el cuerpo de la «abuela» yacía frío y boca abajo sobre la nieve. Aparentemente, el cesto de mimbre era tan pesado que no pudo levantarse, y en esa postura, murió por congelación. Y se dice que el interior del cesto de mimbre estaba lleno a rebosar de relucientes monedas de oro.

No se sabe si fue debido a estas monedas o no, pero se cuenta que al poco tiempo el «abuelo» se convirtió en funcionario, y poco después llegó a la posición de ministro de la corte imperial. La gente le llamaba «el ministro del gorrión», y hacían comentarios en el sentido de que su triunfal ascenso era el fruto del gran cariño que siempre había profesado a los gorriones. Sin embargo, parece que siempre que el «abuelo» escuchaba ese tipo de cumplidos, respondía con una leve sonrisa amarga:

—Nada de eso. Ha sido gracias a mi mujer. Pasó muchas penalidades por culpa mía.

LA HISTORIA DE URASHIMA

Al parecer, Taro Urashima fue un personaje real que nació en un lugar llamado Mizunoe, en la provincia de Tango, que es el nombre que tenía la parte norte de la actual prefectura de Kioto. He oído decir que, en una de esas frías aldeas de la costa norte de esa zona, todavía existe un templo sintoísta dedicado a Taro. Personalmente nunca he visitado dicha región, pero por lo que he escuchado a otros, se trata de una costa particularmente desolada. Y allí vivía nuestro Taro Urashima. Por supuesto, no es que viviera solo. Tiene un padre y una madre. Y dos hermanos menores, chico y chica. Y además hay muchos sirvientes en la casa. En resumen, que se trataba del primogénito de una antigua familia de renombre en toda esa costa. El hecho de ser el primogénito varón de una antigua familia implicaba, entonces y ahora, una serie de particularidades características. En definitiva, la manera en que se orientan los gustos y las aficiones. Siendo generosos, puede hablarse de una inclinación hacia el refinamiento o la belleza artística, y siendo malévolos, de un afán por el entretenimiento. Sin embargo, aunque hablemos de «entretenimiento», no se trata de perseguir mujeres o de emborracharse como una cuba, sino de unos gustos totalmente distintos a los de un manirroto errabundo.

El beber desmedida y toscamente cual vagabundo descontrolado y caer en las redes de una mala mujer de familia poco recomendable, causando la vergüenza de padres y hermanos, es algo que se puede observar con frecuencia en los segundos o terceros hijos. Pero en el primogénito varón no se da un carácter tan agreste. Puesto que, de generación en generación, viene heredando una serie de bienes y una profesión a la que aferrarse, se forja en él una especie de espíritu conservador y suele tratarse de un sujeto extremadamente educado. Por todo ello, y a diferencia de lo que suele suceder con el segundo o tercer hijo, cuyo sentido de la diversión es la embriaguez más desordenada, en el caso del primogénito suele tratarse de una afición mucho menos embarazosa. Y por medio de ese entretenimiento casual, la gente reconoce en él la aureola propia del primogénito de una familia de raigambre. Y si además él mismo consigue sentirse embelesado en ese elevado estatus, ¿qué mayor satisfacción puede pedirse?

—Nuestro hermano es muy aburrido. No tiene el menor espíritu aventurero —afirma la deslenguada hermanita que acaba de cumplir los dieciséis años, y añade—: Es un cobardica.

—No, de eso nada —le lleva la contraria el bruto de su hermano de dieciocho—, es todo un hombre. Este chico tiene la piel renegrida y es un tipo feo.

Ante estos desconsiderados comentarios de sus hermanos, Taro Urashima no muestra especial enfado y se limita a responder con una amarga sonrisa:

—Dejar a la curiosidad que explote es una aventura, y reprimirla, realmente, es también una aventura, porque cualquiera de las dos cosas encierra peligro. En los seres humanos, hay algo que se llama el destino.

Pronunció estas palabras con un tono como si hubiera soltado una gran verdad difícil de comprender. Acto seguido, saliendo solo de casa, con las manos cruzadas a la espalda, comenzó a recorrer en un lento paseo la playa.

«Entre las aberturas
de sus agitadas redes
he podido entrever
los barcos de pesca que flotan».

Así iba recitando fragmentos de poesía propios de aquel refinado gusto del que hablamos.

«¿Por qué la gente no podrá vivir sin criticarse unos a otros?», se decía, y ante tan simple pregunta agitaba la cabeza con paternalismo, pensando: «Aquí en la playa, la flor de la aulaga, los pequeños cangrejos que se arrastran o los gansos que descansan en la bahía, no me hacen la menor crítica. Así deberían ser también las personas.

Cada uno tiene su particular estilo de vida. ¿Por qué no es posible que unos y otros respeten mutuamente su estilo de vida? Por más que me esfuerzo en no molestar a los demás, siempre tienen que reprocharme algo. ¡Qué mundo tan fastidioso!», y soltó un apagado suspiro. Entonces, escuchó una vocecita a sus pies:

—Oye, oye, Urashima—san.

Se trataba de la problemática tortuga de marras de esta historia. No tengo especial interés en dármelas de sabelotodo, pero hay muchos tipos de tortuga. Las que viven en agua dulce tienen una forma totalmente distinta de las que viven en agua salada.

La tortuga que vemos, por ejemplo, en las márgenes del estanque de Benten secándose el caparazón mientras echa un sueñecito y que podemos llamar «tortuga de las piedras», aparece de vez en cuando en los libros de cuentos ilustrados, con Urashima montado en ella con la mano sobre la frente a modo de visera y contemplando en la lejanía el

Palacio del Dragón. Pero esta variedad se moriría de inmediato por asfixia si penetrase en el agua salada del mar. En cambio, la tortuga del adorno nupcial llamado shimadai, que imita el mítico monte Horai, y que, junto a la grulla, se halla como protegiendo a la pareja central de ancianos como símbolo de la longevidad, mil años por la grulla y diez mil por la tortuga, tiene todo el aspecto de esta «tortuga de las piedras», y apenas se ven casos de shimadai con tortugas como el suppon de agua dulce o la taimai marina. Por ello, no resulta imposible entender a los dibujantes que utilizan la «tortuga de las piedras» en el papel de guía de Urashima, pues al ser el Palacio del Dragón y el monte Horai lugares equiparables, la asociación de ideas parece inevitable. Y sin embargo, resulta antinatural pensar que con esas grotescas patas terminadas en garras puedan nadar en el mar, e incluso bucear hasta sus profundidades. Necesariamente debe tratarse, pues, de una tortuga marina como las taimai, con los extremos de las patas en forma de aleta curvilínea para poder moverse con soltura removiendo el agua del mar. Pero otra vez surge aquí, e insisto en que no pretendo dármelas de listo, un nuevo e irritante problema. Por lo que he escuchado, en nuestro país las taimai solamente se encuentran en el archipiélago de las Ogasawara, en el de las Ryukyu, en Taiwán y, en general, en las islitas del sur.

En una costa del norte como la de Tango, es decir, en el mar del Japón y sus playas, lamentablemente la taimai nunca ha tenido el menor viso de aparecer.

Por un momento, pensé en hacer que Urashima viviera en las Ogasawara o en las Ryukyu, pero desde antiguo se dice que Urashima era natural de Mizunoe, en Tango, y encima hasta se conserva en aquella costa el templo sintoísta llamado Urashima Jinja, por lo que, por mucho que digamos que evidentemente los cuentos para niños son pura fábula, también desde un punto de vista de respeto a la Historia japonesa, no se puede permitir tamaña barbaridad de una forma tan alegre. De alguna manera hay que conseguir que la taimai de Ryukyu u Ogasawara llegue hasta el mar del Japón.

Pero entonces, surge otro nuevo problema fastidioso, y es que los biólogos protestarán con el consabido «Desde luego, los literatos carecen de espíritu científico», y me mirarán con desprecio, algo a lo que no estoy dispuesto. Y entonces me puse a pensar. ¿No habrá otras tortugas marinas aparte de las taimai que tengan las patas terminadas en forma de aleta curvilínea? ¿No había un tipo llamado «tortuga roja de mar»? Hará cosa de unos diez años (yo también voy haciéndome mayor), pasé un verano alojado en un hotel junto a la costa de Numazu y, en aquel entonces, en aquella playa, se formó todo un revuelo entre los pescadores porque habían pescado una tortuga roja de mar con un caparazón de 1,5 m de diámetro, que yo vi con mis propios ojos. Recuerdo perfectamente el nombre de «Tortuga Roja de mar». Eso es.

Hagamos que sea eso. Si pudo llegar a la costa de Numazu, bueno, pudo también haber dado un rodeo por el mar del Japón y haber llegado a alguna de las playas de Tango, por lo que no creo que los doctos biólogos armen gran alboroto por ello. Y si a pesar de todo me insisten con que si las corrientes marinas tal o cual, bueno, entonces ya no quiero saber nada más. Entonces diré que el hecho de que aparezca en un lugar donde no debiera es un gran misterio, por lo que no debe ser en absoluto una tortuga corriente, sin entrar en mayores explicaciones. A fin de cuentas, el espíritu científico es algo que no siempre acierta en sus previsiones. En el fondo, la lógica o la razón ¿acaso no dejan de ser meras hipótesis? Mejor no presumir.

Bueno, el caso es que, mientras alargaba su cuello, esta Tortuga Roja de mar (ya se me está trabando el nombrecito, así que a partir de ahora la llamaré simplemente «tortuga») miró a Urashima y dijo:

—Eh, oye, creo que tienes algo de razón. Yo te comprendo.

—Ah, eres tú. Pero si es la tortuga que salvé el otro día. ¿Qué haces otra vez merodeando por aquí?

Esta es la tortuga de la que se compadeció Urashima, diciendo «pobrecita», y que soltó en el mar después de comprársela a los niños que la estaban martirizando.

—Vaya, merodeando es una palabra poco amable. Te lo tendré en cuenta, joven señor. Aunque te parezca que estoy merodeando, desde entonces vengo día y noche a esta playa esperando que venga el joven señor y poder devolver el favor.

—Eso es lo que se llama un pensamiento superficial. O quizá incluso imprudente. Si te vuelven a atrapar los niños, ¿qué vas a hacer? La próxima vez no saldrás con vida.

—No te des esos aires. Si me pillan otra vez…, pues espero que me compres de nuevo. Usted disculpe este pensamiento tan superficial. Quería ver como fuese otra vez al joven señor, y por eso no hubo más remedio que venir. Este «no hubo más remedio» es el punto flaco por haberme sentido atraída. Por lo menos reconóceme este impulso desinteresado.

Urashima sonrió con amargura y farfulló:

—Vaya una tortuga más caprichosa.

Ante lo cual la tortuga preguntó incisiva:

—Pero ¿cómo?, joven señor, ¿no estamos incurriendo en una contradicción? A pesar de que hace un momento, cuando se trataba de sí mismo, andaba renegando de las críticas, ahora me dice que si pensamiento superficial, que si imprudente, y finalmente, además, que si caprichosa. ¿Acaso no está criticándome continuamente?

El caprichoso es el joven señor. Que yo también tengo mi particular estilo de vida, ¿eh? Podrías respetarme eso un poco —contraatacó con admirable habilidad.

—Lo mío no es una crítica, es una advertencia —respondió Urashima enrojeciendo—. O mejor dicho, un consejo. Como se suele decir, los consejos son incómodos de escuchar, pero beneficiosos de seguir.

—Y el caso es que si no fuera tan presuntuoso, sería un buen tipo —murmuró la tortuga en voz baja—: Bueno, yo ya no digo nada más. Móntate en mi caparazón, por favor.

Urashima se quedó atónito.

—Pero… pero ¿qué estás diciendo? A mí no me gustan esas salvajadas. Cosas como el subirse encima de una tortuga solo pueden calificarse de chifladuras. Y desde luego no son modales en absoluto elegantes.

—¿Y eso qué importa? Yo solo quiero llevarte al Palacio del Dragón como agradecimiento por haberme salvado el otro día. Venga, móntate de una vez en mi caparazón.

—¿Cómo? ¿El Palacio del Dragón? —preguntó soltando una risotada—. No me andes con bromas. Lo que pasa es que debes de haber bebido sake y estás borracha.

Vaya una barbaridad que has soltado. El Palacio del Dragón es nombrado desde tiempos antiguos en los poemas, y se dice que procede de los cuentos tradicionales chinos, pero es un lugar que no existe en este mundo, ¿entiendes? Podríamos decir que es un hermoso lugar con el que hemos soñado los poetas y la gente culta desde los tiempos antiguos —explicó con un tono pomposamente educado.

Ahora le tocó a la tortuga el turno de la risotada:

—Esto es el colmo… Bueno, bueno, la conferencia sobre la poesía ya la escucharé después con calma, pero ahora confía en lo que te digo y móntate en mi caparazón. Por lo que se ve, tu problema es que desconoces el sabor de la aventura.

—Vaya, así que tú también dices las mismas groserías que mi hermana. Ciertamente que no gusto de eso que llaman la aventura. Eso es, por poner un ejemplo, como los juegos malabares. Algo vistoso, pero de baja estofa. O incluso puede decirse que es algo impropio, que rompe las reglas. Una falta de resignación ante el destino. Un desconocimiento de la tradición. Tan despreciable como una serpiente para un ciego. Una dolorosa ofensa a los caballeros de la elegancia ortodoxa. Incluso podríamos decir que un desprecio hacia nosotros. No pienso apartarme del sereno camino que marcaron nuestros predecesores.

—¡Ja, ja, ja! —estalló la tortuga—: Ese camino de los predecesores, precisamente, ¿no fue un camino de aventura? Quizá el empleo de la palabra «aventura» ha sido desafortunado, ya que produce tan sucia y salvaje impresión como el olor a sangre, pero ¿qué tal si lo cambiamos a capacidad de creer? Solo aquel capaz de creer que en el lado opuesto de ese valle crece una flor hermosa, puede aferrar sin ningún titubeo la retorcida liana y cruzar al otro lado. La gente puede pensar que es como un juego malabar y unos lo aplaudirán y otros lo despreciarán por considerar que se trata de un mero afán de presunción. Pero de ningún modo es algo que pueda compararse con los malabarismos de un maestro de la acrobacia. El que se aferra a la liana para cruzar al otro lado del valle simplemente quiere ver la flor que crece al otro lado. No tiene ni por un momento un pensamiento tan vulgar o pretencioso como el de «estoy corriendo una aventura». ¿De qué aventura puede presumir? Eso no son más que tonterías. Él tiene fe. Está completamente seguro de hallar la flor. Y a eso, por darle un nombre, lo llamamos «aventura». Cuando digo que careces de espíritu aventurero, lo que significa es que careces de la capacidad de creer. ¿Tener fe es de baja estofa? ¿Tener fe es apartarse del recto camino? Por lo visto, vosotros los caballeros vivís teniendo a gala vuestra propia incredulidad, lo cual complica las cosas. Y eso no tiene que ver con ser más o menos inteligente. Es algo mucho más vulgar. Se llama mezquindad. Es la prueba de que lo único en que se piensa es en no salir perdiendo. Pero puedes estar tranquilo. Nadie te va a pedir nada. Lo que os pasa a la gente como tú, es que no sabéis aceptar sin más la amabilidad ajena. Enseguida pensáis en lo molesto que resultará luego devolver el favor. Ya veo que el elegante caballero, en el fondo, lo que es, es un mezquino.

—Pero qué cosas tan terribles dices. Me vengo a la playa para no escuchar a mis hermanos menores soltar mil y una cosas sobre mí, y ahora hasta la tortuga a la que salvé añade una serie de críticas igual de maleducadas. Por lo visto, aquellos tipos que no sienten en su interior el orgullo de la tradición, se dedican a soltar todo lo que les apetece. Podemos llamarlo desesperación… Yo sé muy bien lo que pasa. No está bien que sea yo quien lo diga, pero entre vuestro destino y el mío hay una gran diferencia de nivel. Una diferencia que existe desde que nací. Yo no tengo la culpa.

Es algo que me ha sido otorgado por los cielos. Pero parece que vosotros tenéis envidia. Decís esto y aquello para hacer descender mi destino hasta el nivel del vuestro, pero los designios de los cielos no pueden ser interferidos por los mortales.

Seguramente sueltas una trola increíble como la de que me vas a llevar al Palacio del Dragón porque planeas congeniar conmigo de igual a igual. Ya está bien. Comprendo perfectamente todo lo que pasa, así que deja de esforzarte en vano y vuelve de una vez y cuanto antes a tu morada del fondo del mar. Después de que me he molestado en salvarte, vas a echarlo todo a perder si te vuelven a atrapar los niños. Sois vosotros los que no sabéis aceptar sin más la amabilidad ajena.

—¡Ja, ja, ja! —rio descaradamente la tortuga—. Usted perdone que se haya tenido que molestar en salvarme. Esto es lo que no me gusta de los caballeros.

Cuando ellos prodigan su amabilidad, se trata de una gran virtud, aunque en el fondo confíen en recibir alguna recompensa por ello, pero ante la amabilidad de los demás… «¡Ah, mucho cuidado!, no vaya a ser que el tipo luego pretenda tratarme de igual a igual», piensan. Es desazonador. Pues si nos ponemos así, yo también diré algo: tú me salvaste porque soy una tortuga y los que me martirizaban eran unos niños, ¿no? Total, interceder entre una tortuga y unos niños no va a traer luego mayores consecuencias, ¿verdad? Y además, para unos niños, una moneda de 5 mon es mucho dinero. Pero hombre, 5 mon ya es regatear, ¿eh? Creí que les ibas a dar algo más. Tu tacañería me asombró. Me sentí muy miserable al pensar que todo lo que valía mi cuerpo eran cinco mon. Y hay que tener en cuenta que en aquel momento tú intercediste pagando los cinco mon porque lo que tenías enfrente eran una tortuga y unos niños. Algo así como un pequeño capricho. Sin embargo, si en aquel momento no se hubiera tratado de una tortuga y unos niños sino, por ejemplo, de unos pescadores embrutecidos que estuvieran zarandeando a un mendigo enfermo, estoy segura de que no es que no hubieras pagado cinco mon, es que ni siquiera uno.

Incluso habrías pasado de largo apresuradamente con el rostro fruncido. A vosotros os molesta mucho, pero que mucho, que os muestren la vida en su aspecto más descarnado. Sin duda, debe pareceros como que os embadurnan de excrementos vuestro elevado destino. Vuestra amabilidad es un pasatiempo. Autocomplacencia. La salvé porque era una tortuga. Pagué porque eran unos niños. Pero si fueran unos violentos pescadores y un mendigo enfermo, ni hablar. Odio tremendamente que el crudo viento de la realidad acaricie mis mejillas. No me gusta mancharme las manos.

Una actitud así es lo que se llama aparentar conocer el mundo, cuando solo se conoce de oídas, Urashima—san. No te irás a enfadar,

¿verdad? Porque tú me gustas. ¿O a lo mejor sí te vas a enfadar? Porque lo fastidioso de vosotros, los poseedores de un elevado destino, es que por lo visto consideráis un deshonor el ser queridos por chusma como nosotros. Y por si fuera poco, en mi caso se trata de una tortuga. ¿Te da asco ser querido por una tortuga? Pero bueno, no me lo tengas en cuenta, por favor, que los gustos no tienen nada que ver con la razón. No se trata de que me gustes porque me hayas salvado, ni de que me gustes por ser un hombre refinado.

Simplemente, de pronto me has gustado. Y porque me gustas, he empezado a meterme contigo para intentar tomarte un poco el pelo. Podemos decir que es la forma en que nosotros los reptiles demostramos nuestro cariño. Ya comprendo que como soy un reptil, y por tanto pariente de las serpientes, merezco poca confianza. Sin embargo, yo no soy la serpiente del Jardín del Edén, sino que, aquí donde me ves, soy una tortuga del Japón. No estoy planeando tentarte con mi oferta de guiarte al Palacio del Dragón con objeto de arrastrarte a la perdición. Reconóceme la buena voluntad. Solo quiero divertirme contigo. Que vayamos juntos al Palacio del Dragón para divertirnos allí. En ese país no existen las molestas críticas. Todo el mundo vive apaciblemente. Por eso es un lugar a pedir de boca para el entretenimiento. Como ves, yo puedo ir y venir del fondo del mar a tierra firme cuando quiera, lo que me permite observar y comparar ambos modos de vida, y te aseguro que vuestra vida en tierra firme es agobiante.

Hay demasiadas críticas de unos hacia otros. Las conversaciones entre la gente que vive en tierra consisten o bien en hablar mal de los demás, o bien en hacer propaganda de las bondades de uno mismo. Acaba uno harto. Gracias a que yo vengo con frecuencia a tierra firme, se me ha pegado un poco vuestra forma de vida, y yo misma pongo en mi boca esas críticas que solo conozco de oídas. Así que, aun pensando que estoy recibiendo una mala influencia, no puedo reprimir el saborcillo de este vicio vuestro de criticar al que he cogido el gusto, y ahora he comenzado a sentir como un poco aburrida la vida en ese Palacio del Dragón donde no hay críticas. ¡Ay, que se me ha pegado un mal vicio! ¿Será un tipo de enfermedad inherente a la civilización? Ahora mismo ya no sé si soy una criatura marina o un bicho terrestre. Por poner un ejemplo, me siento un poco como los murciélagos, que no se sabe muy bien si son un ave o un animal terrestre. Mi condición se ha vuelto triste. Quizá soy lo que podríamos llamar un hereje del mundo submarino. Cada vez me siento más incómoda en mi tierra natal del Palacio del Dragón. Sin embargo, lo que sí garantizo es que se trata de un lugar estupendo para la diversión. Un país a pedir de boca. Un país para cantar y bailar, para degustar manjares y buen alcohol. Un país realmente a pedir de boca para los hombres refinados como tú. ¿Acaso no andabas antes lamentándote de que ya estabas harto de críticas? En el Palacio del Dragón no hay críticas.

Urashima se hallaba más que molesto por la sorprendente dialéctica de la tortuga, pero la última frase consiguió de pronto atraer su interés.

—Sí, cierto, si al menos existiera un país así…

—Pero cómo, ¿todavía sigues dudando? No estoy soltando ninguna mentira. ¿Por qué no me crees? ¿O sea que un hombre refinado es aquel que en vez de poner las cosas en práctica se limita a suspirar por ellas? ¡Vaya una indecencia!

Hasta alguien de carácter tan afable como Urashima, al verse tan duramente atacado, se vio imposibilitado de echarse atrás.

—Bueno, bien, entonces no hay más remedio —dijo con una amarga sonrisa—. Nos guiaremos por tan insignes palabras, y vamos a probar a montarnos en tu caparazón.

—Tu manera de hablar siempre me irrita —se enfadó de veras la tortuga—. ¿Qué es eso de vamos a probar a montarnos? ¿Probar a montarse y montarse no es, en la práctica, hacer lo mismo? Girar a la derecha mientras se duda y girar a la derecha con confianza y decisión llevan a un mismo destino. Tanto en un caso como en otro, ya no se puede uno echar atrás. Desde el momento en que pruebas a llevar algo a la práctica, ya se decide tu destino. En la vida no existen las pruebas. Probar a hacerlo es lo mismo que hacerlo. Verdaderamente, la gente como tú sois muy tercos en aveniros a razones. Pensáis que se puede dar marcha atrás.

—Basta, basta, comprendido. Bueno, pues a confiar y dejemos que nos lleven en el caparazón.

—Eso es, así se hace.

Al sentarse Urashima sobre el caparazón de la tortuga, este se fue agrandando a ojos vista, hasta llegar a un tamaño en que se hubieran podido colocar encima dos esteras de tatami, y comenzó a introducirse en el mar meciéndose lentamente.

Cuando ya se había alejado nadando unos cien metros de la orilla, el animal le ordenó a Urashima con voz severa:

—Cierra los ojos por un momento.

Este, tras obedecer dócilmente, escuchó un sonido como el de la lluvia del atardecer y un suave calor envolvió su cuerpo. Luego, un viento parecido al viento de primavera pero un poco más pesado golpeó los lóbulos de sus orejas.

—Profundidad, 1.800 metros —dijo la tortuga.

Urashima sintió en su pecho un malestar parecido al del mareo.

—¿Te importa que vomite? —preguntó a la tortuga todavía sin abrir los ojos.

—Pero cómo, ¿vas a llenar esto de vómitos? Vaya un pasajero tan cochino —replicó la tortuga con su habitual tono jocoso—. Eh, pero qué tipo tan obediente, si todavía tiene los ojos cerrados. Por eso me gustas, Taro. Ya tienes permiso para abrir los ojos. Cuando veas el paisaje que se abre en todas direcciones, ese mareo que sientes se te pasará al momento.

Y al abrir los ojos, una arrebatadora embriaguez, una extraña claridad ligeramente verdosa y pálida, un mundo sin sombras, se extendía con contorno impreciso.

—¿Es… esto… el… Palacio… del… Dragón? —preguntó Urashima como adormilado, separando más de la cuenta las palabras.

—Pero ¡qué dices! Apenas hemos llegado a los 1.800 metros de profundidad. El Palacio del Dragón se halla a 18.000 metros de profundidad.

—Ehhh… —soltó Urashima con una voz extraña—. El mar es realmente enorme, ¿no?

—¡Parece mentira que te hayas criado en la costa! No hables como un mono del interior de las montañas. Solo es un poco mayor que la fuente del jardín de tu casa.

Delante o detrás, a izquierda o derecha, mirase donde mirase, se extendía la inmensidad; y si miraba hacia abajo, se encontraba igualmente con la inabarcable claridad verdoso pálido, y si por contra miraba hacia arriba, aparecía una imposible bóveda celeste como si estuviera en una reluciente caverna. Aparte de ambas voces, no se escuchaba un solo sonido, y solamente sentía el cosquilleo de aquel fuerte viento caliente y algo pegajoso, similar al de la primavera, en el lóbulo de sus orejas.

Urashima, en un momento dado, vislumbró una especie de tenue mancha en lontananza y hacia la derecha, como si alguien hubiese arrojado un puñado de ceniza, y preguntó a la tortuga:

—¿Qué es aquello? ¿Nieve?

—No sueltes esas bromas. No hay nieve en el fondo del mar.

—Bueno, entonces, ¿qué es? Parece como si hubieran derramado agua con algo de tinta. ¿O solamente es polvo?

—Pero ¡qué tonto eres! Deberías haberte dado cuenta de un solo vistazo. ¿No ves que es un gran banco de besugos?

—¿Eh? Pero serán muy pocos… Doscientos o trescientos como mucho.

La tortuga soltó una risita irónica.

—Pues sí que eres tonto. ¿Lo dices en serio?

—Bueno, entonces, ¿dos o tres mil?

—No me seas inconsciente. Así, a ojo, entre cinco y seis millones.

—¿Cinco o seis millones? No me tomes el pelo.

La tortuga se echó a reír.

—Eso no son besugos. Es un incendio submarino. Una tremenda humareda.

Viendo esa cantidad de humo, calculo que… sí, debe de ser más o menos una extensión tan grande como veinte veces todo el Japón, la que se está quemando.

—¡Mentirosa! ¿Cómo se va a quemar nada dentro del mar?

—Eso es un error producto de un pensamiento impulsivo. El agua contiene oxígeno, así que no hay ningún motivo para que las cosas no se quemen.

—No me enredes. Eso es un sofisma propio de ignorantes. Dejémonos de bromas y dime de una vez qué es esa especie de nube de porquería. Son besugos, ¿no?

Porque no pretenderás convencerme de que se trata de un incendio…

—Que sí, que sí es un incendio. ¿No te has parado alguna vez a pensar cómo es posible que, con la infinidad de ríos que desde la tierra firme vierten sin parar, de noche y de día, su caudal al mar, el nivel de las aguas marinas ni suba ni baje, sino que siempre pueda mantenerse estable? El mar también tiene sus problemas. Y de alguna forma ha de dar salida a toda esa cantidad de agua que vierten en él sin parar.

Por eso, de vez en cuando, debe quemar de esa manera el agua sobrante que no necesita. Arde, ya lo creo que arde, es un gran fuego.

—Pero qué dices. La humareda no se expande en absoluto. Dime de una vez qué es eso. Según me estoy fijando desde antes, no se mueve de su lugar, así que tampoco puede ser un banco de peces. Déjate de bromas pesadas y dime de una vez de qué se trata.

—Está bien, entonces te lo diré. Pues se trata de la sombra de la Luna.

—¿No me estarás engañando otra vez?

—No, no. En el fondo del mar no se proyectan las formas terrestres, pero en el caso de los cuerpos celestes, la sombra cae verticalmente desde las alturas, y sí se aprecia. No solo la de la Luna, sino también la de las brillantes estrellas. Por eso, en el Palacio del Dragón se hacen los calendarios conforme a esas sombras, y así se establecen las estaciones del año. Esa sombra de la Luna no es totalmente redonda, sino que le falta un trocito, por lo que hoy debe ser la noche décimo tercera.

Visto el tono serio con que lo decía, Urashima pensó que muy bien podía ser cierto, aunque le pareció todo un poco extraño. Pero por otra parte, si en un extremo de esa impresionante bóveda de color verdoso claro aparecía un punto ligeramente ennegrecido, para un hombre con gusto por lo poético como Urashima, aun cuando pudiera ser falso, resultaba mucho más atractivo y entrañable creer que se trataba de la sombra de la Luna que no de un banco de besugos o de un incendio.

Pasado un tiempo, sobrevino una extraña oscuridad a su alrededor y, acompañado de un terrible rugido, Urashima sintió un empujón como si un fuerte viento le hubiera golpeado y poco faltó para que se cayera del lomo de la tortuga.

—Vuelve a cerrar los ojos durante un rato —ordenó la severa voz de la tortuga—. Estamos justo a la entrada del Palacio del Dragón. Aunque los seres humanos exploran el fondo del mar, por lo general creen que más allá de este lugar no hay nada y dan la vuelta. Eres el primer humano, y quizá también el último, que va a cruzar al otro lado de este punto.

Urashima sintió como si la tortuga se hubiera dado la vuelta por completo, es decir, como si nadase con el vientre hacia arriba y él, pegado al caparazón, hubiese quedado colgando cabeza abajo, pero sin que pareciera que pudiera caerse, y con la extrañísima ilusión de que estaba siendo aspirado hacia arriba.

Pero cuando la tortuga le dijo «Prueba a abrir los ojos», ya no tenía ninguna sensación de estar cabeza abajo, y seguía sentado en sus lomos como si fuera lo más natural del mundo, mientras ella continuaba nadando y nadando hacia las profundidades.

A su alrededor había una ligera claridad como la del amanecer y abajo se vislumbraba una forma difusa de color blanco. Parecían unas montañas. Aunque también podría tratarse de una serie de torres, pero en ese caso su tamaño debía de ser enorme.

—¿Qué es eso? ¿Montañas?

—Efectivamente —contestó la tortuga mientras nadaba a toda velocidad.

—Pero son blancas. ¿Estará nevando?

—Vaya, por lo visto aquellos a los que está reservado un elevado destino tienen una forma de pensar diferente. Es magnífico. Puesto que piensan que también nieva dentro del mar.

A lo que Urashima, con intención de devolverle la andanada de antes, replicó:

—Sin embargo, ya que también hay incendios en el interior del mar, bien puede nevar. Puesto que, al fin y al cabo, hay oxígeno.

—La nieve y el oxígeno tienen una relación muy lejana. Por poner un ejemplo, una relación parecida a la del viento con el fabricante de barreños, al que provee de madera al partir los árboles. Así que no digas tonterías, porque no vas a pillarme en una trampa tan simple. Ya veo que a la gente refinada se le dan muy mal las bromas.

La ida con la nieve es divertida, pero a la vuelta escalofría. Hum… no tiene gracia.

Pero mejor que el pareado del oxígeno y el baile. Lamentable. Bueno, mejor dejemos al oxígeno en paz.

Una vez más, fue imposible vencer la dialéctica de la tortuga.

—Por cierto que en esas montañas… —comenzó Urashima, pero se vio interrumpido por la risita de la tortuga.

—Por cierto que… dice el muy presuntuoso. Por cierto que en esas montañas no hay nieve. Son montañas de perlas.

—¿Perlas? —se sorprendió Urashima—. No, eso tiene que ser mentira. Aunque se apilen cien o doscientas mil perlas, no se puede conseguir una montaña tan alta como esa.

—Cien o doscientas mil, vaya una forma más rácana de contar. En el Palacio del Dragón no nos dedicamos a contar las perlas de una en una, sino una montaña, dos montañas, etc. Se dice que una montaña viene a tener unos trescientos mil millones de perlas, pero nadie se ha puesto a contarlas una por una. Si se agrupan más o menos un millón de montañas, tenemos una cordillera como esa. Los vertederos de perlas empiezan a ser un problema. Al fin y al cabo, si pensamos en sus orígenes, no dejan de ser un tipo de excremento de pez.

En estas, llegaron a la puerta principal del Palacio del Dragón, que era más pequeña de lo esperado. Se erguía sencillamente a los pies de una montaña de perlas, emitiendo una luz fosforescente. Urashima se bajó del caparazón y, guiado por la tortuga, tuvo que agacharse para cruzar por la puerta. El lugar estaba iluminado por una débil claridad. Y completamente en silencio.

—¡Qué tranquilidad! Casi da miedo. ¿No estaremos en el infierno, verdad?

—No pierda usted la cabeza, señorito —palmoteo la tortuga con su aleta la espalda de Urashima—. Todos los palacios son lugares tranquilos como este. ¿No tendrías esa imagen desfasada del Palacio del Dragón como un lugar donde nos pasamos todo el año con estúpidas y ruidosas fiestas como los bailes en las playas de Tango cada vez que hay buena pesca? Pobrecillo. Sencillez y serenidad, ¿no era ese vuestro máximo ideal, el de la gente culta? Qué deplorable que lo compares con el infierno. Cuando te acostumbras, esta suave penumbra es un descanso indescriptible para el espíritu. Cuidado con dónde pisas, por favor. Si te caes de un resbalón, sería una vergüenza. Pero, oye, ¡todavía llevas puestas las sandalias! ¡Quítatelas ahora mismo, maleducado!

Urashima se puso colorado y se quitó las sandalias. Al caminar descalzo, sentía en las plantas de los pies una desagradable viscosidad.

—¿Qué clase de camino es este? Es repelente.

—No es un camino, es un pasillo. Ya has entrado en el Palacio del Dragón.

—¿De veras? —preguntó sorprendido mientras miraba en derredor, sin vislumbrar paredes ni columnas. Solamente percibía un espacio claroscuro oscilando a su alrededor.

—En el Palacio del Dragón, ni llueve ni nieva —le iba explicando la tortuga con una voz que reflejaba un profundo apego—. Por eso, no hay necesidad de construir asfixiantes paredes o tejados como en tierra.

—Pero la puerta de entrada sí tenía un tejado.

—Eso es para que destaque del entorno. Pero no solo en la puerta, en los aposentos de la princesa Oto también hay techo y paredes. Pero tampoco han sido construidas para protegerse del rocío o de la lluvia, sino para dejar constancia del respeto debido a Su Alteza la princesa.

—Me pregunto si así será —replicó Urashima con rostro dubitativo—. ¿Y dónde están esos aposentos de la princesa Oto? Porque mire a donde mire, no hay ningún mundo aparte, ni ninguna frontera de elegancia y serenidad, ni brota árbol o planta alguna que marque la diferencia.

—¡Qué complicado es tratar con paletos…! Se quedan con la boca abierta ante los edificios enormes o con ornamentos vistosos, pero son incapaces de apreciar ni un ápice esta belleza serena. Urashima—san, tu sentido del refinamiento no vale aquí.

Claro que, teniendo en cuenta que hablamos de un señorito de las agrestes costas de Tango, puede entenderse. Cuando le oí hablar del conocimiento de la tradición, me entró un sudor frío. «Aquí tenemos todo un personaje culto», pensé. Pero a la hora de la verdad, al verse con las cosas frente a frente, resulta que es un paleto. Anda, hazme caso y, de ahora en adelante, déjate de imitar a los poetas y demás gente refinada.

Por lo visto, la verborrea de la tortuga había cobrado nuevas fuerzas desde que entraron en el Palacio del Dragón. Urashima, ya contrito hasta el límite, protestó con una voz casi llorosa:

—Pero entiéndeme, es que no se ve nada…

—Pues por eso te estoy diciendo que tengas cuidado de dónde pisas, ¿no me has oído? Este pasillo no es un pasillo normal. Es un puente formado por peces. Mira con detenimiento. Millones de peces se aprietan entre sí para formar este puente como si fuera el suelo de un pasillo.

Urashima dio un respingo y se puso de puntillas. Ahora entendía la viscosidad resbaladiza que sentía en la planta de los pies. Efectivamente, fijándose bien, se distinguían infinidad de peces de todos los tamaños, que alineaban sus dorsos para no dejar resquicios, y que se mantenían fijos en el mismo lugar, sin el menor movimiento.

—¡Pero qué cosa tan terrible! —se sorprendió Urashima volviendo de pronto su paso más delicado—. ¡Qué mal gusto! ¿En esto consiste la belleza tranquila y serena?

Caminar pisoteando el lomo de los peces, ¿no es una salvajada incomparable? Para empezar, ¿no es un suplicio para los pobres peces? Desde luego que un pobre paleto como yo no entiende tan extravagante elegancia —estalló como un desahogo tras el enfado por ser tildado de paleto.

—Nada de eso —sonó una vocecita a sus pies—. Nos reunimos aquí todos los días para tener el placer de escuchar la música del koto de la princesa. No estamos formando un puente de peces por el bien de la estética. No te preocupes, y pasa por encima.

—¿De veras? —replicó Urashima con amarga sonrisa—. Pensaba que se trataba otra vez de los ornamentos del Palacio del Dragón.

—Pero no solo eso —intervino al momento la tortuga—. ¿No será que el señorito Urashima andaba pensando que la princesa Oto había ordenado a los peces formar este puente para ofrecerle un recibimiento especial y...?

—¡Basta, cállate! —cortó Urashima enrojeciendo aturdido—. No te pienses que soy tan creído. Como tú has dicho alegremente que esto hacía la función de suelo de un pasillo, lo primero que he pensado es que a los peces les debe doler que les pisen.

—En el mundo de los peces no hay necesidad de suelo. Yo lo he dicho por poner un ejemplo, por compararlo con el suelo de una casa terrestre, pero no era un comentario al tuntún. Y además, ¿crees que a los peces les duele? En el fondo del mar, tu cuerpo no es más pesado de lo que pueda ser una hoja de papel. ¿No notas como si estuvieras flotando?

Ahora que se lo decían, ciertamente tenía cierta sensación de estar como flotando.

Pero a Urashima, una vez más, le pareció que la tortuga volvía a reírse de él sin motivo, y comenzó a exasperarse:

—Ya me has quitado las ganas de creer en nada. Por eso no me gusta la aventura.

Porque aunque te engañen, no hay modo de estar seguro de ello. Uno no tiene más remedio que seguir las indicaciones de su guía. Y si te dice que algo es así o así, no queda sino creérselo. La aventura consiste en que te engañen. Y por cierto que no oigo ni el sonido del koto ni de ninguna otra cosa —estalló con razonamientos agresivos.

La tortuga no perdió la calma:

—Por lo visto, debido a que en tu mundo terrestre tenéis una perspectiva horizontal del entorno, das por sentado que el objetivo debe encontrarse al este, oeste, sur o norte. Sin embargo, en el mar hay otras dos direcciones, a saber, arriba y abajo.

Tú das por sentado que la princesa Oto se encuentra en algún lugar delante de nosotros y ahí reside tu gran error. ¿Por qué no miras sobre tu cabeza? ¿O bajo tus pies? El mundo del mar flota y se mueve a la deriva. La puerta principal de antes o la montaña de perlas también se mueven, aunque sea poco a poco. Tú mismo te estás moviendo ahora arriba y abajo, a derecha y a izquierda, y por eso no percibes el movimiento de las demás cosas. Posiblemente piensas que, desde que llegamos, hemos recorrido una gran distancia hacia delante, pero en realidad apenas hemos avanzado. O quizá incluso estemos más atrás que antes. En estos momentos, debido a las corrientes marinas, estamos siendo empujados hacia atrás. Y yo diría que, junto con todos los demás, nos hemos movido unos doscientos metros hacia arriba. Bueno, en cualquier caso, sigamos un poco más a lo largo de este puente de peces. Fíjate en que el espacio entre los peces se ha vuelto un poco mayor, así que ten cuidado cuando pises, no sea que metas el pie en el hueco. Pero bueno, aunque así sea, no vas a caerte a las profundidades, que para eso pesas lo mismo que una hoja de papel. En definitiva, este puente no lleva a ninguna parte. Aunque seguimos andando por este pasillo, no hay nada delante. Sin embargo, mira a tus pies. ¡Eh, pescaduchos, apartaos un poco, que el señorito va al encuentro de la princesa Oto! Estos tipos forman lo que podemos llamar un velo viviente sobre la torre central del Palacio del Dragón. Un velo oscilante y sutil como el de la medusa, para decirlo con el refinado estilo que le gusta a la gente como tú.

Los peces se apartaron a derecha e izquierda en silencio. Tenuemente, se escuchaba una música que venía de abajo. Se parecía mucho al sonido de un koto japonés, pero no tenía un tono tan fuerte, sino suave, efímero, con un eco que resonaba interminable. El rocío del crisantemo, El suave vestido, Cielo al atardecer, La perdiz… No era ninguna de esas piezas clásicas. Incluso una persona culta como

Urashima era incapaz de identificar esas notas inocentes, en apariencia frágiles, pero que encerraban en su interior una tristeza como no podía escucharse en tierra firme.

—Extraña melodía. ¿Cómo se llama esta pieza?

La tortuga escuchó con atención.

—Seitei —se limitó a contestar.

—¿Seitei?

—Se escribe con los ideogramas de «sagrado» y «resignación».

—Ah, ya veo, Resignación sagrada —murmuró Urashima sintiendo por primera vez en la vida submarina del Palacio del Dragón algo mucho más elevado que el gusto al que hasta ahora estaba acostumbrado. No había duda de que su sentido de lo refinado aquí no servía. Se podía entender que a la tortuga le entrase un sudor frío al escucharle hablar de cosas como el conocimiento de la tradición o la cultura del refinamiento. Su sentido del estilo refinado no pasaba de ser una imitación de los demás. Como si fuera un mono de las montañas más remotas—: A partir de ahora creeré todo lo que me digas. Seitei. Insuperable —añadió Urashima embelesado mientras permanecía de pie esforzándose por escuchar las notas de la extraña melodía.

—Venga, vamos a bajar desde aquí. No hay ningún peligro. Si extiendes los brazos de esta manera, puedes ir descendiendo paso a paso meciéndote agradablemente. Si descendemos verticalmente desde este lugar donde se acaba el puente de peces, llegaremos justo al pie de las escaleras que llevan al edificio principal del Palacio del Dragón. Venga, ¿qué haces ahí como atontado? Vamos a bajar, ¿estás listo?

La tortuga fue descendiendo con un leve balanceo. Urashima, volviendo en sí, extendió los brazos y, dando un paso afuera del puente de los peces, sintió como era arrastrado plácidamente hacia abajo, mientras una especie de brisa fresca le acariciaba las mejillas. Pasado un tiempo, cuando a su alrededor dominaba un color verde como si estuviera rodeado de árboles y el sonido del koto se escuchaba mucho más próximo, se dio cuenta de que estaba de pie junto a la tortuga al comienzo de la escalera del edificio principal. Pero aunque la llamemos escalera, los escalones no se hallaban claramente diferenciados unos de otros, sino que consistían en una alfombra de bolitas grisáceas y relucientes que formaban como una suave rampa.

—¿Esto también son perlas? —preguntó Urashima en voz baja.

La tortuga le miró como compadeciéndole:

Cualquier bolita que ves, ya te crees que son perlas. ¿No has visto que las perlas las tiramos hasta el punto de que ya forman altas montañas? Prueba a coger una de esas bolitas.

Urashima, siguiendo las instrucciones, probó a coger algunas con ambas manos, y sintió que estaban muy frías.

—¡Granizo! —exclamó.

—No digas tonterías. Ahora prueba a metértelas en la boca.

Urashima, obediente, se metió en la boca cinco o seis de esas bolitas frías como el hielo.

—¡Buenísimas!

—¿Verdad que sí? Son cerezas silvestres de mar. El que come estos frutos, no envejece durante trescientos años.

—¿Ah, sí? ¿Y da lo mismo te comas los que te comas? —El refinado Urashima, olvidando sus modales, cogió varias más e hizo ademán de comérselas—. No me gusta pensar en la vejez. No tengo un miedo especial a morir, pero la vejez no pega con mis gustos. Creo que voy a probar unas pocas más.

—Eh, que se está riendo. Mira hacia arriba. La princesa Oto ha venido a recibirte. ¡Ay, y hoy está más bella que nunca!

Al final de la rampa de cerezas de mar, se hallaba en pie una grácil mujercita, sonriendo levemente y con el cuerpo cubierto de un fino vestido azul. A través del vestido semitransparente podía adivinarse su blanca piel. Urashima, avergonzado, apartó la vista.

—¿Es la princesa Oto? —preguntó a la tortuga en susurros. Urashima tenía el rostro totalmente colorado.

—Pues claro que sí. ¿Por qué andas tan azorado? Vamos, preséntale tus respetos.

Urashima ya estaba completamente alterado:

—Pero es que no sé qué decir. Le digo mi nombre y con eso ¿qué? Y además tengo la sensación de que nuestra visita ha sido algo abrupta. No tiene sentido. Volvámonos —se arredró Urashima, el hombre al que se le suponía un destino elevado, que se volvió un cobarde ante la visión de la princesa y que se disponía a huir.

—La princesa Oto ya ha oído hablar de ti. Tiene medios de saber lo que sucede en los más recónditos lugares, como dice el proverbio chino. Acepta tu suerte y limítate a inclinarte con respeto. Y aunque la princesa no te conociese de nada, no es una persona tan mezquina como para desconfiar de nadie, así que no hay por qué pensar en un motivo especial. Basta con que digas que has venido para divertirte.

—Pero ¿cómo voy a decir algo tan descortés? Aaah, se está riendo. Bueno, en cualquier caso, haré una inclinación.

Urashima hizo una reverencia tan pronunciada que las manos le llegaron casi a las uñas de los pies. La tortuga se carcajeó:

—Demasiado cortés. ¡Qué despropósito! Pero si tú eres mi salvador, y yo la agradecida. Deberías tener una actitud más imponente. No te creas que es precisamente elegante hacer una reverencia tan exagerada que parece que te vas a desplomar sin fuerzas. Además eres un invitado de la princesa. Vamos, venga, saca pecho y demuestra que eres un japonés de buena planta, y además un espíritu de la más alta sensibilidad, caminando con aire majestuoso. Frente a gente como yo siempre muestras una actitud altiva y arrogante, pero parece que frente a las mujeres eres todo un cobarde, ¿eh?

—No, no es eso. Ante una persona de tan alta categoría, hay que presentarse de la mejor forma posible.

Urashima tenía la voz algo tomada por el nerviosismo, le temblaban las piernas y subía por la escalera a trompicones. Por fin, llegó a un salón tan amplio como si hubieran dispuesto en el suelo una infinidad de esteras de tatami. O más que un salón, quizá fuera más propio llamarlo un jardín. Bañado en una luz verdosa de origen impreciso, como si estuvieran en medio de un bosque, la extensión parecía envuelta en una neblina, pero ante sí se extendía como una alfombra formada por las mismas bolitas similares al granizo, sobre las que, de cuando en cuando, destacaban algunas rocas dispuestas de manera asimétrica. Y nada más. Por supuesto que no había techo, ni una sola columna, y el lugar ofrecía más bien el desolado aspecto de una plaza en ruinas. Si se fijaba uno bien, entre los resquicios que dejaban las bolitas, asomaban unas diminutas flores de color morado, pero ello aumentaba, si cabe, la impresión de tristeza del lugar. Desde luego que podía hablarse de la serenidad llevada a su extremo, pero resultaba admirable que alguien pudiera vivir en un lugar como este.

Urashima no pudo sino soltar un suspiro de sorpresa y, de nuevo, mirar con disimulo el rostro de la princesa.

La princesa, sin decir una palabra, se giró de espaldas y comenzó a andar.

Entonces Urashima se fijó por primera vez en que, a espaldas de la princesa, se arremolinaba una cantidad incontable de pececillos dorados más pequeños que los medaka, que nadaban ondulando, y según caminaba ella, iban moviéndose detrás, de manera que parecía que iba envuelta en una cascada dorada, lo cual hizo sentir a Urashima que la princesa, sin duda, poseía una elevada presencia que no pertenecía a este mundo.

La princesa caminaba con los pies desnudos y su sutil vestido formaba ondulaciones; sin embargo, fijándose bien, esos pies blanquiazules no pisaban las bolitas que formaban el suelo. Había un pequeño espacio entre las plantas de sus pies y el entramado de bolitas. Incluso pudiera ser que esas plantas no hubiesen pisado nunca cosa alguna. A pesar de que, sin duda, sus pies blandos y bellos eran como los de un recién nacido y que su cuerpo no llevaba maquillaje ni ornamento alguno, no cabía sino reconocer la auténtica elegancia, modesta y refinada a la vez. «Hice bien en venir al Palacio del Dragón», pensó Urashima mientras daba las gracias en su fuero interno a esta aventura, y seguía embobado a la princesa.

—¿Qué? No está mal, ¿eh? —le susurró la tortuga al oído mientras le daba con su aleta un empellón en el costado que le hizo cosquillas.

—¿Eh? ¿Qué? ¿Estas flores? Estas flores moradas son bonitas, sí —dijo Urashima despistado, contestando algo que no tenía nada que ver.

—¿Estas de aquí? —contestó la tortuga con desgana—. Es la flor del cerezo de mar. Se parecen un poco a las violetas. Si masticas sus pétalos, sientes una embriaguez muy agradable. Es como el sake del Palacio del Dragón. Y eso que parece una roca, está formado por algas. Como han pasado miles y miles de años, se ha formado una masa conglomerada parecida a una roca, pero en realidad es más blanda que la pasta de judías. Y es un manjar mucho más delicioso que cualquier alimento terrestre. Según sea la masa, el sabor cambia ligeramente. En el Palacio del Dragón vivimos comiendo estas algas, emborrachándonos con los pétalos de flor y tomando las cerezas marinas cuando tenemos sed, arrobados por la música de koto de la princesa y viendo la danza de los pececillos, que se asemeja a un remolino de flores en el viento. ¿Qué te parece? Cuando te invité a venir, estoy segura de haberte dicho que el Palacio del Dragón era el país de la canción y el baile, de los manjares y del sake. ¿Qué me dices? ¿Es diferente a como te lo imaginabas?

Urashima, sin contestar, sonrió de manera algo forzada y apesadumbrada.

—Ya sé. Tú te imaginabas un barullo sonando chan, chan, chan, grandes fuentes con sashimi de besugo y atún, chicas danzando vestidas con quimono rojo, y oro, plata, coral y brocados…

Ante estas palabras, incluso el rostro de Urashima expresó un ligero desagrado.

—¡Ni hablar! No soy un hombre tan vulgar. Sin embargo, a veces he pensado en mí como un solitario, pero al venir aquí y encontrarme con una persona solitaria de verdad, me avergüenzo de la vida presuntuosa que he llevado hasta ahora.

—¿Te refieres a ella? —preguntó la tortuga en voz baja mientras señalaba hacia la princesa con la barbilla de un modo vulgar—. Ella no se siente sola en absoluto. Eso no le preocupa. La soledad preocupa a los que tienen ambición, pero para aquel al que no le importan las cosas fuera de su mundo, estar solo cien o mil años resulta de lo más cómodo. Y lo mismo vale para las personas que no prestan atención a esas críticas ajenas de las que hablábamos. Y a todo esto, ¿adónde dices que vas?

—¿Eh? ¿Cómo? Pues a ningún sitio en particular —se sorprendió Urashima ante lo inesperado de la pregunta—. Pero, es que…, bueno, ella…

—La princesa no te está guiando a ninguna parte intencionadamente. De hecho, ella ya se ha olvidado de ti. Posiblemente va de vuelta a sus aposentos. No pierdas la cabeza, ¿eh? Esto es el Palacio del Dragón, este preciso lugar. No hay ningún otro lugar aparte de este al que queramos guiarte. Ahora basta con que hagas aquí lo que te plazca, y te diviertas. ¿O es que no te basta con esto?

—No me martirices, por favor. ¿Pero qué podía haber hecho yo? —replicó Urashima con expresión llorosa—. Puesto que alguien de su elevada posición acude a recibirme… no es que me haya podido la vanidad, pero pensé que lo cortés era ir detrás de ella. No he pensado en ningún momento que no fuera suficiente. Y aun así, te diriges a mí de forma incisiva, como si yo ocultase alguna intención lasciva. ¡Qué malévola e insidiosa eres! ¡Espantosa! Jamás en mi vida me he sentido tan avergonzado. ¡Eres verdaderamente terrible!

—No hay que ponerse así. La princesa Oto es una persona de buen corazón.

Comprenderás que al ser tú un raro visitante llegado de tierra firme, y además a quien yo debo gratitud, es lógico que acuda a recibirte en persona. Y además, si tenemos en cuenta que eres un hombre honesto y sin doblez, que no tienes mala planta y que…

ja, ja, ja… Eh, que estoy bromeando, no vaya a ser que tengamos que aguantar un nuevo ataque de vanidad. Bueno, en cualquier caso, mi impresión es que la princesa Oto, al tratarse de un visitante inusual que llega a su casa, ha acudido a recibirte hasta la escalinata, y, una vez tranquilizada al ver que todo va bien, se retira a sus aposentos despreocupadamente para que tú puedas disfrutar aquí como quieras y todo el tiempo que te apetezca sin sentirte cohibido por su presencia. En realidad, nosotros los de aquí tampoco sabemos muy bien qué es exactamente lo que piensa la princesa Oto.

Pero sí que, de una forma u otra, tiene un magnánimo carácter.

—Hum… Dicho así, creo que empiezo a entender un poco. Y me parece que tu suposición, en general, ha de ser acertada. Es decir, que esta debe de ser la forma de hospitalidad de la gente verdaderamente elegante. Recibir al visitante y, a continuación, olvidarse de él. Y, por añadidura, disponer de manera desordenada alrededor del visitante delicioso sake y exóticos manjares. No hay baile ni música preparados con la evidente finalidad de dar la bienvenida al visitante. La princesa toca el koto sin intención de que la escuche alguien en particular. Los peces danzan y juguetean alegre y libremente sin querer divertir a nadie. No esperan ni se guían por el aplauso del espectador. Este, por su parte, no tiene necesidad de poner una cara especial para demostrar ex profeso su admiración. De hecho, no importa que esté tumbado con absoluta indiferencia. El anfitrión ha olvidado por completo a su invitado. Y además, le ha dado su consentimiento para que se comporte con absoluta libertad. Si tiene ganas de comer, puede comer, y si no es así, no tiene por qué comer.

Por tanto, si uno se emborracha y, sin distinguir entre sueño y realidad, se limita a escuchar el sonido del koto, no está siendo descortés. Ah, invitar a alguien debería ser siempre así. Que si esto, que si aquello, que si te insisten en que pruebes una comida que no está muy allá, intercambiarse alabanzas estúpidas, reírse a carcajadas con cosas que no tienen ninguna gracia, expresar un asombro exagerado ante historias que no tienen nada de particular; toda una sarta de mentiras sociales de principio a fin.

¡Eh, pandilla de estúpidos y mezquinos que os las dais de listos intentando agasajar por todo lo alto a los invitados!, me gustaría enseñaros esta hospitalidad liberal del Palacio del Dragón. Esos tipos solo están preocupados por no perder su propia dignidad, y andan nerviosos todo el tiempo por ello, incluso muestran un extraño recelo hacia sus invitados, dando vueltas de un lado para otro. No hay una pizca de franqueza en su actitud. ¿Pero qué es eso? Si hasta por un simple vasito de sake ya uno presume de dar de beber y el otro ha de dar las gracias por lo bebido, como si se estuviera formalizando un contrato, no hay quien lo aguante.

—¡Eso es, así se habla! —se alegró la tortuga—. Pero no te excites tanto, que no quiero que te dé un ataque al corazón. Venga, siéntate un rato en esta roca de algas y toma un poco de sake de cerezas. La primera vez que se toman los pétalos del cerezo de mar puede que el olor resulte demasiado fuerte, así que tómalos junto con cinco o seis cerezas, poniéndolo todo junto sobre la lengua. Se disolverá al momento, convirtiéndose en un sake justo en su punto y de lo más refrescante. Depende de la proporción en que los mezcles, va cambiando el sabor. Así que, bueno, vete probando tú mismo hasta que consigas el que más te guste y ¡a beber!

En esos momentos Urashima tenía ganas de beber un sake fuerte. Cogió tres pétalos y dos cerezas de mar y los juntó en la punta de la lengua. Al instante se le llenó la boca de un sake delicioso, dándole una apacible sensación de embriaguez. La mezcla atravesó su garganta de forma ligera y agradable y le produjo una sensación de alegría, como si su cuerpo entero se hubiera iluminado de repente.

—Me gusta esto. Barre por completo la melancolía.

—¿Melancolía? —se apresuró a indagar la tortuga—. ¿Acaso hay algún motivo aquí para la tristeza?

—No, nada especial, no es eso, sino que… Ja, ja, ja —Urashima rio forzadamente para ocultar su nerviosismo y soltó un apagado suspiro mientras contemplaba la figura de la princesa que se alejaba.

La princesa Oto seguía caminando sola y sin decir nada. Envuelta en una luminosidad de un claro tono verdoso, semejando unas fragantes algas semitransparentes, caminaba solitaria con un suave movimiento oscilante.

—¿Adónde irá? —se le escapó en un susurro sin poder evitarlo.

—A sus aposentos, sin duda —replicó afectadamente la tortuga, con cara de estar diciendo algo evidente.

—Llevas un tiempo diciendo sus aposentos, sus aposentos, pero ¿se puede saber dónde están esos aposentos? Si no se ve absolutamente nada en derredor…

Hasta donde alcanzaba la vista, solamente se distinguía una extensión lisa, un gran salón como un enorme campo que brillaba con luz opaca, y ni la menor sombra de algo parecido a un edificio palaciego.

—Allí delante, a lo lejos, hacia donde se dirige la princesa Oto, muy a lo lejos, ¿no ves algo? —le indicó la tortuga, y Urashima frunció el entrecejo forzando la vista en esa dirección.

—Ah, ahora que lo dices, sí, parece que hay algo.

A una lejana distancia hacia el frente, que podía ser como de una milla, se podía distinguir de manera difusa, como cuando se mira el fondo de un lago en penumbra, con los contornos brumosos, una especie de flor acuática de perfecta blancura.

—¿Es aquello? Parece algo muy pequeño, ¿no?

—Para el reposo solitario de la princesa Oto no hace falta un gran edificio, ¿no crees?

—Bueno, sí, dicho así, es cierto —dijo Urashima mientras se preparaba más sake con las cerezas marinas. Y, tras bebérselo, añadió—: Y la princesa, cómo lo diría, ¿siempre es así de callada?

—Sí, así es. Me pregunto si las palabras no surgen de la inseguridad del vivir, de donde nacen sus brotes. Del mismo modo en que las rojas setas venenosas brotan del suelo en putrefacción, ¿no será que la inseguridad de la vida hace fermentar las palabras? Claro que también hay palabras de alegría, pero, incluso en ese caso, ¿no llevan implícita una insidiosa artificiosidad? Parece que los seres humanos, incluso en medio de su felicidad, sienten inseguridad en la vida. Las palabras humanas son todas una invención, un recurso. Una presuntuosidad. Cuando no existe tal inseguridad, no hay por qué recurrir a esa invención insidiosa de las palabras, ¿no crees? Personalmente, nunca he escuchado decir cosa alguna a la princesa Oto. Sin embargo, a diferencia de lo que sucede a menudo con las personas calladas, la princesa Oto de ningún modo es de las que observan con disimulo mientras en el fondo de su corazón juzgan severamente si los demás actúan bien o mal. No piensa en nada concreto. Se limita a sonreír con suavidad, mientras hace sonar su koto o camina balanceándose por el gran salón o disfruta de los pétalos de cerezo que introduce en su boca. Lleva una existencia realmente plácida.

—¿De veras? ¿Una persona como ella, entonces, también bebe este sake de cerezas de mar? Claro que este es un buen sake, de eso no hay duda. Mientras haya de esto, no hace falta otra cosa. Me pregunto si puedo tomar un poco más.

—Claro que sí, adelante. Es de tontos andarse con remilgos en un lugar como este. Tú gozas aquí de un permiso ilimitado. ¿Qué tal si pruebas también a comer algo? Todas las rocas que ves son raros manjares. ¿Prefieres algo grasiento? ¿O mejor algo suave y un poco ácido? Aquí hay cualquier clase de sabor.

—Ah, puedo oír el sonido del koto. ¿Puedo tumbarme para escucharlo? —

Realmente, era la primera vez en su vida que experimentaba la sensación de que le estaba permitido todo. Urashima olvidó la educación o cualquier otra cosa a que le pudiera impeler su pose de hombre refinado, y se tumbó boca arriba con los brazos estirados—. Ah… qué placer, revolcarse aquí borracho. Aprovechemos la ocasión para comer algo. ¿Habrá algas con sabor a carne de perdiz a la parrilla?

—Las hay.

—Pues eso. ¿Y también hay algas con sabor a moras?

—Imagino que sí. Pero oye, vaya un gusto tan extrañamente agreste que tienes para comer, ¿eh?

—Ya ves, es mi auténtico carácter. Es que soy un paleto. —Hasta había cambiado su forma de hablar—: Aquí tienes la máxima expresión del refinamiento.

Al levantar la vista, a una gran altura, la cúpula formada por los peces que flotaban plácidamente se veía como una neblina azulada. En ese momento, una bandada de peces se desgajó de repente de esa cúpula y, haciendo brillar sus plateadas escamas, empezaron a danzar y a jugar como si todo el cielo se hubiera cubierto de una ventisca de nieve.

En el Palacio del Dragón no había días ni noches. Siempre parecía una refrescante mañana de mayo, con una luz verdosa como la sombra de los árboles inundándolo todo, así que Urashima no tenía la menor idea de cuántos días pasó allí. Durante todo ese tiempo le estuvo permitido cuanto desease, sin ninguna restricción. Urashima incluso entró en las habitaciones de la princesa Oto. Ella no mostró la más mínima aversión. Se limitaba a reír suavemente.

Y, pasado un tiempo, Urashima se hartó. Quizá se hartó de que todo le estuviese permitido. Echaba de menos la miserable vida de tierra firme. Preocuparse de las críticas de los unos hacia los otros, llorar, enfadarse, las mezquindades de los seres de tierra firme, le resultaron todo cosas tan inocentes, que incluso llegó a pensar que eran hermosas.

Urashima, de pie frente a la princesa Oto, le dijo adiós. Esta repentina petición de permiso para marcharse le fue concedida de nuevo con una sonrisa silenciosa.

Decididamente, todo le estaba permitido. Desde el principio hasta el final, se le había consentido todo. La princesa Oto acudió hasta las escaleras del Palacio del Dragón a despedirle y, sin decir nada, le entregó una pequeña concha. Era la concha de un molusco bivalvo, firmemente cerrada, y despedía un fulgor multicolor. Se trataba del regalo de despedida del Palacio del Dragón que se conoce por tamatebako (la cajita preciosa).

La ida es divertida, pero la vuelta escalofría. Urashima subió otra vez a lomos de la tortuga y, abstraído, fue alejándose del Palacio del Dragón. En su interior se agitaba una extraña tristeza. «Ah, he olvidado dar las gracias», iba pensando. «Un lugar tan bueno como ese, no lo hay en ninguna otra parte. Ah, debería haberme quedado para siempre allí. Sin embargo, yo pertenezco a la tierra firme. Por mucho que llevase una vida placentera, mi casa, mi tierra natal, están incrustadas en algún rincón de mi cabeza, y no se separan de mí. Aunque me emborrache con delicioso sake y me quede dormido, mis sueños son sueños del país natal. Es deprimente. No estoy cualificado para divertirme en un lugar tan bueno como ese».

—¡Ah... no puedo más! ¡Qué tristeza! —estalló en voz alta en un berrido desesperado—. No sé qué me pasa, pero esto no puede ser. ¡Eh, tortuga! Suéltame otra vez alguna de tus alegres críticas. ¿Qué te pasa que llevas todo el tiempo callada?

La tortuga se limitaba a nadar en silencio con sus aletas desde que salieron.

—Estás enfadada, ¿verdad? Estás enfadada porque me marcho del Palacio del Dragón como quien sale huyendo sin pagar después de comer, ¿no?

—No tienes por qué sentirte culpable. Esas son las cosas que no me gustan de la gente de tierra firme. ¿No te repetí muchas veces desde el principio que hicieras lo que te apeteciera?

—Pero es que me parece como si no te sintieras bien.

—Mira quién fue a hablar, tú que andas extrañamente abatido. Lo que pasa es que me gusta dar la bienvenida a la gente, pero las despedidas las llevo muy mal.

—Ah, eso de la ida es divertida, ¿no?

—No es momento para bromas. Es que esto de las despedidas no va bien para el ánimo. No deja uno de suspirar y todo lo que se diga suena a falso. Me dan ganas de que nos separemos aquí mismo de una vez.

—Así que, después de todo, tú también estás triste, ¿eh? —se enterneció Urashima—. Esta vez te has esforzado mucho por mí y estoy en deuda contigo. Te doy las gracias.

La tortuga no contestó y se limitó a agitar su caparazón, como diciendo «pero venga, qué cosas dices», mientras seguía nadando a toda prisa.

—Y la princesa seguirá allí, divirtiéndose a solas —suspiró Urashima con un tono que no admitía consuelo—. Me ha regalado esta hermosa concha. No será algo de comer, ¿verdad?

La tortuga soltó una risita.

—Durante el tiempo que has estado en el Palacio del Dragón has mostrado un gran interés por probarlo todo, comiendo como un descosido. Pero eso precisamente no es nada de comer. No sé muy bien qué puede ser, pero creo que en esa concha hay algo guardado —dijo misteriosamente la tortuga que, ahora sí, espoleaba la curiosidad humana como aquella serpiente del Jardín del Edén.

Después de todo, ¿no será que sí existe una pauta predeterminada común al destino de todos los reptiles? Pero no, no; dar por sentado una idea así sería una ofensa hacia nuestra buena tortuga. Ella misma ya dijo antes a Urashima aquella maravillosa frase de «sin embargo, yo no soy la serpiente del Jardín del Edén, sino que, aquí donde me ves, soy una tortuga del Japón». Sería muy desconsiderado que no la creyésemos. Además, si juzgamos la actitud de la tortuga hacia Urashima durante todo este tiempo, de ninguna manera puede pensarse que, al igual que la serpiente del Edén, poseyera un carácter de mensajero malvado que susurra tentador al oído con objeto de arrastrar a la perdición. Y no solo eso, sino que podemos más bien pensar que no pasaba de ser una entrañable parlanchina, que hablaba por hablar, de una manera alocada, sí, pero sin pensar demasiado en el contenido de lo que decía.

La tortuga continuó hablando:

—Pero quizá lo mejor sea que no abras esa concha. Porque seguramente encierra en su interior algo así como la esencia concentrada del Palacio del Dragón. Si la abres en tu mundo de la tierra firme, quizá surjan terribles espejismos, o también puede hacerte enloquecer, o incluso provocar que la marea se abalance sobre la costa produciendo una gran inundación. Cualquier resultado es posible, pero creo que, de todas maneras, liberar el oxígeno de los abismos marinos en tierra no puede traer nada bueno —dijo con gran seriedad.

Urashima creyó en la bondad de la advertencia de la tortuga.

—Puede que tengas razón. Si el ambiente de un lugar tan elevado como el Palacio del Dragón estuviera contenido dentro de esta concha, al entrar en contacto con el aire viciado y vulgar del mundo terrestre, podría producirse una turbación que originase una gran explosión. Bueno, no pensemos más, en cualquier caso lo guardaremos así para siempre como el mayor tesoro de la casa.

Ya estaban flotando sobre la superficie del mar. La luz del sol les deslumbraba. Se podía ver la playa de su tierra natal. Urashima tenía ganas de llegar cuanto antes, entrar a toda prisa en su casa, reunir a padres, hermanos y sirvientes y describir con todo detalle el aspecto del Palacio del Dragón; decirles que la aventura consiste en la capacidad de creer, que los que se las dan de refinados en este mundo son como monos mezquinos; soltarles que la tradición no es sino un nombre más de la vulgaridad, seguido de un «me pregunto si lo entenderéis»; decirles que la verdadera elegancia reside en la nueva frontera de la renuncia sagrada, «que no es una simple renuncia, ¿eh? ¿Entendéis?», que no hay críticas fastidiosas, que todo está permitido, y ante todo ello «solo hay que mostrar una leve sonrisa, ¿entendéis?, olvidar al invitado; no entendéis, claro», etc., etc.; y blandir a diestro y siniestro todo aquel nuevo conocimiento que acababa de adquirir. Y cuando ese hermano menor de mentalidad realista pusiera cara de duda, aunque fuera un poco, entonces le pondría delante de las narices el precioso recuerdo que se había traído del Palacio del Dragón hasta que se cayera de espaldas de la sorpresa. Con tal impulso iba Urashima, que se bajó del caparazón justo donde rompen las olas olvidando despedirse de la tortuga y dirigiéndose a toda prisa hacia su hogar natal.

Y aquí llegamos al punto de la historia que reza:

¿Dónde estaría su aldea natal?
¿Dónde estaría el hogar de su familia?
Hasta donde alcanzaba la vista, solo un paisaje desolado
Ni rastro de seres humanos, ni camino alguno
Tan solo el sonido del viento en los pinos

Urashima, tras mucho dudar, termina abriendo la concha de recuerdo del Palacio del Dragón, como ya sabemos, pero, en cuanto a esto, creo que no hay que hacer recaer la responsabilidad sobre la tortuga. Que cuando te digan «no debes abrirlo», te haga sentir todavía más ganas de hacerlo, es una debilidad inherente a los seres humanos, y, sin ser exclusivo de esta historia de Urashima, podemos encontrar un caso semejante en la mitología griega con la historia de la caja de Pandora, donde se revela una psicología similar del comportamiento humano. Sin embargo, en el caso de la caja de Pandora, desde un primer momento hay una intención de venganza por parte de los dioses. La advertencia de «no debes abrirla» está desde un principio destinada a servir de acicate para la curiosidad de Pandora y se basa en la certeza de que ella terminará por abrir la caja, siendo pues una prohibición claramente malintencionada desde su gestación. Por contra, nuestra buena tortuga le dice lo mismo a Urashima con una intención amistosa. Creo que esto puede creerse viendo la forma en la que habla, sin que pueda detectarse una intención oculta. La tortuga no tiene culpa alguna. Estoy completamente convencido de ello y puedo declarar en su favor, pero así y todo, aquí queda todavía una cuestión que no termina de estar clara.

Cuando Urashima probó a abrir el recuerdo del Palacio del Dragón, surgió una humareda blanca del interior y al momento se convirtió en un abuelillo de trescientos o más años, por lo que las versiones que normalmente conocemos de la historia terminan con un «mejor que no lo hubiese abierto, vaya un lamentable resultado, pobrecillo», etc. No obstante, personalmente albergo una fuerte sospecha acerca de todo ello. ¿Entonces aquel recuerdo del Palacio del Dragón, al igual que la caja de Pandora que encerraba el origen de todas las desgracias de los seres humanos, fue ofrecido por la princesa Oto como un regalo con una profunda y oculta intención de venganza o castigo? Siempre en silencio, sonriendo de aquella manera tan suave, y aparentando consentirlo todo, ¿acaso en el fondo de su corazón juzgaba despiadadamente a los demás y no perdonó ni uno solo de los caprichos de Urashima, entregándole esa concha con intención de aplicarle un castigo? Pero no, sin necesidad de entonar una teoría tan extremadamente pesimista, quizá se trate de que, puesto que las personas de clase alta, de vez en cuando, llevan a cabo bromas crueles sin concederle importancia, la princesa Oto, con intención de hacer una travesura inocente, gastó una broma tan pesada como esta. En cualquier caso, que alguien como la princesa Oto, que debía ser la expresión de la más alta elegancia, entregase un regalo de pésimas consecuencias es algo que resulta del todo punto inexplicable.

Dentro de la caja de Pandora se encerraban las enfermedades, el miedo, el rencor, la tristeza, la desconfianza, los celos, la ira, el odio, las maldiciones, la impaciencia, el remordimiento, el servilismo, la codicia, la falsedad, la soberbia, la violencia, etc., y en fin, el espíritu de cualquier tipo de desgracias. Y, al abrir Pandora dicha caja, como si se tratase de una nube de hormigas aladas, salieron todas despedidas al tiempo, y se extendieron por todos los rincones de la tierra sin dejar libre uno solo, según se dice. Sin embargo, la estupefacta Pandora, al quedar cabizbaja y fijarse en el fondo de la caja vacía, ¿acaso no se dice que descubrió en su fondo oscuro un puntito reluciente, una joya que brillaba como una estrella? Y en esa joya, ¡oh sorpresa!, se dice que estaba escrita la palabra «esperanza». Gracias a esto, parece que el rostro de Pandora, que se había vuelto pálido, volvió a recuperar algo de su color. Y por eso, desde aquel entonces, se dice que los seres humanos, por mucho que sean atacados por el maligno espíritu del sufrimiento, pueden armarse de valor gracias a esta «esperanza», y encontrar las fuerzas necesarias para afrontar tales dificultades. Comparado con eso, el regalo del Palacio del Dragón no tiene gracia, ni nada que se le parezca. No es más que una humareda. Y de pronto, se ve uno convertido en un abuelillo de trescientos años. Aun suponiendo que en el fondo de esa concha quedase esa estrella de la esperanza, Urashima ya tiene trescientos años.

Ofrecerle la esperanza a un viejo de trescientos años suena a broma pesada. Un imposible desde el principio. Y si entonces probamos a concederle aquella sagrada resignación, ¿qué tal? Sin embargo, ya tiene trescientos años. A estas alturas, aunque no le concedamos algo de nombre tan presuntuoso, teniendo ya trescientos años, el ser humano está ya más que resignado.

En resumidas cuentas, se mire como se mire, no hay nada que hacer. No hay manera de hacerle llegar una mano salvadora. De cualquier manera, ha traído de vuelta un regalo terrible. Sin embargo, si tiramos aquí la toalla, podemos concluir que los cuentos japoneses son más crueles que la mitología griega. O algo similar, podrían decirnos los extranjeros. Y eso sería, sin duda, lamentable. Por otra parte, por salvaguardar el honor de ese entrañable Palacio del Dragón, quiero encontrar como sea un elevado sentido a ese regalo inexplicable. Por mucho que digamos que unos cuantos días en el Palacio del Dragón equivalen a trescientos años terrestres, no había por qué amontonar todos esos años en un fastidioso regalo y hacérselo llevar a Urashima. Si Urashima, en el momento en que emerge a la superficie del mar procedente del Palacio del Dragón, se convirtiera en un anciano de pelo blanco con trescientos años, todavía podría entenderse la historia. Y si la princesa Oto, movida por sus sentimientos, deseara que Urashima se conservase joven por siempre, no tendría por qué tomarse la molestia de entregarle y hacerle llevar de vuelta un objeto tan peligroso que «no se debe abrir».

¿No podía entonces haberlo tirado por ahí en cualquier recoveco del Palacio del Dragón? ¿O es que se pretende dar a entender algo del tipo de «la mierda que has dejado por aquí, te la vuelves a llevar»? Pero eso sería terriblemente zafio, una especie de rabieta. Resulta más bien difícil de creer que esa princesa Oto de la «sagrada resignación» fuese a tramar algo del nivel de una pelea conyugal en una casa de huéspedes. Realmente no encuentro explicación. Estuve mucho tiempo pensando alguna respuesta a todo esto. Y, por fin, recientemente, me parece que he llegado a entender un poco la cuestión.

En el fondo, nos hemos equivocado al prejuzgar que convertirse en un abuelillo de trescientos años ha supuesto una desgracia para Urashima. También en el libro de dibujos para niños, se nos dice que Urashima se convirtió en un viejo de trescientos años y cosas como «en verdad, fue una suerte terrible y fue muy desgraciado».

Al instante, se convirtió en un abuelo de pelo blanco.

Y con eso se acaba. Fue muy desgraciado, fue un estúpido, etc., no son más que cosas que nosotros, la gente vulgar, hemos añadido caprichosa y ciegamente a posteriori. Pero tener de pronto trescientos años no fue, de ninguna manera, una desgracia para Urashima.

Que en el fondo de la concha pudiera quedar la estrella de la esperanza y que eso supusiera una salvación, resulta, a poco que se piense, de un gusto de historieta para niñas y me parece que produce una sensación más que artificiosa. Por el contrario, Urashima obtiene la salvación de esa humareda misma que se alza ante él. No hace falta que en el fondo de la concha quede nada. Eso no es un problema. Como se suele decir:

«El paso de los años es la salvación del ser humano».

«El olvido es la salvación del ser humano».

Puede verse también como que la augusta hospitalidad del Palacio del Dragón alcanza así, a través de este maravilloso regalo de despedida, su cénit. ¿Acaso no se dice que cuanto más lejano es un recuerdo, más hermoso resulta? Y además, el cargar sobre sí esos trescientos años es una decisión que recae en el propio estado de ánimo de Urashima. Una vez más, la princesa Oto ha concedido a Urashima plena libertad de decisión. Si no se hubiera sentido solo, Urashima no habría hecho tal cosa como probar a abrir la concha. Cuando no le quedara más remedio, cuando buscara algún tipo de salvación en esa concha, entonces quizá pensara en abrirla. Y, al abrirla, al instante trescientos años de edad y el olvido. No busquemos mayor explicación. En los cuentos tradicionales japoneses existe este tipo de sentimiento misericordioso.

Se cuenta que, después de aquello, Urashima vivió diez años más como un anciano feliz.

EL LOBANILLO DESAPARECIDO

Érase una vez, hace mucho tiempo,
un anciano que tenía un gran lobanillo que colgaba
de su mejilla derecha, y que le causaba enormes molestias...

Este anciano vivía a los pies del monte Tsurugi en la provincia de Awa, en la isla de Shikoku. Por lo menos, eso es lo que parece, aunque no hay ningún fundamento concreto para asegurar que así fuera. Se dice que esta historia procede de la antigua Colección de cuentos de Uji, pero estando en un refugio antiaéreo, no es posible consultar los textos originales para cerciorarse. Y no solamente en cuanto a este cuento de El lobanillo desaparecido, sino que sucede algo similar con el siguiente de La historia de Urashima, que voy a desarrollar a continuación, cuyos hechos ya aparecen en el antiguo Nihon shoki (Crónicas del Japón), y sobre el que hay un largo poema en la antología Manyoshu (Libro para diez mil generaciones). También parece haber referencias a la historia de Urashima en otros libros antiguos como el Tango fudoki (Crónicas de la provincia de Tango) o el Honcho shinsenden (Historias inmortales del Imperio), y no hace mucho que Ogai presentó una adaptación para el teatro. También creo que Shoyo o algún otro hizo una versión para baile, pero, en cualquier caso, lo cierto es que la historia de Urashima aparece en todo tipo de entretenimientos, desde el noh al kabuki, pasando incluso por los bailes de geishas.

En mi caso, tengo el vicio de regalar enseguida o de vender los libros cuando termino de leerlos, por lo que nunca he tenido eso que podríamos llamar una biblioteca propia. Así que, en casos como este, y basándome en el difuso recuerdo de lo que estoy seguro que alguna vez leí, tengo que deambular rastreando el libro original. Pero ahora eso me resultaría muy difícil. En este momento me hallo acurrucado dentro de un refugio antiaéreo. Y lo único que tengo es un libro de cuentos ilustrado abierto sobre mis rodillas. Tengo que desistir de buscar referencias en otros libros y habré de basarme únicamente en lo que vaya desarrollando mi imaginación. Pero quién sabe si quizá no sea mejor así, y de esta manera salga una historia más viva y entretenida.

Y con tales razonamientos, dándose excusas que suenan al consuelo íntimo de los perdedores, este padre tan particular continúa...

Érase una vez, hace mucho, mucho tiempo...

Y según iba leyendo en voz alta este libro ilustrado, apretujado en un rincón del refugio, en su interior iba desarrollando una historia nueva y diferente.

Este anciano es un gran aficionado al sake. Un gran bebedor suele ser, en la mayoría de los hogares, un hombre solitario. Decidir si bebe porque es un solitario o si se ha vuelto un solitario porque el resto de la familia le ha dado de lado por ser un bebedor es tan difícil como dar una palmada y determinar cuál de las dos manos es la que ha sonado, por lo que acabaríamos perdidos en divagaciones inútiles. En cualquier caso, este anciano, cuando estaba en casa, siempre tenía el rostro malhumorado. Y no es que su entorno familiar fuese particularmente malo. Su esposa gozaba de buena salud. Ya frisaba los setenta años, pero su espalda se mantenía recta y la vista, clara. Al parecer, en su día había sido toda una belleza. Desde joven había sido de pocas palabras y muy formal, y ahora se dedicaba con gran afán a las tareas del hogar.

Pero si el viejo comentaba con alegría «Mira, ya ha llegado la primavera; el cerezo ha florecido», su esposa contestaba con desinterés «¿Ah, sí? Apártate un poco, por favor, tengo que limpiar ahí»; ante lo cual él volvía a su expresión deprimida de siempre.

Nuestro anciano también tiene un hijo, que ya ha cumplido casi cuarenta años, y que es toda una rareza en este mundo por su irreprochable conducta. No solo no bebe alcohol ni fuma, sino que ni se ríe, ni se enfada, ni se alegra, limitándose a hacer calladamente sus tareas del campo. Las gentes del lugar no pueden sino sentir un profundo respeto por él y le llaman el Santo de Awa. Además, ni ha tomado esposa, ni se afeita, y es tan gris que podría pensarse que está hecho de madera y piedra. En resumidas cuentas, el hogar de nuestro anciano solo puede calificarse como el de una familia excelente.

Y sin embargo, lo cierto es que el hombre está deprimido. Entonces, aunque intenta mostrar consideración hacia su familia, no puede reprimir el deseo de beber sake. Pero si bebe en casa, eso le deprime todavía más. Ni su esposa ni su hijo el Santo de Awa le reprochan nada si bebe en casa. Se limitan a cenar en silencio a su lado mientras él toma su sake de sorbito en sorbito.

Al empezar a emborracharse, surge en el anciano el deseo de un compañero de conversación, por lo que comienza a decir banalidades. «Bueno, ya ha llegado la primavera, ¿verdad? Las golondrinas también han vuelto». Una observación totalmente innecesaria. La esposa y el hijo continúan callados. «La tarde de primavera, aun breve, vale más que un millar de piezas de oro, como decía aquel poema», y así añadía farfullando un nuevo comentario fútil.

Dando por finalizada su cena, el Santo de Awa se levanta y entona unas palabras de agradecimiento por los alimentos ingeridos, mientras hace una profunda reverencia hacia su plato vacío.

«Creo que ya es hora de que coma algo yo también», murmura el anciano mientras, con tristeza, coloca boca abajo sobre la mesa su vacío vaso de sake.

Esto es más o menos lo que viene a suceder cuando bebe en casa.

Una mañana en que hacía buen tiempo
el anciano fue a la montaña para recoger leña

Al anciano le gustaba subir a la montaña Tsurugi en los días soleados, con su calabaza de peregrino sujeta al cinto, para entretenerse recogiendo ramas para el fuego. Cuando se cansó de recoger palos, se sentó en una roca con las piernas cruzadas y, aclarándose la garganta pretenciosamente, exclamó:

—Una vista maravillosa, ¿eh?

Y acto seguido, con firme decisión, echó un trago del sake que llevaba en la calabaza. Realmente tenía una cara de auténtica felicidad. Parece un hombre totalmente distinto de cuando está en casa. Pero lo único que no ha cambiado es el molesto lobanillo que le cuelga de la mejilla derecha. Este lobanillo brotó un otoño de hace unos veinte años, cuando acababa de superar la cuesta de los cincuenta. Primero sintió un extraño calor en el carrillo derecho, después se fue extendiendo un molesto picor y, poco a poco, fue surgiendo una hinchazón que, al palpar y acariciar cuidadosamente, se iba volviendo mayor. Sonriendo con tristeza, el hombre dijo:

—¡Vaya un nieto que me ha salido!

A lo que el Santo de su hijo replicó con gran seriedad:

—De una mejilla no puede nacer un niño. —Como si hubiera hecho un brillante descubrimiento.

—Bueno, no creo que te vayas a morir por eso, ¿no? —apostilló inexpresiva la esposa, desapareciendo a continuación todo su interés por el lobanillo.

En cambio, los vecinos del lugar mostraban mucha mayor compasión, con comentarios del tipo «¿Cómo le ha pasado a usted esto?», «¿No le duele?», «Debe ser toda una molestia, ¿verdad?», u otras palabras de consuelo. Ante estos comentarios, el hombre disimulaba su desdicha contestando sonriente. Pero ahora, lejos de considerarlo una molestia, el anciano había llegado realmente a querer a su lobanillo como si fuera un nieto, pues se había convertido en el único compañero con que aliviar su soledad. Todos los días, al levantarse y asearse la cara por las mañanas, lavaba también con un cuidado especial su lobanillo, como si quisiera purificarlo con el agua clara. En días como este, en que estaba solo en la montaña bebiendo sake y de buen humor, el lobanillo cobraba un significado especial al convertirse en un oyente imprescindible de sus soliloquios. Sentado sobre la roca con las piernas cruzadas y bebiendo el sake de su calabaza, el anciano acariciaba el lobanillo mientras decía:

«Pero qué. No hay nada que temer. Ni nadie a quien guardar consideración. Todo el mundo debería emborracharse. Hasta la formalidad debe tener su límite. ¡Oh, el Santo de Awa!... Vaya, usted perdone. No sabía que fuese un hombre tan maravilloso». Y así farfullaba a su lobanillo las críticas hacia los demás, para terminar carraspeando en voz alta: «¡Ejem!».

De repente, el cielo se ennegreció
El viento soplaba y soplaba
Y comenzó a llover a cántaros

En las tardes de primavera son raros los chubascos como este. Pero también hay que pensar que en montañas tan altas como el Tsurugi, los cambios bruscos de tiempo suceden de vez en cuando. La montaña parecía cubrirse de un blanco vapor por la lluvia. Las perdices y demás pájaros silvestres se lanzaban como una flecha hacia el bosque buscando refugiarse del temporal, pero el anciano sonreía con calma, sin dar muestras de querer apresurarse.

«No le vendrá mal a este lobanillo mío el refrescarse con la lluvia», decía mientras continuaba sentado en la roca, contemplando el paisaje bajo el aguacero.

Pero cada vez llovía con más fuerza y no parecía que fuese a escampar, así que se levantó con un fuerte estornudo y se echó a la espalda la leña que había reunido.

«Vaya, hombre. Creo que me he enfriado demasiado», admitió. Y se dirigió al interior del bosque buscando refugio. Allí se habían reunido ya un buen número de pájaros y otros animalillos, por lo que el lugar estaba atestado.

«Con permiso. Perdón, con permiso», iba diciendo el anciano a los monos, conejos y palomas de monte, saludando a todos con gran humor y adentrándose poco a poco en el bosque hasta llegar a un gran cerezo de montaña, con un enorme hueco junto a sus raíces, donde finalmente se introdujo. «Vaya, vaya, he encontrado un salón estupendo. ¿Qué tal si pasan ustedes también?», dice a los conejos y otros animalillos. «No hay viejas altaneras ni santos aquí dentro. No hay por qué cohibirse.

Adelante, adelante». Así de contento llamaba a unos y otros; pero al poco rato se quedó dormido y empezó a roncar suavemente. Los bebedores suelen decir tonterías cuando se emborrachan, pero por lo general son gente inofensiva y sin malicia, como en este caso.

Mientras esperaba a que cesase la lluvia,
debido, quizá, al cansancio acumulado,
el anciano se quedó profundamente dormido.
Las nubes desaparecieron, dejando el cielo despejado
y dando paso a una noche de luna clara y brillante.

Es cuarto menguante, el primero de la primavera. La luna flota en el cielo como si este fuera agua, con un color pálido casi verde, y en el suelo del bosque sobre el que pende, su sombra lo cubre todo como si fuera una lluvia de agujas de pino. El anciano todavía duerme profundamente. Una bandada de murciélagos sale aleteando del hueco de un árbol y el anciano se despierta con un sobresalto, alarmado al ver que es de noche.

«¡Oh, oh, mal asunto!». Al instante pasan por delante de sus ojos el rostro sombrío de su esposa y el semblante austero del Santo. «¡Ah, menuda la hemos hecho! Hasta ahora nunca me han regañado», recuerda. «Pero llegando a casa tan tarde, las cosas pueden ponerse desagradables. ¡Ey!, ¿ya no queda sake?». Agita la calabaza y se reconforta al oír un leve tintineo. «¡Ah, todavía queda!». Apura de un enérgico trago hasta las últimas gotas y empieza a sentirse torpemente sentimental.

«Bien, veo que la luna ha salido», dice, y continúa murmurando comentarios triviales mientras sale a rastras del árbol hueco. «La tarde de primavera, aun breve…».

Y entonces llegamos al pasaje del cuento que dice:

¿Pero qué será este barullo de voces alegres?
Y al mirar… ¡Qué vista tan maravillosa!
¿Estaría soñando?

¡Mira! En un claro del bosque, se está desarrollando una escena que no puede pertenecer a este mundo. Yo no sé qué aspecto tiene un demonio de esos que llamamos oni. Puesto que nunca he visto ninguno.

Desde pequeño he visto dibujos de oni hasta el hartazgo, pero no he tenido el honor de encontrarme cara a cara con ninguno. Con todo, parece que hay muchas variedades de demonio. Puesto que llamamos «demonio» a los asesinos, a los vampiros y, en general, a todo ser odioso y despreciable, podemos pensar que la palabra encierra invariablemente una connotación negativa sobre el carácter del ser al que describe. Pero, por otra parte, en el mundo de las Letras, cuando en la sección de los periódicos dedicada a las novedades editoriales leemos el anuncio de un nuevo libro del maestro Tal y Tal, y lo vemos calificado como «la última muestra del demoníaco talento del autor», uno se queda perplejo. No parece que la sospechosa palabreja esté usada en la sección de novedades con el fin de sacar a la luz y prevenir al mundo de la maldad y perversidad del talento del maestro Tal y Tal. Uno pensaría que al ser tildado de «Demonio de las Letras», endosarle un calificativo tan insultante debería ser considerado como una ofensa por el tal maestro, pero por lo visto no solo no es así, sino que parece que el autor consiente e incluso a veces alienta secretamente, según dicen las malas lenguas, el que le llamen así. Por lo que alguien tan despistado como yo se queda todavía más perplejo. Y es que no consigo imaginarme a estos oni, con su taparrabos de piel de tigre, la cara roja y empuñando un basto garrote de hierro, como divinidades de las artes. Hace ya tiempo que vengo sugiriendo con estúpida inocencia que dejen de usarse calificativos tan difíciles de desentrañar como «talento demoníaco» o «demonio de las Letras», pero quizá se deba a mi estrecha mentalidad, que no termina de comprender que existen muchas clases de demonios. En un caso así, si pudiera echar tan solo una ojeada a la Enciclopedia Nipónica, podría aparentar al instante ser un docto erudito al que viejos y jóvenes, mujeres y niños respetan (como suele suceder con todos los sabihondos de este mundo), y, poniendo expresión circunspecta, disertar con detalle sobre las mil y una particularidades de los demonios. Pero, por desgracia, estoy acurrucado en un refugio antiaéreo y todo lo que tengo es un libro ilustrado de cuentos para niños sobre mis rodillas. Me veo obligado, pues, a basar mis disertaciones únicamente en los dibujos de este libro.

¡Mira! Al fondo del bosque, sobre un claro cubierto de hierba, están sentados en círculo algo más de una decena de extrañas figuras humanoides, o quizá deba decir de bestias. En cualquier caso se visten con taparrabos de piel de tigre, son grandes y de color rojo y, a la luz de la luna, están en mitad de la celebración de un banquete.

Al principio, el anciano se asusta. Pero los bebedores, aunque puedan ser unos cobardes cuando están sobrios, si están ebrios son capaces de mostrar un valor mayor que el de la mayoría de la gente.

Nuestro anciano ahora está sumido en una agradable embriaguez. Se siente todo un valiente que no teme a nada, ni siquiera a las estrictas esposas o a los virtuosos santos. Tampoco ante el misterioso espectáculo que se le presenta ahora va a caerse de espaldas como un vergonzoso cobarde. Todavía a gatas, tal y como salió del hueco del árbol, continúa mirando fijamente el misterioso banquete que tiene lugar ante sí, y murmura: «Parece que se lo están pasando en grande emborrachándose». Y al advertir esto, una extraña felicidad comenzó a brotar en su corazón. Al parecer, los bebedores sienten una especie de gran alegría al ver emborracharse también a los demás. Por tanto, no deben ser egoístas. Más bien deben tener una especie de sentimiento filantrópico parecido al que nos hace brindar por la felicidad de nuestros vecinos. Quieren emborracharse, sí, pero parece que ese placer es doble si también el vecino se emborracha alegremente.

A nuestro anciano le pasaba lo mismo. Sabía instintivamente que aquellos seres grandes y rojos que tenía ante sí, a medio camino entre los humanos y las bestias, eran los terribles demonios oni. Como confirmación, estaba además el taparrabos de piel de tigre. Pero estos demonios estaban ahora de buen humor, emborrachándose. El anciano también estaba borracho. En esta situación, necesariamente tiene que haber un entendimiento amistoso. El anciano continúa a gatas, contemplando el extraño festín que tiene lugar a la luz de la luna. Llegó a la conclusión de que los demonios, por lo menos el tipo de demonios que él tenía ante sí, no poseían un carácter esencialmente maligno como los asesinos o los vampiros, sino que a pesar de sus rostros de color rojo y aspecto terrible, eran unos seres alegres e inofensivos. A grandes rasgos, esta impresión del anciano dio en el clavo, puesto que estos demonios eran de carácter afable, y se les podría calificar como los ermitaños del monte Tsurugi. Eran de una raza totalmente distinta de la de los oni que pueblan el infierno.

Para empezar, no llevaban algo tan basto como un garrote de hierro. Podemos decir, pues, que esto suponía prueba suficiente de que no eran peligrosos. Pero aunque los califiquemos de ermitaños, no se trataba de unos seres con grandes conocimientos, como pudiera ser el caso de los llamados Sabios del Bosque de Bambú que, como reza su nombre, se recluyeron en un bosque de bambúes, sino que los ermitaños del monte Tsurugi eran más bien bastante obtusos. Si hacemos caso de una explicación etimológica harto simplista que escuché en cierta ocasión, puesto que el ideograma sen que se utiliza en la palabra «eremita» se compone de los más sencillos de «persona» y «montaña», cualquiera que viva en las montañas remotas puede ser calificado de «eremita». Por muy simples de espíritu que fueran estos ermitaños del monte Tsurugi, entonces se les podría llamar también eremitas, con todo el respeto y la aureola de magia que dicha palabra conlleva. En cualquier caso, a este grupo de seres rojos y grandullones que ahora se hallan de fiesta a la luz de la luna, parece más propio llamarlos ermitaños o eremitas que demonios.

Ya he hablado de la simplicidad de sus corazones, pero al ver el aspecto que presenta su fiesta resulta evidente el alcance de su intelecto y su falta de sentido artístico, pues se limitan a vociferar y aullar sin sentido, a reírse palmoteando sus rodillas, a brincar en cuclillas o a dar volteretas en torno al círculo que han formado, en lo que parece ser su forma de bailar. Este solo hecho de por sí parece confirmar que expresiones del lenguaje japonés como «talento demoníaco» o «demonio de las Letras» carecen por completo de sentido. Por lo menos, a mí me resulta absolutamente imposible pensar que este hatajo de palurdos sin ningún sentido artístico pueda servir para representar al genio divino de las Artes. El anciano también se quedó anonadado ante un baile tan torpe, y riendo por lo bajo se dijo: «¡Pero qué baile tan patético! Bueno, ¿qué tal si les hago una pequeña demostración de mis habilidades como bailarín?».

El anciano, al que le gustaba bailar,
enseguida se plantó ante ellos de un salto,
y bailaba mientras su lobanillo se balanceaba
hacia arriba y hacia abajo, de una manera alocada y divertida.

El anciano se hallaba imbuido del valor de la embriaguez. Y además, sentía una gran empatía hacia estos demonios, por lo que, sin temor alguno, se metió entre ellos y comenzó a cantar y bailar su especialidad, la llamada danza de Awa:

«Las jóvenes con su peinado estilo Shimada,
y las viejas con su peluca,
¿cómo no perder el sentido ante esos lazos rojos?
Hasta las novias ocultan el rostro bajo su sombrero,
y se animan diciendo "vamos, vamos"».

Y cantaba con buena voz algo en este estilo popular de las canciones de Awa.

Los demonios, por su parte, se descoyuntaban de risa, saltándoseles las lágrimas o cayéndoseles la baba, emitiendo extraños sonidos guturales de regocijo y sorpresa. El anciano, alentado y emocionado por la reacción, probó otro verso.

«Si cruzamos por el valle,
solo hay piedras y rocas,
y si cruzamos la montaña del bambú,
solo hay bambú».

Cantaba con una voz más alta que antes, acompañando su baile de gestos cómicos.
Los demonios se hallaban eufóricos, y decían:

«Tiene que venir sin falta en las noches de luna.
Que baile y baile para nosotros.
Como prueba de ese compromiso,
quedémonos en prenda algo valioso que tenga».

Así discutían entre ellos, manteniendo un conciliábulo en voz baja, lleno de cuchicheos. «Ese lobanillo que le cuelga de la mejilla y que brilla tan lustroso parece un tesoro fuera de lo común; si nos lo guardamos en prenda, seguro que vuelve», decían, y tras tan estúpida suposición, se lo arrancaron de pronto. Sin duda eran seres ignorantes, pero seguramente habían aprendido artes mágicas después de haber morado tantísimo tiempo en las montañas, puesto que, sin mayor dificultad, quitaron en un santiamén el lobanillo de la mejilla del anciano sin dejar marca alguna.
El anciano exclama sorprendido: «¡Eh, no podéis hacer eso! ¡Es mi nieto!», ante lo cual los demonios lanzan por toda respuesta unos gruñidos de satisfacción por su astucia.

Con la llegada de la mañana,
a lo largo del camino que reluce con el rocío,
acariciando su lisa mejilla con una expresión abatida,
va descendiendo de la montaña el anciano.

Como el lobanillo había sido su único confidente en los momentos de soledad, ahora que lo había perdido, el abuelo se sentía algo triste. Sin embargo, la caricia de la brisa matutina en su ya ligera mejilla no era, ni mucho menos, una sensación desagradable. «Bueno, entre unas cosas y otras, por una parte he perdido y por otra he ganado, pero por lo menos me lo he pasado bien cantando y bailando a gusto como no lo hacía desde hace mucho, así que supongo que el balance final es positivo», se iba diciendo despreocupadamente mientras bajaba por el camino hacia su casa, cuando fue a toparse con el santo de su hijo, que se dirigía a las faenas del campo.

—Buenos días —saluda ceremonioso el Santo, quitándose el sombrero.

—Hola —se limita a decir el anciano.

Y sin mayores explicaciones, sigue cada uno por su lado. Al ver que en una sola noche había desaparecido el lobanillo del anciano, hasta alguien como el Santo estaba, en su fuero interno, ciertamente sorprendido; pero pensaba que hacer comentarios sobre el aspecto físico de sus padres era algo que contradecía la ética de un buen santo, por lo que prefirió aparentar que no se daba cuenta y seguir su camino.

Al llegar a casa, su esposa le saludó con un tranquilo:

—Ah, ya estás de vuelta. Buenos días.

Y sin hacer el menor comentario ni pregunta alguna sobre su ausencia de la noche pasada, prosiguió con un:

—La sopa de miso ya está fría —murmurando en voz baja, mientras disponía sobre la mesa el desayuno del anciano.

—No, no importa que esté fría. No hace falta que la calientes —contestó consideradamente a la vez que se sentaba a la mesa.

Mientras tomaba los alimentos que le servía su esposa, sentía un deseo irrefrenable de contarle las maravillas vividas durante la noche. Sin embargo, aplastado por la tan correcta como indolente actitud de ella, las palabras se le atascaron en la garganta como una pelota, y no pudo decir nada, por lo que se puso a comer triste y cabizbajo.

—Parece que se te ha secado el lobanillo, ¿verdad? —dejó caer su esposa.

—Mmm. —Ya se le habían pasado las ganas de hablar.

—Se habrá agrietado y salido el agüilla de dentro, ¿no?

—Mmm.

—Bueno, seguramente se acumulará otra vez y volverá a hincharse.

—Sí, seguramente.

En resumidas cuentas, para la familia de nuestro anciano el asunto del lobanillo no tuvo la menor importancia. Sin embargo, próximo a este abuelo vivía otro que tenía un lobanillo similar en la mejilla izquierda, también muy molesto. Y, a diferencia del primero, para este anciano el lobanillo de su mejilla izquierda era verdaderamente insufrible y odioso. Lo consideraba un estorbo para triunfar en este mundo y sufría pensando en lo mucho que, por su causa, la gente se había reído de él hasta entonces. Por ello, se miraba al espejo a diario, suspirando pesaroso cada vez.

Incluso intentó dejarse una larga barba con objeto de enterrarlo en ella, pero lo único que consiguió es que el lobanillo apareciese como un lustroso sol al amanecer sobre el mar, rodeado de la blanca espuma de esas olas compuestas de pelos, lo cual hacía destacar todavía más el extraño fenómeno. En principio, no había nada reprobable en el aspecto o en el porte de este anciano. Tenía una constitución imponente, una nariz bien formada y unos ojos penetrantes. Su manera de expresarse y sus movimientos encerraban gravedad y siempre daba la impresión de poseer un juicio justo y equilibrado sobre las cosas. En cuanto a su vestimenta, resultaba envidiable y al parecer poseía muchos conocimientos; y si de recursos económicos hablamos, según lo que se comentaba, no se podía ni comparar con el otro anciano borrachín del que hemos hablado hasta ahora.

Por todo ello, las gentes del vecindario se dirigían a él conscientes de su superioridad, llamándole «señor» o «maestro», y mostrándole un gran respeto. Es decir, que se trataba de una persona muy respetable en todos los aspectos, pero por culpa de aquel molesto lobanillo, el hombre se encontraba deprimido día y noche, sin poder disfrutar de la vida. La esposa de este caballero era mucho más joven que él, de hecho solo contaba treinta y seis años. No es que fuera extremadamente bella, pero era de tez clara y un poco rechoncha, campechana y siempre de buen humor, de una risa alegre. Tenían una hija de doce o trece años, que esa sí que era toda una belleza, aunque de carácter un tanto estirado e impertinente.

Pero madre e hija congeniaban muy bien, y cada dos por tres estaban riéndose juntas por cualquier cosa, así que a la gente le producía la impresión de que aquel era un hogar feliz y sin problemas, a pesar de la continua desdicha del esposo.

—Mamá, ¿por qué es tan colorado el lobanillo de papá? Parece la cabeza de un pulpo —decía descaradamente la hija sin el menor recato.

Y la madre, sin regañarla en absoluto, se reía y contestaba:

—Es verdad, parece como si le colgara un mazo de monje[2] de la mejilla.

—¡Callaos la boca! —gritó el hombre enfadado, poniéndose en pie de un salto y dirigiendo una mirada de odio a esposa e hija, tras lo cual se retiró a la habitación del fondo, poco iluminada, donde se miró detenidamente al espejo.

«Esto no puede seguir así», murmuraba.

Cuando ya había tomado la determinación de cortarse el lobanillo con una daga, aun a riesgo de morir, llegaron a sus atentos oídos los comentarios sobre el anciano borrachín del vecindario cuyo lobanillo había desaparecido de la noche a la mañana.

Ese mismo atardecer, el distinguido caballero se presentó en la pobre choza del anciano borrachín, del que escuchó la historia de aquel misterioso banquete a la luz de la luna de la noche pasada.

Al escuchar esto, se llevó una gran alegría y dijo:
Bien, bien, entonces yo también tengo que conseguir
sin falta que se lleven mi lobanillo.

Y se levantó con gran vigor. Por fortuna, esa noche también brillaba clara la luna.

El caballero, como si fuera un guerrero que parte a la batalla, llevaba los labios fruncidos hacia abajo y sus ojos brillaban con firme decisión. Va dispuesto a dejar a los demonios rendidos ante su arte del baile con abanico, y, si por casualidad esos demonios ignorantes y borrachuzos no comprenden su arte, entonces está dispuesto a matarlos a todos con su abanico de metal como arma. Adelantando un hombro tras otro con energía, va penetrando en lo más hondo del monte Tsurugi con su abanico de hierro apretado en la mano derecha con una decisión tal, que no se sabe si su verdadero propósito es exhibir su talento para el baile ante los demonios o exterminarlos. En casos como este, el resultado artístico de aquel que va desde el principio, como se dice, con la «intención de crear una obra maestra», suele arrojar unos frutos desastrosos.

La danza de nuestro docto caballero, por resultar demasiado abrupta y consciente, terminó en un fracaso estrepitoso. De improviso, se plantó en medio del festejo de los demonios, caminando con gran solemnidad y reverencias, y saludando con un:

—Aunque no vaya a estar a la altura…

Acto seguido, desplegó su abanico con una floritura y, manteniendo la pose, miró fijamente a la luna, quedando tan inmóvil como los grandes árboles que le rodeaban. Tras dejar pasar unos momentos así, da un ligero toque en el suelo con el pie y, como haciéndose esperar, empieza a recitar lastimero:

«Esto era un monje que pasaba el verano
en Naruto, en la provincia de Awa.
Puesto que sabía que el clan de los Taira

había encontrado su fatal destino en estas aguas,
todas las noches acudía a la playa para rezar
por el descanso de sus almas.
Aguardando junto a las rocas,
aguardando junto a las rocas,
parece como si escuchara el sonido de una embarcación
entre las olas, o quizá el de los remos,
en las tranquilas aguas de Naruto de esta noche.
Así debió ser ayer también, y así será mañana también».

Tras un leve movimiento, una vez más dirige su mirada a la luna, y mantiene la pose.

Los demonios estaban desconcertados y espantados.
Poniéndose en pie apresuradamente,
comenzaron a huir a trompicones hacia el interior de la montaña.

—¡Esperad un momento! —les gritaba el caballero desesperado, mientras corría detrás de ellos—. ¡No me podéis abandonar ahora!

—¡Huid, huid! Debe de ser Shoki, el cazador de demonios.

—¡No, no soy Shoki! —vociferaba el caballero mientras intentaba darles alcance con todas sus fuerzas—. Por favor, por favor, ¡llevaos este lobanillo!

—¿Qué? ¿El lobanillo? —El demonio, confundido por la agitación, le malinterpretó—: Ah, ¿conque era eso? Es un preciado tesoro que guardamos en prenda del anciano del otro día, pero ya que tanto lo deseas… ¡Está bien! Te lo daremos. Pero no vuelvas a bailar así, por favor. Nos has arruinado el placer de nuestra borrachera. Te lo pido. Déjanos en paz. Ahora nos tenemos que ir a otro sitio y volver a empezar la fiesta. Te lo pido. Déjame marchar de una vez. ¡Eh, que alguien le de a este viejo chiflado el lobanillo de la otra noche! ¡Dice que lo quiere!

Los demonios trajeron el lobanillo que se habían quedado la otra noche,
y se lo pusieron en la mejilla derecha al caballero.
Ay, ay, ahora ha terminado con dos lobanillos.
Y cómo pesan cuando se balancean al caminar,
a medida que el pobre anciano
emprende pesaroso el camino de vuelta hacia la aldea.

Fue un resultado verdaderamente trágico. Por lo general, los cuentos infantiles terminan con la moraleja de que quien hace algo malo recibe al final un castigo y, sin embargo, el anciano caballero de nuestra historia no ha hecho nada malo. ¿Acaso lo único que puede achacársele no es sino haberse puesto demasiado envarado por los nervios y haberle salido un baile estrafalario? Por lo demás, tampoco había ningún pariente malvado en la familia de este anciano. Y lo mismo se puede decir del anciano borrachín, o de su familia, o de los demonios del monte Tsurugi, pues ninguno ha hecho nada malo. En resumidas cuentas, aunque en esta historia no haya habido ni un solo acto punible, sí hay una persona con desenlace infeliz. Por ello, si quisiéramos utilizar esta historia del lobanillo desaparecido como una moraleja para la conducta cotidiana, nos veríamos en serias dificultades. Y si aquí algún lector irascible me espeta y acorrala con un «Bueno, y entonces ¿qué quieres decir con esta condenada historia?», solo me quedará contestar de la siguiente manera: «Es una tragicomedia sobre el carácter humano. En el fondo de nuestra vida cotidiana, siempre subyace este problema».

9 798892 674829